no COLO *dos* ANJOS

CARO LEITOR,

Queremos saber sua opinião sobre nossos livros.

Após a leitura, curta-nos no facebook/editoragentebr,

siga-nos no Twitter @EditoraGente e visite-nos no site

www.editoragente.com.br.

Cadastre-se e contribua com sugestões, críticas ou elogios.

Boa leitura!

LEO CHAVES

no COLO dos ANJOS

Já pensou se um mentor lhe mostrasse o caminho para a realização de grandes mudanças, a descoberta de seu propósito de vida e a superação dos seus medos?

Gente editora

Diretora
Rosely Boschini
Gerente Editorial
Rosângela de Araujo Pinheiro Barbosa
Assistente Editorial
Natália Mori Marques
Controle de Produção
Karina Groschitz
Montagem de capa
Pedro Moraes
Com as fotos de:
Cesar Dutra
Igor Wab
Callipso, Paul Looyen/Shutterstock
Agente
Luiz Claudio Lopes Moreira
Assessora de imprensa
Juliana Chiavassa
Digitação
Cybelle Sbrana Mendonça
Preparação
Renata Lopes Del Nero
Projeto gráfico, diagramação e editoração de capa
Vanessa Lima
Revisão
Sirlene Prignolato
Impressão
RR Donnelley

Rua Pedro Soares de Almeida, 114, São Paulo, SP – CEP 05029-030
Telefone: (11) 3670-2500
www.editoragente.com.br
gente@editoragente.com.br

Dados Internacionais de Catalogação na Publicação (CIP)
Angélica Ilacqua CRB-8/7057

Chaves, Leo
No colo dos anjos : Já pensou se um mentor lhe mostrasse o caminho para a realização de grandes mudanças, a descoberta de seu propósito de vida e a superação dos seus medos? / Leo Chaves. – São Paulo : Editora Gente, 2017.
320 p.

ISBN: 978-85-452-0191-5

1. Sucesso 2. Autorrealização 3. Inteligência emocional 4. Ficção brasileira I. Título

17 1012 CDD 158.1

Índice para catálogo sistemático:
1. Desenvolvimento pessoal 158.1

Agradecimentos

Muito do que *No colo dos anjos* traz é a representação de experiências, vivências e percepções relacionadas com pessoas de minha convivência ao longo de minha trajetória, especialmente profissional!

Minha gratidão se estende a todos que fizeram parte dessa jornada!

Cito em especial minha família, Matheus, Antônio, José, Tatianna, Mãe, Pai e meus irmãos!

Agradeço imensamente ao meu querido amigo Augusto Cury, com quem dividi inúmeros momentos e diálogos intensos sobre o mundo das emoções e da mente humana. Obrigado, professor!

Ao amigo Clóvis de Barros, com o qual experimentei conceitos e fontes importantes de filosofia.

Neste mesmo universo, minha gratidão ao querido amigo Cleisler Rocha, com quem tenho o privilégio de fazer estudos relacionados a grandes pensadores!

Aos amigos que encontrei no caminho pelo conhecimento da Neurolinguística: Gilberto Cury, Bento Augusto, Augusto Borges, Walkyria Coelho.

Obrigado aos queridos amigos Mestre Shang e Lucas. Obrigado por tantos momentos de aprendizado e boas experiências.

A todos os amigos e colegas do Grupo Chaves, do Instituto Hortense e da Vida Boa.

À eterna Irmã Hortense e ao tio Carlos e família.

À minha parceira de composições Paulinha Gonçalves.

A Roberto Shinyashiki pela parceria e confiança.

Aos novos colegas e amigos da Editora Gente, obrigado por tanta dedicação e comprometimento.

Alexandre Mello, obrigado por seguirmos juntos essa jornada musical.

Ao amigo e parceiro Luiz Cláudio Moreira, valeu por tudo!

Meu querido irmão Victor Chaves, você sempre foi e sempre será essencial. Obrigado por tantas vivências e desafios superados.

Sumário

PREFÁCIO

Augusto Cury

A vida é assombrosamente curta para ser vivida e dramaticamente longa para se errar, ferir, frustrar, se desconstruir. Sucesso e fracassos, aplausos e vaias acompanham a história de todo ser humano. Mas quem está consciente dessa flutuação existencial? E quem está preparado para percorrer os vales profundos ou as montanhas íngremes de sua história? Quem suporta com a mesma dignidade os risos e as lágrimas que as ondas oceano da vida trazem?

A flutuabilidade emocional, os paradoxos da existência e os cárceres mentais estão na essência da história do livro *No colo dos anjos*, do meu dileto amigo Leo Chaves. Ele também é um dos meus aplicadíssimos alunos de gestão da emoção, o treinamento dos treinamentos. Há mais de dois anos, quando começamos a ter longos e inteligentes diálogos sobre o psiquismo humano, sobre ferramentas para proteger a mente, para gerenciar pensamentos e ser autor de nossa própria história, vislumbrei o potencial fascinante do Leo. Incentivei-o a libertar sua imaginação, declarar suas ideias, dar conferências e a escrever seus livros.

Como digo no livro *O homem mais feliz da história*, que ainda não publiquei, sou apenas um garimpeiro de ouro, e, como garimpeiro, não produzo o ouro, apenas removo as pedras. Apenas removi as pedras para que o Leo encontrasse veios de ouro que estavam no subsolo da sua psique. Ele mergulhou dentro de si e fez autodescobertas fascinantes. Como sabemos, ele é um cantor famoso, seguido por milhões de pessoas, mas a fama não o seduziu, o sucesso não produziu delírios de grandeza. Ele entendeu o que poucos famosos entenderam, que o culto à celebridade é um sintoma de uma sociedade superficial. Ele compreendeu que o verdadeiro sucesso é dar o melhor de si para fazer as pessoas felizes, saudáveis, altruístas.

Leo fala com emoção, escreve com paixão, debate com inteligência. Em seu primeiro livro começou a criar com argúcia. Muitos conhecerão nas linhas desta ficção a sua outra face, pouquíssima conhecida, a de ser humano ousado, afetivo, perspicaz, crítico, sonhador. Conta a história de Bruce, um jovem famoso, infectado pela fama, que asfixiou sua história e se perdeu no poder. Bruce experimentará o dramático presídio cerebral da dependência química. O cárcere mental leva o mito a se desconstruir.

Durante seu caos socioemocional, Bruce começou a entender que culto à celebridade é um sintoma de uma sociedade doente. Descobriu que celebridades e anônimos, ricos e miseráveis, intelectuais e iletrados, são todos meninos atuando no teatro do tempo sem entender o complexo e imprevisível roteiro da vida. Asfixiado, sem o oxigênio da liberdade, Bruce descobre que o céu e o inferno emocional estão muito próximos de cada ser humano. Por fim, encontra um mentor que lhe dá um ombro para chorar e o outro para apoiar.

Todos precisamos de ombros como esses, mas poucos o encontram. De múltiplas formas o mentor de Bruce o ensinará a gerir sua emoção e a dirigir o mais complexo veículo, sua própria mente. Desse modo, aprenderá a penetrar em camadas mais profundas de seu ser a recomeçar tudo de novo. Desvendará que o maior sucesso não está nos holofotes da mídia, mas em ser ele mesmo, com todos seus defeitos e loucuras. Aprenderá a não se curvar diante da dor e a conquistar o que dinheiro não pode comprar.

Cedo ou tarde encontramos um "Bruce" em nossas vidas. Cedo ou tarde muitos de nós vestirão a pele de um personagem como este. O que fazer? Desistir? A história que Leo nos conta nos dará algumas pistas vitais...

Excelente leitura.

Augusto Cury *é o psiquiatra mais lido na atualidade em todo o mundo*

PREFÁCIO

Roberto Shinyashiki

Sempre tenha em mente que sucesso e felicidade não são a mesma coisa!

Tenho sempre a oportunidade de conversar com multimilionários e alguns bilionários e para mim é muito claro que a maioria deles tem uma vida muito pobre. O que significa falar de bilionários que têm vida de pobre? É que eles se esquecem das coisas mais importantes da vida.

Há uma história de que eu gosto muito. É a respeito de uma moça muito pobre que carregava uma criança nos braços e, caminhando por uma montanha, passou na frente de uma caverna de cujo interior vinha uma voz:

– Entre nesta caverna e você encontrará um tesouro. Pegue tudo o que quiser, mas saiba que, dentro de trinta minutos a porta da caverna se fechará para sempre. Portanto, não se esqueça do principal.

A moça entrou e ficou muito feliz ao ver que era verdade, havia um maravilhoso tesouro, muitas joias e pedras preciosas. Ela colocou a criança no chão, levantou o avental e começou a pegar tudo o que conseguia. O tempo foi passando e de repente a mesma voz lhe disse:

– Isso mesmo, pegue tudo o que quiser, mas lembre-se de que dentro de quatro minutos a porta desta caverna se fechará para sempre. Portanto, não se esqueça do principal.

O tempo era muito escasso para pegar tantas coisas! A moça, na ânsia de levar o máximo que pudesse e não deixar nada para trás, corria de lá para cá até que, de repente, a porta da caverna começou a se fechar. Ela correu para sair antes que fosse tarde, e assim que passou a porta se fechou. Nesse momento, porém, ela se deu conta, desesperada, de que esquecera a criança dentro da caverna.

Em pouco tempo o tesouro foi consumido, mas o desespero acompanhou aquela mulher pelo resto da vida.

Meu falecido pai me deu um conselho muito simples: não pague por algo mais do que a coisa vale. E quando ele me falou essa frase ele explicou: isso vale para um carro ou uma casa, mas também para uma amizade ou uma meta.

Infelizmente muitas pessoas estão pagando um preço exagerado pelo sucesso e por isso o livro do Leo Chaves é muito importante. Infelizmente vivemos um momento em que vejo as pessoas trocando o verdadeiro amor por aplausos, ou um abraço do filho por um almoço com quem não tem a mínima importância para a sua realização. Vejo muita gente que simplesmente começou a perder as referências do que de fato vale a pena na sua vida.

É importante que você conheça a história de Bruce, um cantor pop que tem muito sucesso, mas se encontra internamente perdido. Depois de passar por alguns traumas, ele infelizmente se entrega a alguns vícios. Está vivendo um daqueles momentos de ilusão em que trocamos os pés pelas mãos, algo pelo qual todos nós já passamos de uma forma ou de outra, mas na proporção de sua fama tudo se torna mais intenso.

No início do livro vemos o Bruce que enfrenta muitos traumas e problemas familiares e está sem perspectiva de viver. Apenas seus pais aguardam a sua melhora. Até que a vida, como em todas as situações, resolve colocar um fim na sua loucura deixando-o em um hospital entre a vida e a morte.

É nesse momento que chega ao hospital o cantor veterano Martin, de quem a mãe de Bruce é fã há muitos anos. A partir daí grandes surpresas se apresentam ao longo da trama.

Leo Chaves traz para nós o seu conhecimento profundo da indústria da música e como a fama e o dinheiro podem mudar a vida de alguém para melhor e para pior. Depois de vinte anos de estrada, já viu cantores promissores passarem pelas dificuldades pelas quais Bruce passou. Leo Chaves alia esse conhecimento à sua formação em estudos sobre ser humano, seu interesse pela melhoria da vida das pessoas e a mudança de vida pela qual ele mesmo passou ao perceber que tinha tempo para qualquer pessoa, menos para seu filho.

Por causa dessa dispersão, infelizmente eu tenho visto muitas pessoas transformando seus sonhos em pesadelos. Muitos jovens sonham com carros importados e casas luxuosas, e até os conseguem, para depois se afundarem na infelicidade. O sucesso sem felicidade nada mais é do que uma forma de fracasso. O livro é um conto sobre o poder de um grande mentor em nossa vida quando perdemos o caminho da nossa essência.

Deixe o Leo levar você na jornada que vai tocar seu coração, para que quando a caverna da vida se fechar você não tenha esquecido do principal.

Um grande abraço!

Roberto Shinyashiki *é psiquiatra e palestrante, autor de best-sellers como* Problemas, Oba!, O sucesso é ser feliz *e* Louco por viver

APRESENTAÇÃO

A existência é surpreendente, indecifrável e imprevisível. Algum tempo atrás, eu não poderia esperar que meu primeiro livro sairia tão rápido nem que seria uma ficção. No entanto, num dia em que praticava *stand up paddle* e fui agraciado com a visita de um casal de capivaras que eu não via há alguns meses, ele veio pronto, dando sentido a reflexões e textos que eu criei e guardei ao longo de dois anos. Veio ao encontro de questionamentos advindos do misto de meus estudos, cursos, leituras, vivências e experiências de vida. A busca pelo autoconhecimento, pela interiorização, bem como por respostas às minhas angústias e aflições internas, trouxe-me a esse universo didático.

Convicto de que o que dá sentido à existência é descobrir-se a cada novo dia e nova experiência, eu mergulhei de alma e coração nesse novo desafio em que divido com você, leitor, recursos e ferramentas que realmente me provocaram, trazendo mudanças significativas e decisivas à minha vida.

A sede de transmitir não aquilo que é certo ou errado, mas muito do que tenho experimentado, influenciado por minhas descobertas no universo das emoções e que vem impactando minha jornada positivamente, é o que dá fundamento a este livro.

Vivemos numa sociedade livre, mas aprisionada e asfixiada pelos inúmeros e indecifráveis sentimentos gerados por questões emocionais não resolvidas. Em dias atuais, ardentemente obscuros, vão sendo enterrados em nossa psique, cada vez mais sem a devida atenção, nossos tormentos e desgostos, bem como mágoas e decepções, pois somos reféns da infindável chuva de compromissos do dia a dia. Diante disso, a escolha tem sido não arriscar, não mudar, permanecer na ilusória zona de conforto.

As mudanças internas definem bem a história de ficção que conto neste livro. Na realidade, elas nos assustam, por serem reprimidas e controladas por inseguranças, fraquezas, complexos, incertezas e carências. Talvez sejam tão necessárias quanto respirar, mas quem de nós as encara? Conhecemos ou temos consciência de quanto somos capazes? Conhecemos o funcionamento de nossa mais poderosa arma, a mente? Deveria ser assim, mas o ser humano vive a era do ego e da exaltação do eu. Nunca se desejou tanto os aplausos, o reconhecimento, a atenção e a fama como no século XXI. Estamos mais concentrados no externo do que nas questões internas. O cárcere do status, da posição social e do glamour alimenta cada vez mais esse trágico contexto.

Onde estariam as soluções, capazes de nos trazer o tão esperado equilíbrio e a liberdade emocional? Podemos encontrá-las no supérfluo, nas fugas ou até no lazer e no prazer? Poderíamos encontrá-las por meio de anjos que, muitas vezes, não precisariam ser descobertos ou encontrados, mas apenas enxergados. Contudo, parece que não temos olhos para tanto. "O ser humano não caminhará sozinho", disse um sábio. No entanto, será que estamos abertos e preparados para atuarmos como anjos uns para os outros? O que seria afinal um anjo? Muitas vezes eles estão mais próximos do que imaginamos! Ou passam batidos, diante de nossa cegueira, sendo percebidos em algumas ocasiões até como inimigos. Poderiam ser representados por pessoas à nossa volta. Mas estamos nós conectados com nosso íntimo para podermos percebê-los com clareza?

Assim como a maioria dos mortais, rastejei em muitos momentos, com crises emocionais intensas, transtornos e angústias que me feriam frequentemente. Precisei de muitos colos, de verdadeiros anjos que me abriram portas para a busca da liberdade. Representados muitas vezes por pessoas que eu jamais poderia esperar. Um deles, fundamental em minha caminhada, andava numa cadeira de rodas. Outros viajam o mundo recuperando pessoas. Outros me cercam diariamente. Outros me carregaram no colo, e eu não fui capaz de enxergá-los.

Para percebê-los, o segredo, penso eu, é simples: basta que se tenha bons olhos, traduzindo visões que serão transmitidas com o poder do pensamento saudável, que é onde se definem a base e a fonte das emoções.

Então, eu o convido a ler estas páginas com um novo olhar, de modo que criemos um mundo em que os bons olhos reinem e sejamos todos eternos hóspedes em colos de anjos! Experimente!

CAPÍTULO 1

Do céu ao inferno

O Sol começava a se esconder atrás do morro Dois Irmãos, no Leblon, e os banhistas aproveitavam os últimos raios para contemplar o cenário harmonioso do fim de mais um dia no Rio de Janeiro. Enquanto na praia as ondas arrebentavam prateadas, num espetáculo radiante para quem as admirava da areia, a alguns metros dali a situação era bem diferente: centenas de pessoas se enfileiravam na porta do mais renomado hospital daquele bairro, na zona sul da cidade, em busca de informações. O trânsito intenso, as buzinas e a euforia se misturavam à massa caótica de sons, em meio aos fãs desesperados para chegarem até o local. Uma nuvem negra de angústia e apreensão traduzia bem as expressões dos que ali se encontravam. Entre jovens que corriam os dedos pelas telas de seus *smartphones* e adultos que manuseavam folhas de jornal, todos queriam saber se o que a TV alardeara horas antes era fato ou boato. Uma avalanche de notícias na mídia anunciara o episódio que chocava o país: um dos maiores fenômenos e nomes da música nacional estava internado naquela clínica, aparentemente em coma.

O contraste do belo pôr do sol com o ânimo geral dos presentes era pungente. Inconformadas, diversas pessoas se perguntavam como era possível que ele estivesse naquela situação de risco. Do burburinho se ouviam frases desesperadas, vozes em lamúria se perguntavam o que o havia levado até ali.

– Deus não pode permitir uma tragédia dessas – dizia uma senhora agarrada a um terço.

Uma jovem, vestida com uma camiseta que estampava a imagem do ídolo, mostrava fotos no celular. – Sou muito fã dele, tenho todos os discos, DVDs, acompanho a carreira desde o início, ele é sensacional!

Uma menina se uniu ao grupo chorando, e disse: – Minha vida não tem sentido se ele se for. Ele é uma pessoa do bem, não merece isto. – E uma tatuagem no braço mostrava o vínculo amoroso com o artista.

Entre tantos, um jornalista dizia, estarrecido: – Não é possível! Ele parecia tão bem. Estava no auge da carreira. Sem dúvida é o artista mais seguido e mais admirado da atualidade.

A polícia intervinha tentando conter o desespero de tantos fãs que queriam invadir o hospital para ter notícias do ídolo. As viaturas estavam a postos em todo o quarteirão, oficiais com os braços cruzados observavam atentos os carros que chegavam e partiam do estacionamento ao lado, bem como as manobras dos veículos de imprensa. Com o rádio em punho, um policial buscava com sacrifício estender o cordão de isolamento entre os curiosos e a portaria envidraçada da clínica. – Calma, pessoal, por favor! Calma! Tudo vai se resolver! – Lá dentro, no saguão, familiares e amigos acompanhavam o vaivém da equipe médica e aguardavam com aflição e furor por informações sobre o *pop star*.

– Alguma explicação? O que aconteceu? Por favor, nos deem algum parecer! – As frases irrompiam a cada aparição dos profissionais que cuidavam do tratamento do cantor. Então, o médico responsável por sua recuperação surgiu por entre os presentes e se encaminhou para o canto do saguão. Uma gritaria ensandecida tomou conta do ambiente, cartazes foram erguidos por pessoas que choravam. *Flashes* espocaram das câmeras dos fotógrafos de plantão. Ele se aproximou de um pequeno balcão improvisado, a modo de palanque. Havia uma miríade de microfones com logos de emissoras de televisão que o cercavam. Levou um minuto até que o rumor se acalmasse e ele pudesse se pronunciar. Limpou a garganta, ajeitou o pequeno calhamaço de papéis que trazia na mão e começou a ler o boletim médico. Foi interrompido por gritos de fãs quando citava o nome completo do cantor, mas seguiu firme em seu comunicado. Conseguiu terminá-lo, informando: – O paciente deu entrada inconsciente no hospital e encontra-se internado para a realização de exames e diagnóstico do quadro clínico. Por ora ele não reage a estímulos, pois está em coma induzido. Peço que aguardem algumas horas para mais informações. – A expressão na face do médico era de pesar. Todos perceberam a gravidade no semblante dele. No impulso de dar força ao ídolo, o murmúrio de um pequeno grupo elevou-se e tomou conta de toda a massa, que passou a gritar em coro: – Bruce, Bruce, Bruce! – Eles não queriam nada além de uma explicação, algum conforto, precisavam acordar do pesadelo que tomara conta da realidade.

Bruce Vilanova era um jovem interiorano no auge da fama. Com música na trilha sonora da novela das nove, seu rosto de feições angelicais, emoldurado por uma cabeleira de leves cachos, estampava as capas de revistas e há alguns anos suas canções atingiam o topo das paradas por todo o Brasil. A notícia de que ele havia sido levado ao hospital contrastava com o rastro de sucesso que seu nome suscitava. Chegara ao hospital às 4 horas da manhã, desacordado. Não havia sido por causa de um acidente automobilístico ou de qualquer doença que o molestasse. Simplesmente, ninguém sabia o motivo de sua hospitalização. O desejo comum de todos era salvar a vida do jovem de 24 anos, dar continuidade à carreira meteórica que ele vinha construindo de forma brilhante. Alguns artistas, colegas de trabalho, parentes e amigos davam seu apoio ao cantor em visitas rápidas durante o dia, para saber notícias e expressar palavras de conforto à família de Bruce. Todo o meio artístico estava consternado e orando por sua recuperação.

Na rotina de confusão que se estabeleceu no hospital depois de sua internação, de repente, um novo tumulto teve início. Um homem de blazer cinza, chapéu preto e óculos escuros desceu de um carro reluzente e foi logo cercado por pessoas de todas as idades. Ao perceber de quem se tratava, os fãs em coro começaram a gritar e pedir fotos e autógrafos de outro ídolo: Martin Blumer. Martin, um artista com seus maduros 54 anos, cabelos grisalhos despenteados, alto e atlético, consagrado na música nacional e autor de *hits* que faziam parte da memória afetiva da maioria dos brasileiros, mal teve tempo de bater a porta do veículo. Com uma carreira sólida e o reconhecimento por sua ótima conduta, era uma celebridade muito respeitada no país. Uma fã conseguiu interpelá-lo e logo o abordou: – Me dá um autógrafo, por favor? Você é amigo do Bruce? Posso tirar uma foto? – Martin estava acostumado com todo tipo de abordagem, por isso não se intimidou. Pousou um dos braços nos ombros da garota e com o outro sacou o celular dela. Abriu um sorriso iluminado e fez uma *selfie* espontânea. A garota ficou feliz e atordoada, enquanto o músico seguiu seu caminho. Gentilmente, tentava atender quem o parasse com uma postura acolhedora. Embora um pouco apreensivo com a quantidade de gente, procurava responder ao assédio com naturalidade.

Depois de falar pacientemente com vários fãs, mal pôs os pés no hospital e já percebeu o clima pesado, a amargura e a aflição dos médicos, enfermeiros e funcionários com o que estava acontecendo. Acostumado a frequentar o ambiente quando algum conhecido ficava doente, imediatamente reconheceu um médico amigo e lhe apertou a mão. Não houve tempo para muito diálogo, Martin logo se dirigiu a ele com ansiedade: – Doutor Almeida, que bom vê-lo. Como está o Bruce? O que aconteceu com ele?

Uma pausa incômoda se instalou entre os dois. O médico olhou para o chão, depois ergueu a vista, encarou o cantor e respondeu, com a voz hesitante: – Martin, detesto ter de dizer isto a você, porém o estado é muito grave. Achamos que ele teve um estrago feio no cérebro e possivelmente não voltará, mas estamos tentando todos os procedimentos possíveis. Ainda está sem consciência. Estamos agarrados à esperança.

Vindos do extremo do corredor, dois homens de jaleco branco se aproximaram, conversando. De prancheta em punho, um virou para o outro e disse: – É, cara, triste mesmo, mas infelizmente o tal Bruce já era. Ainda esta semana se foram dois, aparentemente pelo mesmo motivo.

Martin o tocou no braço, ambos os médicos o fitaram com espanto, era impossível saber se ficaram assustados porque haviam sido pegos falando de um tema delicado ou se porque estavam diante do grande Martin Blumer. O artista o olhou profundamente, então perguntou: – Qual motivo? Estão falando de Bruce Vilanova?

Era visível o incômodo dos três médicos. O doutor Almeida olhou para seus colegas com ar de censura. Disparou: – Isto é assunto para outro momento. Não deve ser tratado aqui.

Martin não se conformou com o balde de água fria e insistiu: – Ele estava doente? Sofria de algum problema grave? – No entanto, ouviu a resposta inconclusiva do amigo: – Até onde sabemos, não. Estamos realizando exames para termos uma opinião mais definitiva.

No meio do bate-papo entre eles, algumas enfermeiras se acercaram, tímidas. Pediram uma foto com o artista e ele, mais uma vez e pacientemente, atendeu às fãs. Para enquadrá-las todas com ele, solicitou que um médico que passava fizesse as vezes de fotógrafo. O rapaz empunhou o celular de uma das mulheres, mas junto com o clique disparou, irônico: – É o preço da fama, não é, Martin? Como você consegue aguentar esse povo o tempo todo?

Blumer desfez a expressão alegre, mas respirou fundo e disse, sereno: – Tudo depende de como eu quero enxergar e de como eu projeto as coisas em minha mente. Tenho prazer em arrancar um sorriso. Vejo dessa forma. Prefiro assim. – As enfermeiras agradeceram, admiradas, e saíram desviando das macas que estavam estacionadas no corredor. Ao perceber que o médico que fizera o retrato ficara sem jeito, Martin quebrou o gelo. Perguntou onde estavam os familiares de Bruce.

– Estão numa sala ali no outro setor, eu o levo até lá – respondeu o homem já o conduzindo pelo caminho. Apesar de o lugar ser frequentado por pacientes famosos, entre políticos, artistas e empresários, não era todo dia que um grande astro da música passeava por aquele ambiente.

Os pacientes dos quartos o seguiam com os olhos à medida que o avistavam. Ele acenava com a mão para alguns, cumprimentava com a cabeça os outros se notava que o tinham reconhecido. Em nenhum momento mostrou-se irritado. Quando chegaram ao seu destino, o médico perguntou: – Tem certeza de que você quer entrar? A situação é dramática, a mãe do paciente está descontrolada. – Martin assentiu com a cabeça e confirmou: – Sim, acredito que posso e quero ajudar.

Da porta, percebeu que a saleta onde estavam era mediana e aconchegante. As paredes tinham um tom verde-claro, delas pendiam quadros de flores e paisagens bucólicas. Havia duas poltronas de couro marrom, uma mesinha entre elas com um vaso de margaridas, possivelmente artificiais, e o que parecia ser um caderno com uma foto da fachada do hospital na capa. Ele adentrou a sala e se deparou com uma senhora ajoelhada num pequeno tapete. Vestia saia preta e uma camisa de cor creme, tinha os cabelos presos num coque e um crucifixo no pescoço. Em prantos a mãe oscilava entre a oração em voz alta e os gritos, em refutação absoluta ao que acontecia com seu filho. O pai – um senhor de calça de sarja e camisa escuras – em lágrimas a abraçava, tentava contê-la, mas ela não ouvia ninguém. Queria o filho a qualquer preço de volta em seus braços. – Vou invadir a UTI e falar com ele! Traga meu filho agora, morto ou vivo! – Pelo rosto molhado e inchado da mulher, Martin notou que ela estava tomada pelo desespero.

O cantor abaixou-se e a segurou carinhosamente. Por um instante ela o olhou sem entender o que acontecia. Então esfregou a manga da camisa no rosto, tentando trazer um pouco de dignidade para sua aparência. O reconheceu, perplexa. Sem acreditar no que via, perguntou:

– É você mesmo? Martin Blumer? O que faz aqui? Conhece meu filho?

Blumer era um grande ídolo da mãe de Bruce havia muito tempo.

– Sim, sou eu! A senhora deve ser a dona Cleusa, certo? Vi nos noticiários sobre o ocorrido e fiquei muito comovido. Assim, tomei a liberdade de vir até aqui com o intuito de ajudar no que estiver a meu alcance.

– Sou muito sua fã, admiro seu trabalho, sua carreira e você como ser humano. Agradeço sua intenção, mas nada pode fazer... Desculpe-me, se eu perder meu filho, perco minha vida – concluiu Cleusa, chorando desconsolada nos braços do artista.

Martin a conduziu até a poltrona, então se dirigiu ao pai e lhe deu um abraço acolhedor. – Tenha calma – pediu ele. – Respire fundo. Feche os olhos. Volte-se para dentro de si. Tudo tem um porquê e as soluções de Deus não são as mesmas dos homens. Confie. Acredite! Uma luz no fundo do túnel ainda está por vir.

Cleusa olhou para o homem curiosa e o indagou: – Como assim? Você sabe de alguma coisa? Tem outras notícias?

– Infelizmente, não. Eu sou aquele que também quer ter notícias. O que aconteceu com ele? Vocês poderiam me dizer?

Os pais abaixaram a cabeça, constrangidos. Num tom sem convicção, responderam intercalando-se: – Não sabemos de nada! Ele não tinha nada!

As palavras soaram inseguras. Martin fitou o pai, depois a mãe. Então insistiu e questionou: – Ele sofria de alguma doença?

Pisando em ovos, como quem suspeita ter uma mina escondida debaixo do solo, o artista continuou: – Ele tomava algum medicamento forte? Alguma substância química? Tinha vícios?

A mãe apoiou ambas as mãos nos braços da poltrona. Severa, encarou o ídolo e, perturbada, perguntou: – Como assim? Você conhece meu filho? Sabe da vida dele? Já estiveram juntos? – Martin instintivamente deu um passo para trás, cruzou os braços e disse:

– Não, nada disso, apenas o admiro como um jovem artista que tem muito a descobrir e que carrega um talento sem igual.

A mãe pareceu não se convencer. Apreensiva, o interrompeu novamente: – Descobrir o quê? Quem você pensa que é? O que sabe sobre meu filho?

Martin se deu conta de que a mãe estava por demais alterada e que qualquer questionamento dele sobre o filho seria tomado como ofensa.

Buscou outra forma de abordá-la. Começou a elogiar Bruce, estabelecendo uma analogia entre a história do rapaz e sua própria vida: – Eu passei, na minha carreira, por tudo o que ele tem passado. Venho observando a intensidade e a irreverência deste jovem. De fato, ele tem muita música na veia, mas, me desculpe a franqueza, é pouco amadurecido. – O termo soou como uma bofetada nos ouvidos de Cleusa. Seus olhos encheram-se de sangue. Ermínio, pai de Bruce, percebeu a ira da esposa e, antes que ela se levantasse para agredir o homem, a segurou pelo braço. Argumentou, de modo apelativo: – Calma, Cleusa! Bota a mão na consciência! O que ele diz é verdade e nós sabemos disso. – A fúria da mãe transformou-se em nova explosão de lágrimas. O marido então ofereceu a ela um lenço de papel que estava em seu bolso.

De uma distância segura, Martin amenizou ainda mais o tom: – O filho de vocês é um diamante que precisa ser lapidado. Dona Cleusa e senhor Ermínio, não se desesperem! Não sofram tanto antes da hora. Vocês podem estar, com sua irritação, desespero e revolta, desperdiçando momentos em que poderiam se concentrar na fé, na positividade. Quem disse que tudo vai terminar mal? Afirmo que quem mais pode fazer a diferença neste momento, nesta história, são vocês dois.

Balançando negativamente a cabeça, ela o olhava, incrédula. Perplexa, levantou-se de súbito da poltrona e disse: – Mas se ele está em coma! Os médicos alegam que é grave! – Notando o desconforto do cantor, a mulher deu a volta na sala. Passou a mão pela cabeça, suspirou. – É fácil falar estando na sua posição. Queria ver você em nosso lugar.

– Nenhuma situação, por pior que seja, é irreversível – rebateu Martin, no canto, respirando fundo.

A quietude que se instaurou no cômodo foi rompida pela respiração ofegante de um médico que entrou na sala abruptamente, um pouco aflito e inquieto. Os três olharam para ele, ansiosos. O homem disse, por fim: – Boa noite, senhores. Sou o doutor Alberto Hermann, estou na equipe que cuida do filho de vocês. Até que enfim temos uma boa notícia: Bruce deu pequenos sinais de recuperação.

A mãe correu até ele e pegou em seu antebraço. Vibrando num misto de entusiasmo, exaltação e agonia, disparou: – Onde ele está? Pelo amor de Deus, me leve até ele!

O médico, notando a inquietação dela, a interrompeu: – Tudo em seu tempo, senhora. Antes eu preciso que me deem uma informação importante. Seu filho era dependente químico? Por favor, sejam sinceros. É fundamental para o diagnóstico e a recuperação dele que vocês nos informem.

Um silêncio tomou conta do ambiente. Martin encarou os dois, firme, depois percebeu que estava metido numa situação em que não lhe cabia estar ali, por ser apenas um conhecido, e voltou os olhos para a janela, que dava para um pátio interno onde carros estavam estacionados em meio a duas ou três árvores. O pai tomou a frente e falou: – Não, jamais, de forma alguma! Quem disse isso? Por que pergunta? – O doutor Hermann não pareceu se convencer com a negação exacerbada do homem. Colocou as mãos nos bolsos do jaleco e, assertivo, afirmou: – Se você quer ver seu filho vivo, peço que nos dê as informações corretas. Garanto o sigilo de tudo o que for dito aqui, mas precisamos saber de todos os detalhes.

Pai e mãe se entreolharam, em dúvida. Martin mordeu o lábio inferior, na mesma expectativa que o médico. Cleusa parecia acuada, mas um leve tremor em seus olhos denunciava que ela sabia de algum segredo de Bruce. Algum fato escondido com o qual não sabia lidar. Virou-se para Ermínio e implorou: – Amor, por favor, podemos contar para ele! Vamos confiar. – Tinha as mãos juntas em oração.

Posto contra a parede pela mulher, ele abaixou a cabeça. Confuso e vexado, soltou: – Na verdade não tenho certeza, mas acho que meu filho usou droga algumas vezes, muito poucas. Quase nenhuma.

Hermann parecia a ponto de agarrar o casal pelo colarinho para que revelassem de forma mais objetiva o que sabiam. Pronunciou-se com veemência: – Preciso de informações exatas, pois há indícios de que ele teve uma overdose.

A mãe ficou petrificada. Depois se segurou como pôde na mesa e desabou na poltrona. As lágrimas vieram como um rio novamente, e com sacrifício ela conseguiu articular a pergunta: – Onde está meu filho? Por favor, me leve até ele.

Vendo os pais irredutíveis, doutor Hermann tentou ser o mais didático que pôde. – Desculpem-me, sei que se trata de um grande artista, um rapaz muito carismático. Minhas filhas mesmo são apaixonadas por ele, queriam até vir aqui para vê-lo. Em respeito ao momento, claro, eu disse que numa outra ocasião, caso ele se recupere a contento, elas poderiam conhecê-lo. Vocês têm noção de que se trata de um sofrimento coletivo e o país inteiro está em choque? Só se fala nisso. É muito difícil, mas vamos tentar salvá-lo a qualquer custo. Portanto, vou repetir: se querem ver seu filho vivo, me contem exatamente tudo o que sabem – disse o médico pela última vez, tentando ponderar com os pais do cantor com toda a paciência que dispunha.

Ermínio sentia as pernas faltarem. Lentamente, acomodou-se na poltrona, esfregou as mãos. Olhou para o médico, a frase saiu titubeante: – O.k., doutor, vou lhe contar tudo o que sei. – A mulher abaixou a cabeça, esfregou os olhos. – Cleusa, precisamos dizer a verdade. – A esposa voltou a ficar insegura e questionou: – Mas e a carreira dele? O nome que ele tem a zelar? – O marido a interrompeu: – Por favor, espere. Deixe-me falar. – Tomou fôlego. – Chega de mistério. Eram 4 horas da manhã e meu telefone tocou. Eram vizinhos dizendo que Bruce estava desacordado e alguém havia tocado o interfone no prédio pedindo ajuda minutos antes. Quando tentaram ver da portaria o que estava acontecendo, ninguém respondia no apartamento dele. Então arrombaram a porta e encontraram Bruce inconsciente. Estava caído perto da mesa de centro. Havia um pouco de pó branco em seu rosto, nas roupas. Disseram que sangue escorria do nariz dele e no braço viram marcas, como se fossem de picadas. Fomos informados pelo porteiro, um rapaz novo que havia acabado de ser contratado, que uma jovem completamente descontrolada estivera lá pedindo ajuda de madrugada.

A mãe olhou ao redor, desconcertada. Ermínio continuou seu relato:

– Pegamos o carro e fomos rapidamente ao apartamento de nosso filho. Encontramos dois vizinhos, muito assustados, e Bruce deitado no sofá, sem consciência. Perguntamos o que havia acontecido e Maria Lucia, uma das vizinhas, descreveu que já o encontraram assim, inerte. Disse que ele não respondia e não demonstrava nenhuma reação desde que tinham entrado no apartamento. Haviam sido chamados pelo porteiro, que disse ter visto uma jovem que saiu às pressas chorando muito e pedindo ajuda. Ele tentara falar com ela, mas não foi bem-sucedido. Disseram ser uma jovem morena, de cabelos pretos, bem bonita, que tinha subido e descido muito rápido. Por um momento, pensamos que pudesse ser a nossa ex-nora, mas não acreditamos porque há tempos estavam separados e viviam discutindo. Ela então disse que quando entrou e viu aquilo, ficou muito assustada e que o estado de Bruce era muito triste. Havia pó branco, que agora acredito ser cocaína, e bitucas de cigarro pela sala toda.

Ao terminar, Ermínio olhou para a esposa, e ambos começaram a chorar.

– Na verdade, nós sabíamos que ele se envolvia com drogas esporadicamente, mas não a esse ponto. Não pensávamos que ele fosse viciado e tivesse chegado a esse nível. Perguntávamos sempre se estava bem e ele dizia que estava tudo sob controle, que eram apenas alguns momentos de diversão e que era uma droga branda, maconha, e que todos os colegas a utilizavam. Perguntamos algumas vezes se ele utilizava substâncias mais perigosas, como cocaína e outras, mas ele sempre negou. Foi uma triste surpresa ver que meu filho provavelmente estava usando cocaína. – As palavras amarguradas cessaram em meio às lágrimas.

Diante da confirmação de que Bruce se envolvera com entorpecentes, o médico abriu o jogo: – Estamos aguardando as últimas confirmações, mas tudo indica que seu filho teve uma overdose e está em coma. Ainda é cedo para afirmar qualquer coisa e não podemos garantir nada, mas estamos fazendo o possível para recuperá-lo. Com as informações teremos mais chances, pois já achamos um norte e vocês foram a bússola. Agradeço a confiança e lamento que estejam passando por isso. Agora é com a nossa equipe. Peço que fiquem à vontade e tentem se acalmar. Em breve voltarei com mais detalhes.

Da sala onde estavam, conseguiam escutar o ruído contínuo da turba de fãs que não arredava pé da entrada principal do hospital, às vezes irrompendo em gritos e cantando em coro as composições do artista em risco de morte. A massa de vozes e o tráfego apressado de profissionais pelos corredores só faziam aumentar a pressão sobre os pais. Martin percebeu de forma lúcida e sábia que precisava fazer algo concreto para acalmá-los. Respirou fundo e começou a cantarolar uma canção de Bruce. Seu timbre brando e aveludado ecoando pelo ambiente foi a ruptura que precisavam para se desconectarem do problema, mesmo que por poucos instantes. Assim que terminou, os pais olharam para ele, extasiados. O cantor falou suavemente: – Esta é uma das músicas de Bruce que eu mais gosto, a minha preferida. Como ele compôs esta canção? – Martin fez a pergunta porque sabia que falar sobre a arte do filho poderia ajudá-los a parar de pensar na dor, naquela circunstância em que já não podiam fazer nada além de rezar e manter-se calmos. A música era a saída para afastar a nuvem negra que pairava sobre eles. Se tinham de estar no hospital em razão de um problema do filho que tanto amavam, que o fizessem buscando a leveza, direcionando os pensamentos para a luz. Ele tentaria ser o instrumento para chegarem a um estado de paz.

O pai foi até a janela, como que buscando na paisagem o fio da meada para chegar à explicação que ia dar ao novo amigo: – Ainda na escola, antes de fazer esse sucesso todo, Bruce se apaixonou por uma garota chamada Marina. Ele tinha os cabelos cheios e encaracolados, era magrelo e usava aparelho nos dentes. Ela era de uma beleza indiana, tinha o cabelo longo, de um castanho bem escuro e intenso, os olhos negros e profundos, e para coroar só tirava notas boas. Claro que ela era a mais desejada do colégio, e ele um azarão. Por mais que ele se inspirasse e escrevesse cartinhas de amor apaixonadas, dedicasse versos para ela, Marina o desprezava e durante muito tempo ele sofreu calado trancafiado no quarto, enquanto compunha várias canções. Acho que foi uma das fases mais produtivas dele, me lembro que enchia cadernos e cadernos com letras de música, desenhos. A indiferença dela durou até o dia em que fizeram um concurso de declamação de poesia na escola. Talvez ela acreditasse que o amor de Bruce era coisa passageira e infantil. Quando na final do torneio, com uma timidez paralisante e mal conseguindo olhar para a frente, ele foi chamado como um dos finalistas e dedicou sua obra para a menina, diante de um pátio de colegas estupefatos, ela resolveu se render. Meu filho sempre foi muito tenaz em suas paixões. Depois daquele evento, ele a chamou para ir a um baile de formatura e ela finalmente aceitou. Pela primeira vez os dois ficaram juntos. A música "Amor infinito" foi escrita no dia seguinte, ele nos mostrou a versão final todo contente na hora do jantar. Você se lembra dessa noite, Cleusa?

A mulher assentiu e complementou: – Eu escutei a música e, pelo modo apaixonado como cantava, notei que meu filho tinha se tornado um homenzinho. – Riu um pouco constrangida.

O pai finalizou: – Pois é. Vencida a barreira, os dois se tornaram inseparáveis. Ele fez tanto sucesso com Marina que, anos depois, eles vieram a se casar. Mas esta é outra longa história.

Ao perceber que os pais já tinham conseguido relaxar e estavam envoltos numa atmosfera mais leve e apaziguada, Martin resolveu que era hora de deixá-los. Antes de sair, deu um abraço caloroso em cada um, olhou-os profundamente e disse: – Não percam a energia de vocês para os pensamentos destruidores. Vocês decidem o que colocar e o que tirar de suas mentes. Agraciem o momento, mesmo que seja tenso, com pensamentos bem nutridos e positivos. Pensem nas alegrias, no carisma, nas boas músicas, no bom humor, nas qualidades de Bruce. Deixem que o universo aja e se posicione. O homem erra, mas Deus sabe exatamente o que faz. Eu creio piamente que ele é merecedor de uma segunda chance. Anotem meu telefone, caso precisem de ajuda. Passei por situações semelhantes. Infelizmente, esse é um quadro normal quando se fala em celebridade.

Especialmente no nível de fama que alcançou Bruce. Já pararam pra pensar no número de artistas famosos que se suicidaram? Tiram sua própria vida por não suportarem aquilo que eles mesmos construíram, e não poucas vezes, sem a mínima consciência. É triste, mas ocorre com muita frequência. O que acontece é que, quando atingem o auge do estrelato, o cérebro é constantemente bombardeado por estímulos e sensações de prazer causadas pelo excesso de elogios, êxitos em apresentações para grandes multidões e, a partir daí, exaltação do ego frequente por onde passam. O poder se torna uma rotina. Naturalmente, o cérebro se torna dependente dessas sensações e a vítima, no caso uma celebridade, passa a ter cada vez mais a necessidade de aplausos, de ser o centro das atenções, de ter mais poder, e de estar sempre com a razão. Senta-se num trono ilusório. Passa a precisar cada vez mais desses estímulos para sentir prazer. O prazer no externo, entendem? Com isso, se abandonam internamente. É como se passassem a não se conhecer mais, vivendo sempre personas, máscaras. Precisam estar em evidência em tempo integral. Quando se vê, já existe uma escravidão mental. A falta de liberdade e de privacidade torna tudo ainda mais difícil, pois os inibe de vivenciar uma vida normal, regada de momentos especiais no dia dia, como ir ao cinema, clubes, praias, ou qualquer que seja a diversão. Há um quadro de solidão constante, gerando carências. A busca por recursos não saldáveis é o caminho mais comum, e na verdade são fugas. E o fim dessa história está em diversos episódios tristes e trágicos, que aconteceram e acontecem nesse meio em que seu filho e eu vivemos. Já caí inúmeras vezes nessas armadilhas. Continuo sendo um aprendiz nos palcos da vida, mas hoje com mais consciência e maturidade. Estou à disposição para ajudá-los.

Depois que Martin saiu, os pais se olharam, em reflexão. Voltaram a si com a sirene de uma ambulância que dava entrada no pronto-socorro. Ermínio virou-se para a esposa: – Como ele consegue ficar tranquilo e pleno diante de tanta tensão?

Cleusa esfregou as mãos, como se tentasse afastar o frio que os congelava dentro do hospital: – Não sei. Talvez esteja assim porque não é o filho dele.

Ermínio não se conformou com a resposta da mulher. – Não, este homem tem algo diferente.

Cleusa também não estava facilmente convencida da própria afirmação. Num impulso, ergueu-se rapidamente da poltrona, correu até a porta e chamou Martin: – O que você é afinal? Apenas um cantor famoso? Uma celebridade? Se acha um profeta, um sábio? O que você é, Martin? Um anjo? Quem pensa ser?

Surpreendido na caminhada rumo ao exterior do edifício, o homem voltou o rosto para a mãe de Bruce. – Sou apenas um aventureiro nos palcos da vida – disse Martin sorrindo, enigmático, enquanto ajeitava o chapéu na cabeleira desarrumada e saía por uma grande porta de vidro.

CAPÍTULO 2

O retorno de um astro

Passados cinco dias da internação, o sono e o cansaço rendiam Ermínio e Cleusa. A mídia começava a dar uma trégua para o caso de Bruce, mas a expectativa do desfecho ainda era a tônica dos comentários por todo o país. Durante aquele período, homenagens, mensagens, programas dedicados a Bruce e depoimentos de gente próxima eram os assuntos mais buscados nas redes sociais, mais comentados nas rodas de amigos. Ainda que com poucas reações, o astro despertava esperança na equipe médica, que o vigiava dia e noite à espera de sinais. No sexto dia, pela manhã, um grunhido rompeu o silêncio do quarto em que ele estava. De repente, uma frase ecoou, deixando todos estarrecidos e aturdidos na UTI:

– Onde estou? Preciso ir, tenho show hoje! O público me espera!

– Bruce?! Não é possível! – exclamou atônita a enfermeira que estava ao lado do leito, prestes a trocar a bolsa de soro. – Você está bem?

– Sim! Por favor, tenho de correr! Estou atrasado. Já estou escutando as vaias. Meu carro está na porta? – Bruce falava como em um delírio, ainda meio desconectado do mundo.

– Bruce, você está na UTI do hospital. Você acaba de acordar de um estado de coma – disse a enfermeira, pondo a mão na testa do cantor.

– Acho que dormi demais. Preciso ir. Obrigado, mas já estou bem – desculpou-se, virando a cabeça para os lados e tentando descobrir onde estava.

O rapaz não se deu conta do que lhe havia ocorrido. Inclinou o tronco apressadamente na cama, querendo levantar-se, como se já estivesse à beira do palco, aquecendo a voz e o corpo.

Notando a inquietação do paciente, a enfermeira chamou o médico responsável. O doutor Hermann entrou na sala e ficou surpreso. – Bruce, você acordou! Que bom! Estamos muito felizes que tenha voltado.

– O que aconteceu? Quem são vocês? Por que estou aqui? – As frases vinham atropeladas da boca do artista. – Quer um autógrafo? Uma foto? Seja rápido, preciso começar o show – terminou Bruce, ainda numa aparente confusão mental.

– Quero sim, e minhas filhas também! Mas antes preciso esclarecer que você acaba de voltar de uma viagem que só você conhece. Esteve em coma durante cinco dias, após uma overdose ocasionada por consumo de drogas – afirmou o doutor Hermann, tentando trazer clareza ao raciocínio de Bruce.

– Eu em coma? Você está louco? Drogas? Não está escutando a multidão a me chamar? Não escuta as vaias? Estou no meu camarim! Há uma plateia de dez mil pessoas lá fora me esperando e vocês já me seguraram aqui este tempo todo. Preciso ir! – protestou o jovem, brigando com os cabos que saíam de seus braços e o ligavam ao leito. – B.O., onde está você? Chamem o B.O., por favor!

– Quem é B.O.? – perguntou o doutor Hermann, enquanto tentava contê-lo no leito.

– Meu segurança! Ele precisa me acompanhar até o palco – foi a resposta que veio dele, ainda num tom de desespero, como quem tivesse urgência de sair dali.

– Bruce, por favor, você está na UTI de um hospital. Não existe plateia, não existe palco. Você precisa se recuperar do vício das drogas e nós podemos te ajudar – afirmou o médico, encarando profundamente o cantor, que escutava o que ele dizia a contragosto. O doutor Hermann prosseguiu: – Eu sei que a cocaína parece ser a válvula de escape perfeita quando estamos com problemas para lidar com a realidade, mas seus efeitos nocivos são perigosíssimos. Você sabe como ela age? Eu vou te explicar. A cocaína é uma droga estimulante que afeta o funcionamento do corpo inteiro, como circulação e respiração. No cérebro ela age, entre outras substâncias, sobre os neurotransmissores, que são os responsáveis pela sensação de prazer. Como ela deixa a pessoa eufórica enquanto dura o efeito, depois vem a depressão e o usuário tem vontade de usar mais e mais para suprir a necessidade entre um consumo e outro. O uso prolongado vai gerar alucinações, porque a cocaína causa danos irreversíveis ao cérebro. Esta sua overdose indica que você tem precisado de mais e mais drogas, por isso se excedeu na quantidade e agora está confuso.

– Eu, drogas? Quem te disse? Onde você viu isso? Overdose? – Bruce mal terminou de formular as perguntas, ficou com uma expressão de ausência no semblante, de quem processa os pensamentos bem no seu íntimo. Então pareceu se dar conta de sua condição e caiu num choro convulsivo e profundo. Após alguns instantes em estado de choque, não conseguiu proferir mais nenhuma palavra. Só chorou muito, por minutos intermináveis. – Que inferno! Que pesadelo é este? Preciso sair disso! Quero voltar a cantar... Mas me sinto tão mal! Onde estão meus pais?

O doutor Hermann o tranquilizou como pôde, apoiando a mão em seu ombro e pedindo que aguardasse um momento. Solicitou que um psiquiatra e um psicólogo viessem conversar com ele. Os quatro conversaram por quase uma hora, e quando o doutor Hermann julgou que um pouco de afeto seria conveniente para sua recuperação, disse: – Bruce, depois resolveremos todas essas questões sobre a droga. Agora tenho um presente para você, mas não vou trazê-lo aqui. Você irá até ele.

O presente era o reencontro com seus pais. Os médicos sugeriram que Bruce fosse até eles. O jovem pediu então para ir à lanchonete antes de encontrá-los. Livre dos cabos e ainda muito debilitado para andar com seus próprios pés, foi conduzido em cadeira de rodas pelos corredores frios do hospital até chegar a uma sala ampla. No canto dela havia um mostrador onde se viam frutas, iogurte, pães, vários tipos de geleia e queijos. Ele pegou uma bandeja, pediu que colocassem nela todos os alimentos que sabia que seus pais gostavam. De posse do café da manhã, virou para os médicos e disse: – Vamos, estou pronto. Vou acordar meus pais da forma que minha mãe me acordou tantas vezes.

Os homens de jaleco branco ficaram perplexos com a intrepidez e a espontaneidade do rapaz. A sala de espera em que seus pais estavam ficava na outra ala do hospital. Depois de conduzir o paciente por todo o percurso, os médicos deixaram que Bruce fizesse sua terna aparição com toda a privacidade e, discretamente, se retiraram. O jovem empurrou delicadamente a porta. Quando seus pais viram quem era que surgia, não acreditaram. Ele disse calmamente, sempre cativante e extrovertido, apesar de fraco: – Bom dia, hora do café! – Do interior da sala se ouviram gritos de felicidade, em meio às lágrimas.

– Calma, calma, eu estou bem! – Bruce tranquilizou seus pais. – Sem exageros e assédios, já estou cansado disso. – Pai e mãe se curvaram sobre ele e o abraçavam efusivamente. O jovem, entre a alegria de ver os dois e o nervosismo de saber como estava a repercussão do que lhe havia acontecido, perguntou aflito: – Será que todos sabem o real motivo de eu estar aqui? Desculpem-me por decepcioná-los. Amo vocês – declarou-se ele, enquanto a mãe o ajudava a colocar a bandeja na mesa.

– Bruce, não é hora de conversarmos sobre o que aconteceu. Teremos tempo para falar disso. Vamos aproveitar este momento de reencontro e felicidade. Você está de volta, nosso filho amado, e isso é o que mais importa – disse seu pai agarrando-se ao cantor, sem se lembrar de sua situação frágil.

O delicioso café da manhã que marcou o reencontro da família passou rapidamente, sem que eles se dessem conta. Passado aquele momento de êxtase inicial em que o jovem foi mimado como tinha sido na infância por sua mãe, Bruce virou-se para o pai: – Onde está minha filha?

Ela veio me ver? E Marina, apareceu também? Tenho a impressão de que ela estava comigo naquela noite. – Os pais se entreolharam assustados. – Filho, temos muito que conversar. Depois falamos sobre isso.

Feitos alguns exames e avaliações, Bruce foi liberado para ir para casa com seus pais. Ao chegar, deparou-se com seu pastor-alemão Ursus, que ficava na casa de seus pais, e veio ao encontro do dono roçar-lhe a perna carinhosamente. Ele retribuiu com abraços e carícias, dizendo: – Meu grande amigo, só confio em você. Você sim nunca me decepciona. Estará sempre do meu lado.

Sua mãe sugeriu que ele fizesse uma pausa para curtir a volta ao lar: – Filho, por que não descansa um pouco? Quando você acordar poderemos conversar mais sobre o ocorrido.

O jovem acatou a sugestão. Foi para um dos quartos, atirou-se na cama. Depois de jogar os sapatos num canto, tentou dormir. Virou para um lado, para o outro, mas não conseguiu desligar. Sua cabeça estava sendo bombardeada por medos, alucinações, fantasmas, tédio e revolta. Pensou que estava metido em um atoleiro, o episódio da overdose manchando sua imagem. No desespero de não vislumbrar uma saída, cogitou tirar a própria vida. Pensou que precisava acabar com aquele aperto no peito. Abriu a porta do guarda-roupa e encontrou um pacote escondido. Era a solução rápida para mais um momento de angústia. Segurou o embrulho na mão, olhou para ele com atenção. O pensamento cruzou seu cérebro: "Mas será? Depois de tudo o que passei?". Deixou o pacote onde estava e voltou para a cama. Tentou mais uma vez conciliar o sono e afastar os fantasmas, mas não conseguiu. Correu até o móvel, abriu o invólucro e se entregou ao recurso que julgava ser o que o mantinha de pé nas horas difíceis.

Passadas algumas horas, Bruce saiu do quarto. Seus pais o esperavam na sala. Cheio de energia, sentou-se no sofá. Parecia outra pessoa, mais viva e sagaz. O Sol, que já se escondia pela janela, deixava o ambiente acolhedor.

– Filho, você ficou muito tempo no quarto – disse a mãe espantada. – Conseguiu descansar?

O cantor ficou em silêncio, enquanto esfregava os olhos.

A mãe insistiu: – Conseguiu se recuperar?

– Me recuperar de quê, mamãe? Que nada! Estou ótimo. Quero logo voltar a fazer shows – disse o jovem ao mesmo tempo em que espreitava o que o pai fazia no computador.

Diante do monitor, Ermínio acabou sendo surpreendido pelo filho ao ler a última notícia sobre ele na internet: "A queda do fenômeno: depois de se entregar às drogas e sofrer overdose de cocaína, Bruce Vilanova fica cinco dias em coma e tem alta médica surpreendente". Pediu que o pai se afastasse e acessou outra página: "Do céu ao inferno. Jovem ídolo é internado por overdose. Cai a máscara". Entrou numa rede social, viu inúmeros comentários maldosos a seu respeito. Um deles ironizava sua canção mais famosa: "Ele não pode deixar de tocar 'Pó infinito' em sua próxima turnê... Se existir uma, claro!", seguido de um monte de risadas. Um lampejo de lucidez fez aquelas reações negativas calarem fundo em sua alma. Quando deu por si, lágrimas molhavam o teclado.

– Sou um fracassado! Agora sim posso acabar com tudo. Não tenho mais o que defender. Idiotas! Estúpidos! Não me conhecem! Não sabem pelo que passei nem o que passo, mas mesmo assim me julgam e me condenam.

– Calma, filho! Não se preocupe com o que falam. Você tem grandes qualidades e pode dar a volta por cima. Acreditamos em você e estaremos te apoiando sempre. – O pai tentou apaziguá-lo, pondo a mão em seu ombro.

Reforçando o que o marido dizia, a mãe acrescentou: – Mas você precisa se tratar. Por favor, filho, não faça isso novamente. Tenho certeza de que você nunca mais usará drogas depois de ter quase morrido, não é?

Diante da inocência deles, Bruce irrompeu em lágrimas e começou a gritar. – Não percebem que estou drogado? Acabei de usar e vou fazer isso sempre que me sentir sozinho e vazio por dentro. É o único momento de felicidade que tenho, o único prazer. – Horrorizados com a confissão, cada um desabou onde podia. O dia terminou em silêncio, a angústia palpável no ar. Ermínio e Cleusa exigiram que Bruce dormisse no quarto com eles e o filho, depois de uma longa insistência, se rendeu e apagou num sono profundo.

De madrugada, o pai acordou com a porta de seu quarto batendo levemente. Levantou-se na escuridão e foi atrás do filho. Ao tentar entrar no aposento dele, percebeu que estava trancado. Bateu, mas não ouviu resposta. Insistiu: – Bruce, por favor, abra. Vamos, estou mandando, me obedeça! Sei que tem sua independência, mas ainda sou quem te deu a vida. – Depois de alguns minutos, o jovem abriu a porta eufórico e buliçoso. Dirigiu-se ao pai de modo grosseiro:

– Você não me respeita! Não vê que quero ficar sozinho? Por favor, me deixe! – O homem, aturdido, pensou: "Este não é meu garoto. Não o estou reconhecendo".

Então se lembrou há quanto tempo o rapaz não dormia em casa: embora ele tivesse sido extremamente mimado na infância por ser filho único e a mãe tivesse se dedicado intensamente a agradá-lo quando era pequeno, nos últimos anos, com o desenvolvimento profissional e a fama meteórica, o contato tinha ficado praticamente escasso. Abraçou o jovem carinhosamente, mesmo diante de seus protestos. – Precisamos de ajuda. Venha até a sala, vamos conversar. – Com o intuito de tentar controlá-lo, mas sem qualquer experiência neste universo confuso e perigoso, Ermínio buscou ser razoável: – Você não pode mais sair de casa. Vamos tirar todos esses venenos de seu quarto já! Não posso mais permitir que você se envolva com drogas. Não consegue pensar em sua filha?

Ao ouvir essa palavra, Bruce novamente caiu em si: – Onde está Isadora? – Apanhou o telefone e tentou desesperadamente falar com ela, que já estava havia alguns dias em uma viagem com a mãe, incomunicável. Até aquele momento ela não havia se pronunciado ao pai.

– Será que depois de tudo o que passei ela ainda está com raiva de mim? Estamos há quinze dias sem nos falar. Talvez ela nem saiba do que aconteceu.

O pai tentou chamá-lo à consciência: – Filho, claro que sabe. A mídia e as redes sociais se encarregam disso nos dias atuais.

– Mas acho que, mesmo assim, ela não viria me ver. – Bruce chegou à triste conclusão, lembrando-se de sua ausência na vida da filha nos últimos anos e constatando que vivia os piores dias de sua vida. Tudo parecia desmoronar. Era como se nada pudesse fazer sentido naquele momento.

Ouvindo o barulho na sala, Cleusa veio ver o que acontecia. Ao se deparar com o marido e o rapaz descontrolados, ela então teve uma ideia. – Filho, você gosta do Martin, aquele famoso cantor que tem vários sucessos e uma carreira brilhante?

A princípio, o jovem artista não entendeu qual era a relação entre o que ele dizia e o que ela colocava, mas ainda assim lhe respondeu positivamente. – Sim, mãe! Não costumo ouvir suas músicas, mas já ouvi falar bem dele e o admiro muito, embora não o conheça pessoalmente. Sei que a senhora é fã, não é?

– Sim, querido! Sempre coloquei suas canções para tocar em casa, certamente você conhece algumas. Mas acho que você deveria conhecê-lo pessoalmente.

– Por quê? – O rapaz continuava sem entender.

– Filho, na manhã do dia seguinte ao episódio em seu apartamento, quando você já estava internado, Martin nos fez uma visita.

– Sério? Mas o que ele queria? Ele não me conhece.

– Ele ficou sabendo da tragédia pela mídia e solidariamente esteve no hospital para nos confortar – esclareceu Cleusa, levando as mãos ao peito.

– É verdade, Bruce. Este homem é sensacional, tem muita experiência e já passou por coisas parecidas – endossou o pai.

Bruce ficou surpreso. – É mesmo? O Martin? Mas ele é tão respeitado e ovacionado por sua conduta! Pelo menos é o que eu sei a seu respeito. – Então levou as mãos à cabeça, os olhos arregalados: – Ele soube a razão pela qual eu estava no hospital?

– Acho que sim, mas foi discreto e não entrou em detalhes. Só mencionou rapidamente que já passou por episódios parecidos no passado – o pai continuou, depois de coçar o queixo.

Cleusa aproveitou o momento para desabafar: – Na verdade, tenho de admitir que ele foi o único que conseguiu me tranquilizar naquele momento.

O pai concordou. Um brilho surgiu em seus olhos. – Filho, vamos marcar um encontro com Martin?

CAPÍTULO 3

Uma luz na escuridão

A manhã daquela terça-feira nasceu movimentada. Ursus brincava e latia sem parar na sala do apartamento de Ermínio e Cleusa, que já se colocavam à mesa, esperando o filho para o café. Na Cidade Maravilhosa, o som alvoroçado do trânsito se fazia sentir. Bruce cruzou o ambiente e foi até a janela, admirar o mar. Fechou os olhos, respirou profundamente. O ar fresco inundava suas narinas quando ele se virou e dirigiu-se à mesa. Diante dos pais, de cabeça baixa, disse:

– Parece um pesadelo. Tudo isso me faz pensar que percorri um longo caminho para não sair do mesmo lugar, pois me sinto vazio e parado, sem forças para caminhar. Vocês vão conseguir me perdoar diante de tudo isso? Vão conseguir me enxergar como um filho? – As lágrimas escapavam sem que ele as pudesse controlar. – Saudades da minha filha, de alguns poucos amigos. Na verdade, nem sei se os tenho. Não consigo confiar em ninguém mais, meu mundo virou de ponta cabeça. Para ser sincero, se pudesse voltar alguns anos atrás, quando não era famoso, o faria agora, sem medo. – Com um fio de voz, prosseguiu: – Preciso sair um pouco, tomar um ar. Vocês não merecem um filho deprimido, triste, angustiado, que só reclama de tudo. Desculpem mais uma vez! – Diante da mágoa com relação aos acontecimentos mais recentes e da vergonha que sentia, o jovem só pensava em pegar o embrulho que tinha deixado no armário.

Antes que os dois pudessem se manifestar, já a caminho do quarto, ele escutou o pai ao telefone: – Alô, Martin? Está no Rio? Poderia me dar alguns minutinhos e vir à minha casa? Bruce surpreendentemente teve alta e está aqui conosco.

O rapaz girou em seus calcanhares, voltou correndo com a mão erguida. – Não, pai, por favor, não faça isto! Não quero! – apelou. – Não preciso disso!

– O.k., Martin, eu já te ligo. – Ermínio finalizou a ligação surpreso, ao perceber o incômodo do filho. – Calma, não fique assim. Sua mãe e eu lhe dissemos que ele pode nos ajudar com sua experiência.

– Que nada, ninguém pode me ajudar! Ele não resolverá! O que vai dizer? Vai chegar aqui e me indicar um psiquiatra, uma terapia, uma clínica, ou vai encher a minha cabeça com um monte de baboseiras e palavras de conforto. Ou, quem sabe até, me levar para alguma religião? Acham mesmo que eu preciso disso? Me poupem! – Ao sair da sala com passos firmes, Bruce deu um soco no aparador que ficava no caminho, fazendo os vasos que estavam sobre ele balançarem. Desconsolados, Ermínio e Cleusa ficaram mudos, sem reação. O céu daquela linda manhã que nascia parecia nublar-se, escurecer-se de vez.

Depois de alguns minutos o interfone tocou. Ermínio atendeu e o porteiro lhe informou: – Tem um senhor de nome Martin aqui na portaria. Na verdade, trata-se daquele cantor famoso. Vocês o conhecem? Posso deixar que suba?

– O quê? Cleusa, é o Martin! O que faremos? – perguntou à mulher, sem saber como proceder.

– Deixe-o subir. Deixe-o subir – respondeu a esposa, de forma automática.

– O.k., pode pedir que suba, por favor – orientou o homem e desligou o interfone.

Quando Martin entrou, logo percebeu o abatimento no semblante dos pais de Bruce. Ambos o fitaram com olhos estalados e dispararam: – Como encontrou nosso endereço?

– Não é difícil saber onde vocês moram e onde seu filho tem ficado nos últimos dias. A imprensa não tem dado folga neste momento – justificou o cantor, olhando para os dois.

– Bruce não quer conhecê-lo – disse Ermínio, num misto de constrangimento e tristeza.

– Eu imagino que não. Claro que não. Mas diga a ele que tenho grandes revelações, surpresas, e não tomarei muito o seu tempo. Diga a ele também que vim trazer um recado muito especial – finalizou Martin com um sorriso amigável.

– Um recado? De quem? – Cleusa não resistiu à curiosidade de questionar.

– Por favor, apenas chamem o Bruce – finalizou Martin, ligeiramente seco.

Ermínio foi até a porta e o chamou: – Bruce, Bruce, Martin está aqui! Quer conhecê-lo.

– Não vou sair do quarto. Por favor, não me perturbem, não preciso de ninguém! – Apesar de vir de dentro, percebia-se que a voz do rapaz tinha um tom levemente choroso.

– Filho, ele diz ter uma grande surpresa! – insistiu o pai, tentando trazê-lo para a sala com um recurso quase infantil. – Vamos, além de uma surpresa, ele tem também um recado especial – continuou Ermínio, num cabo de força com o jovem.

– Um recado de quem? – Bruce parecia querer ceder à curiosidade.

– Não sei, ele quer falar somente com você!

– Não vou abrir, pai! – finalmente decidiu, para tristeza dos que o aguardavam.

O pai desistiu das investidas, voltou para a sala cabisbaixo. – Martin, ele não quer conhecê-lo. Meu filho não quer saber de nada. Parece que não aceita ajuda.

Martin olhou para ele sem se alterar. – Calma! Me ofereça um café, vai – pediu sorrindo e quebrando o gelo.

– Nossa, desculpe! Aceita um café? – perguntou Ermínio, dando-se conta da indelicadeza.

– Aceito, por favor – respondeu o cantor, divertido.

A mãe correu para a cozinha para providenciar a bebida, enquanto os dois ficaram conversando amenidades no sofá. Quando já estavam no segundo gole, o som dos indolentes passos de Bruce ecoou pela sala.

– Até que enfim vou conhecer este grande cantor e excelente artista que tanto admiro. Que honra, Bruce! – disse Martin, pousando a xícara na mesa de centro.

De cabeça baixa, o jovem o cumprimentou de forma retraída, com um aceno de mão.

– Bruce, você está ótimo. Não imaginava que fosse tão bonito. Que voz, que carisma, quanta luz você tem! – elogiou-o com desenfreado vigor.

Depois de deixar o corpo desabar na poltrona, o jovem pareceu baixar a guarda e abriu um leve sorriso.

Martin prosseguiu: – Nós todos, artistas, temos muito orgulho de você. Pelo talento e pela forma como saiu do anonimato até o sucesso. Por suas conquistas!

Pela primeira vez o rapaz dirigiu a palavra ao estranho: – Sou um fracassado! Não tenho mais nada. Não quero mais nada! – Levou as mãos ao rosto, envergonhado.

– Como assim? Você me parece ótimo, parece forte e lúcido! Ao contrário do que imaginei.

– Não me venha com falsidades! Você e todo o Brasil sabem exatamente o que eu sou agora. Apenas um cara problemático, fraco, incapaz e destruído – rebateu.

– Engana-se você, meu caro. Ouço muitos elogios a seu respeito e palavras de pessoas que acreditam que você dará a volta por cima.

– Tá bom, vou fingir que acredito. Vamos lá, qual é seu recado? Quero voltar para meu quarto – respondeu Bruce de forma ríspida, levantando a aba de seu boné e deixando entrever seus olhos inchados.

– Trago um recado de uma pessoa muito especial – afirmou Martin, olhando-o com ternura.

– Já sei, minha filha! Você a conheceu?

– Não, não é ela. Errou.

– O.k., a Marina. Só pode ser.

– Errou de novo, Bruce. – Martin começava a se divertir com o jogo de adivinhação.

– Então deve ser César, meu empresário.

– Passou longe novamente. Na verdade não quero revelar seu nome antes de você encontrá-lo.

– O.k., pode trazê-lo aqui – ordenou Bruce displicentemente, virando a cabeça em direção à janela.

– Não, você não vai encontrá-lo aqui.

– Pois é, mas não quero sair daqui. Não posso! – terminou ele, cruzando os braços.

– Tudo bem, Bruce. Vou guardar o recado desta pessoa especial comigo até que você decida. Vamos falar de outras coisas. – Martin não se rendia fácil à teimosia do rapaz.

Começaram a conversar sobre episódios relacionados à carreira. O papo foi ficando bom e o jovem, num tom mais solto e alegre, pediu novamente: – Chega de mistério! Pare de frescura! Diga logo de quem é o recado e qual é o recado.

Martin riu. – Já te disse, Bruce! Você terá de encontrá-lo para ouvir o recado e tenho certeza de que não vai se arrepender.

– Lá vem você de novo querendo me tirar daqui – protestou, enquanto amassava uma folha de papel de um bloco de notas que estava próximo, fazendo uma bolinha.

Depois de uma breve ida à cozinha para levar a bandeja com a louça suja, Ermínio e Cleusa retornaram. Martin levantou-se.

– O.k., Bruce, foi um prazer conhecê-lo. Você é realmente o que eu imaginava: um cantor sensacional, um grande artista, uma pessoa muito inteligente com carisma de sobra.

– Aonde você vai? – perguntou o jovem, dando um pulo da poltrona.

– Preciso ir – disse Martin, já apanhando seu blazer e o chapéu, que tinham ficado no cabideiro perto da porta. – Quando você quiser receber o recado e se encontrar com a pessoa oculta, me avise. Estarei à sua disposição. Na verdade, sinto que essa pessoa grita por você intensamente e te chama o tempo todo. Depende de você querer vê-la. Mas tudo bem, nos vemos por aí.

Bruce falou mais alto: – Espere! Por que vai sair tão rápido? Mãe, pegue um suco para o Martin. Aceita?

Martin recolocou a roupa no lugar onde estava. Olhou para a mãe do rapaz. – O.k., Bruce, aceito. Obrigado.

Terminado o copo de suco, Martin despediu-se novamente. Agradeceu pelo café da manhã e pela acolhida da família.

Sabendo que talvez o músico demorasse a voltar e que ele morreria de curiosidade em saber quem era a pessoa misteriosa, Bruce fez um apelo: – Não, você não vai sozinho. Eu vou com você. Preciso saber de quem é esse recado!

O cantor mais maduro deu um sorriso. – O.k., então não temos tempo a perder. Pegue uma ou duas trocas de roupa e vamos.

– Por que tenho de levar roupa? – surpreendeu-se ele.

– Porque não sabemos quanto tempo vamos demorar. – A resposta veio acompanhada de uma expressão enigmática no rosto do grande astro.

Ermínio, assustado, entrou na conversa: – Aonde vai levar meu filho?

– Vou levá-lo para perto de anjos, em um dos encontros mais importantes da vida dele. Confia em mim?

O pai olhou muito rápido para a mãe, sem saber como reagir. Num lampejo de segundo, ambos se questionaram se era a decisão mais acertada, mas sabiam que o ídolo era alguém muito famoso para fazer qualquer bobagem, e fora ele quem os acalmara quando estavam no pior momento da crise. Então, ansiosos e sem perspectiva, acenaram afirmativamente com a cabeça, deixando Bruce livre para ir com seu novo amigo.

CAPÍTULO 4

As malas da vida – Da autoconexão ao autoconhecimento

Os dois artistas saíram no carro de Martin. No caminho, ele questionou Bruce sobre o inevitável tema que os ligava: a carreira. Como era de se esperar, o jovem prendeu-se a assuntos relacionados com a polêmica do último acontecimento. Reclamou longamente, até ser interrompido pelo amigo.

– Bruce, vamos combinar uma coisa? A partir de agora você está proibido de falar neste assunto – disse o mais velho, olhando fixamente a estrada.

O rapaz ficou indignado. – Como assim? Você acha agora que manda em mim? Não posso colocar para fora o que sinto? – Seus pés, que calçavam tênis esportivos bem coloridos, estavam cruzados sobre o painel do carro.

– Não, eu não mando em você, mas é um pedido de um novo amigo. Você precisa se preparar para um encontro muito especial. Pode fazer o que eu peço? – perguntou Martin, num tom amistoso.

Bruce falou um "o.k." mecânico, acenando que sim com a cabeça. Na sua mente só rondava um pensamento: "Onde fui me meter? Que cara chato!".

Depois de horas rodando por uma autopista cercada de verde, finalmente chegaram a um lugar paradisíaco, onde árvores enormes traduziam a magia da natureza. Ainda tímido, o Sol banhava de luz os dois artistas.

Destoando do ambiente, a primeira coisa que Bruce fez foi protestar: – Viu a última notícia que saiu na mídia? Começaram a falar de minha vida pessoal, que eu não tinha equilíbrio, que não tinha uma família ideal e muito mais. Como invadem minha intimidade sem autorização? Não me conhecem!

Ao perceber que Bruce estava com a mente ancorada o tempo todo nos problemas advindos da polêmica, Martin o interrompeu: – Meu jovem amigo, eu compreendo sua revolta, mas temos um combinado. É proibido falar desse assunto enquanto estivermos aqui. – Começou a subir um caminho de ladrilhos de pedra, com grama por todos os lados. Ao redor da pequena trilha, árvores frondosas e centenárias projetavam sombras sobre eles. Havia cedros, jatobás e ipês, as folhas caídas formavam um imenso tapete em muitos tons de verde.

Bruce estava curioso e bombardeou o mais velho de perguntas: – Que lugar é este? Onde você me trouxe? Não gosto de fazendas e não costumo frequentá-las. Por que me trouxe aqui? E o tal recado? Quem é essa pessoa misteriosa?

Martin enveredou pelo meio da relva, seguido pelo rapaz, e tentou tranquilizá-lo. – Calma, Bruce, relaxe! Daqui a pouco ele aparece. Aqui neste lugar a pressa não tem espaço. – Enquanto afastava galhos e gravetos com os pés, disse: – Vamos primeiro conversar um pouco com a natureza. Você consegue escutá-la?

– Como assim? Escutar a natureza? – indagou Bruce, incrédulo.

– Consegue escutar o silêncio? – Martin prosseguiu em seu questionamento.

– Hein? Você é doido? – O jovem continuava sem entender.

Sentaram-se à beira de um riachinho com um suave barulho de água corrente. Era impossível não se deixar dominar pela paz do local, complementada pelo refrescante cheiro de mato, o ar puro entrando nos pulmões dos dois. Havia bois, cavalos, pássaros, cães, tudo em perfeita harmonia, cada um ocupando seu espaço, pacificamente. No entanto, Bruce não se entregava. Martin virou-se para ele, tentou buscar outra rota para acessá-lo. – Se você não consegue escutar a natureza, tente falar com ela.

– Como assim? Falar o quê? – O rapaz ficou ainda mais surpreso.

Seu amigo disse pausadamente: – Primeiro feche os olhos e respire fundo, repetidamente. Esvazie sua mente, não pense em nada. Agora tente fazer uma viagem.

– Martin, desculpe-me, mas isso é ridículo! Não consigo sentir nada. Estou me achando um louco – lamentou-se, desanimado.

– Que bom, Bruce! Os loucos conscientes são mais felizes, assim como eu! – Ele não podia desperdiçar a deixa: fez uma careta de doido e levou o jovem às gargalhadas. Então voltou a ficar sério. – Vamos lá, rapaz, tente novamente. Este é um exercício que poderá ajudá-lo. Procure escutar cada ruído e identificá-lo. Concentre-se no agora. Faça mentalmente um regresso à sua infância. Busque o Bruce de 10 anos. Do que você gostava? O que você fazia? Onde estão seus amigos? Sua família? Onde está você?

Depois de várias tentativas, ele conseguiu discernir o rumor da correnteza do rio, do farfalhar das árvores tocadas pelo vento. Também notou que, no alto do céu, pássaros voavam e emitiam sons diversos, o que demonstrava haver várias espécies diferentes no local. Dedicado a essa tarefa, o rapaz concentrou-se e relaxou um pouco. Passados alguns instantes, uma lágrima caiu dos olhos do jovem. Ele acessou alguma coisa valiosa dentro de si, como se uma chave tivesse aberto uma grande porta escondida, e a partir de então se emocionou profundamente, resgatando e contando algumas passagens da época em que era criança e via o mundo como um imenso *playground* a ser explorado.

Martin continuou a conduzi-lo. – Bruce, consegue escutar um chamado, os gritos desse menino? – Bruce indicava que sim com a cabeça, delicadamente. Era como se entrasse num mundo só seu, um sótão de coisas maravilhosas que aparentemente tinham sido ofuscadas pelo pó do esquecimento; no entanto estavam lá, esperando para ser redescobertas. Quanto mais mergulhava nas memórias, mais seu pranto fluía.

– Consegue entender que esse garoto quer se encontrar com você? Esta é a pessoa que quer lhe mandar um recado. Escute! O encontro é com você mesmo. Com sua essência. Com seu eu, sua natureza.

O jovem não conteve a emoção. – Há quanto tempo eu não sentia isto? Esta paz, esta alegria. – Levantou-se devagar, deu um demorado abraço em seu mais novo amigo. – É estranho, me vieram imagens de anjos na mente o tempo todo. Obrigado, Martin. Sinto realmente que estava muito distante de mim mesmo.

– Bruce, anjos sempre estarão por perto, nós é que muitas vezes nos afastamos. Mesmo assim, para nos aproximarmos, basta querermos.

Ambos se levantaram. Martin estendeu a mão em direção ao verde e o convidou a caminhar. Bruce, divertido em seu relaxamento recém-descoberto, riu. – Poxa vida! Pensei que você fosse me convidar para cantar.

Blumer se surpreendeu com a disposição dele: – Calma! Ainda vamos fazer um pouco de cada coisa. – Coçou a cabeça. – Mas tudo bem. Vou pegar o violão. – Para o rapaz, era o início da redescoberta de sensações que desde sua infância estavam desaparecidas.

Rumaram para a cozinha da fazenda, na parte de trás de uma casa simples com tijolos à vista. No teto se viam vigas de madeira que, assim como o velho piso de ladrilho hidráulico, tornavam o ambiente acolhedor. Dona Zumira, uma senhora negra risonha, com um vestido de flores miúdas que caía muito bem com o lenço de chita que usava sobre os cabelos, os esperava com uma deliciosa comida caseira que incluía um franguinho caipira. Cozinheira daquelas do interior, ela era mestra nos temperos e muito simpática. Martin a cumprimentou, lhe deu um abraço e apresentou Bruce.

– Patrão, você acha que eu não o conheço? – divertiu-se ela. – Adoro este moleque! Sei todas as suas canções de cor! – confessou sorrindo. – Olha só! Não se preocupe com o que aconteceu e com o que estão falando. Tudo passa. – O jovem abaixou a cabeça, envergonhado. Enquanto a comida não era servida, os dois cantarolaram e fizeram um trio perfeito – Bruce, Martin e a natureza.

– Vamos comer, Bruce? O cheiro está divino – convidou Blumer quando as panelas fumegantes estavam sobre a mesa. Mel, a vira-lata cor de caramelo que morava na fazenda, tão logo sentiu o aroma de comida recém-feita, acercou-se do cantor e, com um olhar suplicante, pôde repousar aos pés dele, levantando o focinho a todo momento para saber se algum pedaço de frango sobraria para ela.

Depois de se deliciarem com a culinária interiorana e jogarem uns ossinhos para a cachorra, Martin chamou novamente dona Zumira à mesa e convidou Bruce a aplaudi-la junto com ele, fazendo uma homenagem especial. Mel os acompanhou, com latidos estridentes e felizes. Fizeram muitos elogios e agradeceram a ela pelo almoço. Modesta, ela fez questão de devolver a gentileza, enquanto chacoalhava o pano de prato com a mão:

– Também não poderia ser diferente. Vocês dois me inspiraram com a música boa!

Para o rapaz, aquilo era uma novidade. Ele ficou olhando, admirado, pois não tinha o costume de valorizar as pessoas à sua volta, independentemente do grau de envolvimento que tinha com elas.

Assim que dona Zumira saiu, Bruce se mostrou surpreso: – Martin, é engraçado ver um artista famoso que conquistou tudo reconhecer as pessoas simples. É bonito isso!

Enquanto jogava no lixo os guardanapos sujos, Martin lhe deu uma explicação: – Bruce, nos palcos da vida não existem atores principais ou coadjuvantes. Estamos todos caminhando para um só lugar, independentemente de posição social ou *status*, de conquistas ou valores materiais. Pense comigo: a humanidade vive a era do ego, a era do eu, "eu sou, eu tenho, eu posso, eu faço", esta é a primeira mala que as pessoas em geral apresentam. Quando te perguntam o que você carrega aí, qual sua bagagem, você apresenta sua primeira mala ou a segunda?

– Depende. Qual é a segunda, Martin? – questionou Bruce, cheio de interesse.

– A segunda mala é a que carrega suas meias furadas, suas camisas sujas, suas roupas rasgadas – concluiu o mais velho.

– Metaforicamente, você quer dizer meus defeitos e minhas fraquezas? – o rapaz perguntou, com o olhar vago de quem pensava na frase anterior.

– Exatamente. São seus medos, fantasmas, derrotas, perdas, complexos e imperfeições – completou Martin, contando os itens com os dedos da mão.

– Honestamente, Martin? Eu costumo apresentar a primeira mala – respondeu Bruce encabulado.

O homem ergueu as mãos num gesto demonstrativo: – Você está no time da maioria. A tendência é essa. Mas o autoconhecimento, que gera autenticidade, vem quando você assume e não esconde sua segunda mala. Temos a tendência de rejeitar e evitar nossos fantasmas, nossos medos, e assim não conseguimos conhecê-los – concluiu.

O rapaz levantou-se, deu uma volta completa na mesa. Então, olhando fixamente o ídolo que começava a conhecer: – Martin, quero lhe apresentar minha segunda mala, porém irei devagarinho tirando as meias, as camisas e te mostrando aos poucos – disse ele, sem conseguir sustentar o olhar.

– Tudo bem, Bruce, também vou te apresentar a minha lentamente, que é muito pesada! Você nem imagina. Conte comigo, parceiro. Estou cada vez mais encantado com o ser humano que existe aí dentro – disse ele.

Bruce abaixou a cabeça com timidez. Apesar da circunstância infeliz que os tinha unido, os dois cantores tinham um trato. A jornada a ser percorrida era longa e o rapaz sentia-se fraco, mas, mesmo que ainda reticente, alguma coisa lhe dizia que teria todo o apoio que necessitava do mais novo amigo.

CAPÍTULO 5

O poder da aceitação

Terminado o almoço, Bruce disse que precisava de sua bolsa e pediu a chave do carro de Martin emprestada para ir buscá-la.

– Preciso pegar uma coisa!

Martin o olhou com interesse e não conteve a pergunta: – Posso ir junto?

O jovem, que claramente tentava esconder algo, tentou despistar o amigo: – Não, não precisa!

– Bruce, já que somos novos amigos, vale lembrar que amigos não têm segredos entre si. Você não precisa me ocultar nada. Amigos se respeitam, se compreendem. Eu estarei com você, a seu lado, de qualquer forma – ponderou o mais velho, ofertando a chave, que estava na palma de sua mão.

– O.k., Martin, então vamos lá! – O jovem apanhou o objeto e correu até o carro, que se encontrava na lateral da casa. Abriu o porta-malas, onde acomodara sua bolsa. Deslizou o zíper, remexeu no interior e apanhou um pacotinho. Blumer só o observou, sem repreendê-lo.

– Se importa? – perguntou Bruce, com um sorriso malicioso.

– Não cabe a mim me importar ou não, meu amigo. Você escolhe a cada minuto, cada segundo, continuar num caminho ou fazer a curva – respondeu neutro.

Bruce ficou estarrecido e o questionou: – Não vai me julgar, me repreender ou me criticar?

– Claro que não. Também tenho minhas fraquezas e diariamente luto contra elas. Assim como você, sou apenas mais um aventureiro nos palcos da vida. É como um jogo: você ganha ou perde – tentou deixar claro seu ponto de vista.

– Como assim? Aventureiro? Perde? Ganha? De quem? Você está dizendo que a droga é um jogo? – perguntou Bruce, sopesando o embrulho em sua mão.

Martin apoiou as costas na lateral do carro. – Talvez sim, mas não só a droga. A vida não é apenas um casulo em que as pessoas se escondem para não ter de se arriscar a voar. É necessário se aventurar e criar asas, arrombar as portas do desconhecido, se encarar! Bruce, assim como qualquer artista e cantor, você se aventura pelos palcos das celebridades, mas vai ter de descobrir que a vida é muito maior que isso. Vai notar que as pessoas que se limitam a seu *status* e posição social deixam de viver, por isso descobrirá quão fascinante é se aventurar pelos palcos da vida. Depois que começar, você vai descobrir que também é um grande aventureiro. Perde ou ganha para você mesmo! Não existe o outro. Não pode existir, entende? É fundamental saber perder. Isso, sim, define a aceitação. Não é aceitar passivamente, mas sim se levantar e se reerguer. A maior batalha que você terá em sua vida é com você mesmo. Estou dizendo que o tempo todo temos desafios, obstáculos e problemas. Não conseguimos evitá-los, mas com nossas escolhas podemos administrá-los. Este é o jogo: ou administramos ou nos tornamos reféns. Dar o primeiro passo para administrar suas questões é exatamente a aceitação. Assumir sua ignorância e suas fraquezas para aprender é o caminho para ganhar o jogo. Você não precisa rejeitá-los. Lembra-se das malas?

A explicação de Martin bateu fundo dentro do rapaz. – O que é isso? Como assim? Eu disse para você que sou um fraco, sou um fracasso! Sou o pior cara que conheço! Já estou aceitando isso – lamentou-se Bruce com tristeza.

Longe deles, no pasto, um cavalo relinchou, o som distante fazendo com que ambos olhassem naquela direção.

O astro voltou os olhos a seu jovem amigo: – Isso é se julgar, isso não é se aceitar. Você está se criticando, se menosprezando. Se aceitar não significa se diminuir, é simplesmente entender que você tem falhas, reconhecê-las e ativamente trabalhá-las. Não se cobre, não se diminua, não se julgue. Não evite suas fraquezas e seus demônios internos, aceite-os para depois dominá-los. A autoaceitação faz com que você não se sinta pior do que ninguém.

– É, acho que entendi – concluiu Bruce apenas para encerrar o assunto. No fundo, pensava: "Este cara é mesmo maluco! Mas tudo bem, já aprendi que eu também sou!".

Martin percebeu que só explicar o conceito do que acreditava não adiantaria para tentar ensinar sua teoria a Bruce. Resolveu exemplificar, usando a própria vida para isso. – Bruce, quero te contar algo. Há algum tempo, quando era jovem, fui estudar fora de casa. Na verdade, eu tinha alguns problemas de relacionamento com meu pai. Nessa época aprendi muito, experimentei situações e vivências fundamentais para meu crescimento. Passei por um momento em que havia uma grande tendência mundial na música: o famoso *hard rock*, aquele estilo mais pesado que o rock convencional, aparecia nos palcos e nos cenários artísticos. Bruce, foi como uma avalanche! Todos os jovens se encantaram. Não foi diferente comigo. Eu me envolvi até ao imitar os trejeitos de meus ídolos. Coisa de adolescente, sabe? – Os olhos do rapaz brilhavam, enquanto ouvia o relato do ídolo. Martin prosseguiu: – Quando cheguei em casa fui muito criticado. Essa minha fase, influenciada pelos roqueiros da época, fez com que eu fosse rejeitado pelo meu pai exatamente por ter sido criado no meio rural e no interior. As tendências eram outras nesses locais e eu também as adorava, mas estava me descobrindo, experimentando coisas novas. Então, com um pouco de revolta, enterrei todos aqueles desejos dentro de mim. Erroneamente, não os trabalhei, não os aceitei. A questão é que certamente meu pai teve boa intenção. Ele, na verdade, queria me preservar e me proteger com relação aos riscos que alguns jovens corriam, como o envolvimento com drogas e outras coisas, o que também era um quadro comum na época dentro desse cenário. O que penso hoje é que a mensagem dos pais para os filhos é importante, mas a forma como a transmitimos pode fazer toda a diferença. Deixar que o filho tome decisões, acompanhando-o e orientando-o, é a forma mais saudável que vejo para educar. O filho ganha autonomia. Educar não é impor limites sem promover raciocínios e reflexões. É estimular a experiência, com consciência, e com ela ir em busca do conhecimento que leva ao crescimento. Veja que, anos depois, já diante do sucesso, percebi que alguma coisa me travava com relação às minhas performances artísticas. Era como se eu não fosse totalmente seguro do que iria fazer e, um dia, mexendo nas pastas internas da minha infância, descobri que aquela reprimenda do passado tinha virado um trauma e se tornado um monstro dentro de mim. No momento em que me toquei dessa ferida, não conseguia nem conversar, apenas chorava. – Martin inspirou profundamente, antes de continuar, sempre sob o olhar atento do jovem. Retomado o fôlego, seguiu em frente: – Era como se eu estivesse revivendo aquele adolescente com baixa autoestima, insegurança, rejeição e complexo de inferioridade. Então aceitei esses problemas e resolvi encará-los. Foi aí que aconteceu uma grande mudança. Decidi que não seria mais o mesmo no palco, que não me renderia aos traumas, aos bloqueios internos, não seria mais refém daquela história e queria fazer aquilo que me realizaria como artista, independentemente do que fossem pensar. Grandes mudanças aconteceram e com elas vieram a melhora da autoestima, a confiança e a segurança.

– Nossa, Martin, que história interessante. Mas você quer dizer com isso que sou um complexado, um inseguro? Não é isso que traduzem meus DVDs, minhas canções, meus shows! – comentou o rapaz, buscando dissimular seu ar de superioridade, enquanto tentava comparar as informações que o astro acabara de lhe dizer com a própria trajetória.

– Claro que sim! Você, de fato, é um cantor de muito talento, mas plateias cheias não definem um grande artista. Existem pessoas que se apresentam de uma forma e no seu interior são exatamente o contrário.

É como se fossem um personagem. Mostram-se como reis, quando na verdade, no fundo, se sentem um nada – concluiu o ídolo, enquanto apanhava uma pedrinha por entre a grama e a jogava longe.

Bruce levou a mão ao queixo, refletiu por um momento. – Tem razão! Já conheci alguns assim e, para falar a verdade, eu preciso assumir: também sou dessa forma. – Quando terminou de proferir as palavras, estava emocionado, chocado com a própria descoberta. Abaixou a cabeça e ficou admirando o chão.

– Muito bem, Bruce! Você já deu o primeiro passo – concluiu Blumer. Ao perceber que o rapaz ficara realmente mexido, o homem deu-lhe um tapinha carinhoso nas costas. O jovem pegou o pacote que o havia motivado a ir até ali e o pôs de volta no carro. Era a primeira batalha que vencia contra a cocaína. O Sol agora os aquecia de verdade. Sem palavras que conseguissem traduzir a importância daquele fato, os dois se abraçaram. No semblante de Bruce podia-se perceber o quanto ele estava agradecido a Martin, este aventureiro que começava a conhecer, por ter insistido em ajudá-lo.

CAPÍTULO 6

Altos e baixos

Como o Sol ainda demoraria a se pôr, Martin e Bruce fizeram mais um passeio. Brincaram com os cachorros da fazenda, que adoravam as novas visitas, depois foram até o curral. As vacas pareciam estar em outro tempo, ruminando infinitamente o pasto que lhes davam. O rapaz se admirou com a tranquilidade delas, banhando-se na luz vespertina enquanto tentavam espantar com a cauda as moscas que lhes perturbavam. De lá seguiram para as baias que serviam de abrigo para os cavalos. Blumer notou a inabilidade do jovem com o campo ao tentar cogitar que lhe ensinaria a montar: a simples menção de subir no animal o fez sair correndo na direção oposta. O aventureiro riu, mas aceitou a dificuldade do mais novo, que prometeu que pensaria em experimentar cavalgar algum dia.

A noite chegou com o aroma que vinha da cozinha: dona Zumira havia preparado uma carne de panela que, só de sentir o cheiro, a boca já enchia de água. O jantar aconteceu de forma tranquila: Bruce ainda estava tão tocado pelas experiências do dia que se limitou a comer em silêncio. Quando foi para o pequeno quarto onde dormiria, encontrava-se exausto e mal lhe sobrou tempo para pensar em bobagens. Caiu na cama e só despertou no dia seguinte bem cedo, com Martin a lhe chamar para irem fazer uma caminhada. O jovem protestou, pois não era seu costume acordar naquele horário. A contragosto, botou de qualquer jeito a roupa que trouxera, tomou o café da manhã mecanicamente e acompanhou o aventureiro pela mata. Iam seguidos por Mel, que, por vezes, ganhava dos dois alguns chamegos na cabeça e nas orelhas. No meio do passeio, como ainda se mostrava sonolento e indisposto, Blumer lhe pregou uma peça: arrastou-o para um banho no riacho que ficava bem no fundo do terreno, somente de roupa íntima, dizendo:

– Vamos acordar! Isso não é hora de um rapaz novo como você andar parecendo um zumbi!

Primeiro, Bruce odiou a proposta, mas depois que já se achava bem desperto, rendeu-se às gargalhadas e aproveitou a água fria para dar esguichos com a mão fechada no rosto de Martin.

Tiveram de secar-se ao Sol depois, e usufruíram daquele momento também para tentar meditar. A cachorra estava em sintonia com eles e, deitada com os olhos espremidos, refestelava-se sob a luz quente do meio-dia por entre as sombras recortadas das árvores. À tarde, ambos precisaram tirar um cochilo breve, uma vez que Blumer sugerira que deveriam fazer um pequeno show para dona Zumira antes de irem embora, em agradecimento às deliciosas guloseimas que havia preparado para eles. Assim foi feito. Pouco depois do jantar, pegaram os violões e cantaram para a senhora, que os acompanhou extasiada sob a luz da Lua. Quando arrumavam seus pertences para voltar para a cidade, Bruce lhe confessou, encabulado: – Martin, eu sempre achei ridículo este meio rural, este ambiente de fazenda! Nunca imaginei que pudesse ter graça. Mas hoje vivi outra realidade. Descobri que aqui existem pessoas incríveis e atividades muito legais. Obrigado por estes dois dias. – Sentia-se feliz e satisfeito.

Os dois tomaram seu rumo de volta à capital com o céu forrado de estrelas, que o rapaz observou de forma mais intensa. Assim que estacionaram no meio-fio, Martin comentou sobre sua agenda próxima: – Tenho uma viagem de três dias. Quando retornar nos falamos. Você está ótimo. Sinto que você está cada vez melhor. Siga firme! – Os novos amigos se despediram com um abraço longo e caloroso.

Bruce chegou à casa dos pais diferente. Estava mais sereno e entrou silenciosamente. Os pais notaram a mudança de ânimo e o elogiaram.

– Filho, você está radiante! Há tempos não te víamos assim.

Ele não pronunciou palavra: deu apenas um leve sorriso e seguiu para seu quarto. Na relação familiar, nunca tinha havido uma constância de elogios, carinhos e afagos. Era preciso construí-la, mas isso se daria de forma bem vagarosa.

Ao chegar em seu aposento, ele se viu de volta ao antigo ambiente e parecia que nada havia mudado. Pensou seriamente em pegar o pacote que trazia na bolsa, mas ainda sentia os efeitos do dia na fazenda, e resistiu, e dormiu uma noite de sono revigorante. No dia seguinte cedo, mal tinha tomado o café da manhã quando recebeu uma ligação.

– Bruce, você está melhor? – Era Marina, com um tom que denunciava sua preocupação.

Direto, ele despejou, sem esconder sua decepção: – Estou, apesar da sua indiferença: você não foi me visitar no hospital nem levou a Isadora.

Ela fez uma pausa do outro lado.

– Cheguei de viagem agora, estava incomunicável. Fiquei muito assustada naquela noite. Depois que você me ligou desesperado, eu fui até seu apartamento, mas te encontrei tendo convulsões por conta daquela porcaria e fiquei apavorada. Liguei para o SAMU e pedi uma ambulância, que não chegava nunca. Interfonei para a portaria e implorei para o porteiro subir, me ajudar a carregar você até um táxi. Como ele disse que subiria, mas não aparecia, desci correndo para encontrar um táxi eu mesma e te levar ao hospital. Quando voltei de carro, vi o furgão da emergência, você sendo carregado numa maca. Foi horrível, achei que você fosse morrer! Não tive coragem de me oferecer para te acompanhar no veículo. No outro dia, resolvi me isolar, depois de ver os noticiários. Tive medo que você morresse e não queria ver ninguém – revelou Marina, desculpando-se.

– Na verdade, foi quase isso. Fiquei cinco dias em coma – disse ele, sem tentar diminuir a gravidade do que lhe havia ocorrido.

– Sim, já sei de tudo. Aliás, todos só falam nisso, na sua overdose. Não aguento mais responder perguntas sobre esse assunto. Estou esgotada – reclamou ela.

Ele não se aguentou: – Como você pode ser tão insensível? Não me acompanhou ao hospital e, além de não ir me visitar depois, fica agora me dizendo que sou o assunto mais comentado negativamente no país? Não vê que preciso de ajuda? – A pergunta soou dura.

Ela pensou um tempo antes de responder. Então disse, num desabafo dolorido: – Estou tentando te ajudar há tempos, mas você não aceita. Você precisa querer ser ajudado! Eu estive contigo em alguns momentos, mas desde o início fui contra e brigamos inúmeras vezes por causa disso. Mesmo assim tentei te respeitar. Eu esperava que fosse parar e se recuperar. Mas não, foi piorando cada vez mais e se agarrando nisso. Não sabe quanto sofro quando vejo você se acabando assim. Não posso mais estar perto, não consigo mais lidar com essa situação. Às vezes sinto saudade do tempo em que vivíamos juntos, e ainda vou sentir, mas não quero mais te ver. Nesta situação em que a gente está, nos encontrando esporadicamente, não estamos nem juntos nem separados. Isso não me cabe mais, preciso me afastar. Não posso continuar vivendo de dúvidas e incertezas. Desculpe a franqueza, mas você foi fraco e caiu. Precisa se tratar! Graças a Deus está vivo, pelo menos. Nesse momento, isso sim é o que importa. Isadora quer vê-lo, só não queria que fosse no hospital e não quero que seja no meio deste turbilhão. Quando puder encontrá-la num ambiente sossegado e saudável me ligue, o.k.? Tchau! – Marina não esperou a reação dele: desligou o telefone sem conseguir se conter, a voz denunciando as lágrimas do outro lado.

– Espere, espere! – Bruce ainda tentou chamá-la, mas foi em vão.

Foi para o quarto chorando. Não ponderou sobre o ponto de vista dela, simplesmente correu para o armário e a primeira coisa que fez foi abrir o embrulho escondido e se drogar. Depois, atirou-se na cama. Passou o dia todo trancado, vendo TV e cheirando. Quando se deram conta do que estava acontecendo, os pais tentaram chamá-lo, mas o rapaz não respondia.

À noite, ele pegou o carro e saiu para se encontrar com velhos amigos. Não prestou atenção se havia fotógrafos ou não à sua espreita: apenas seguiu para o bar aonde costumava ir, sem se preocupar com o que pensariam dele. Os frequentadores viram quem era e ele logo virou o comentário das rodinhas. Alguns discretamente apontavam o celular para Bruce e o fotografavam bebendo, se divertindo com jovens da mesma idade que riam alto e mexiam com todo mundo. Num dado momento da noite, ele entrou no banheiro do estabelecimento e, trancado ali, deixou-se levar pela cocaína novamente.

Bruce só chegou em casa no outro dia de manhã, num estado deplorável, depois de várias ligações não atendidas dos pais. Tinha a roupa suja e amassada, o rosto com olheiras profundas. Ao vê-lo, Ermínio deixou-se levar por seu primeiro impulso e, sem refletir, explodiu:

– Mas não tem jeito mesmo com você, né? Você não muda! Vai continuar nessa vida? O que você quer?

Incomodado, Bruce correu para o quarto, apanhou suas coisas do jeito que deu e saiu de casa esbarrando em tudo o que encontrava pela frente, na intenção de ir para seu apartamento.

Cleusa correu para a porta. – Não faça isso, meu filho! Fique com a gente! Aqui você estará mais seguro! – implorou, segurando-se no aparador próximo da saída.

A resposta veio atravessada: – Não! Aqui só ouço imposições e cobranças! Agora vocês querem me botar limite? Pai, vai partir para a porrada como fazia quando eu era menor? Não aguento mais isso! Se eu só trago dor de cabeça, vou embora. Acho que no fundo o ideal é que vocês se livrem de mim. – Afobado, saiu de casa batendo a porta com força.

Abalada, a mãe pôs as mãos na cabeça e voltou-se contra o marido: – Viu o que você fez? Ele se foi novamente, como em muitas outras vezes, aliás, como a vida inteira. Você com seu jeito nervoso, dominador, conseguiu mais uma vez estragar tudo!

Ainda alterado, mas já se dando conta do próprio erro, o pai lamentou-se: – Mas, Cleusa, não tive a intenção. Você quer que eu concorde com ele? Que seja conivente com isso? – O homem começou a dar voltas pela sala como um animal descontrolado, passando nervosamente a mão nos cabelos.

– Chega, Ermínio! Esta casa parece um inferno! – A mulher saiu pisando firme em direção à cozinha.

Desconsolado e atordoado, o pai agarrou o celular que estava em cima da mesa. Ligou para Martin em busca de aconselhamento. O telefone chamou e chamou do outro lado da linha, mas ele não atendeu. A semana passou com o ar da casa pesado. Ermínio e Cleusa se falavam pouco, ainda ressentidos pelo que havia acontecido. Depois de alguns dias, o pai recebeu o retorno da ligação que fizera para Blumer naquele instante de descontrole.

– Olá! Você me ligou? – perguntou o astro, animado. – Como está Bruce? Gostaria de vê-lo.

– Martin, a situação é pior do que você imagina. Ele voltou para as drogas e saiu de casa de novo. Não conseguimos mais contato com o Bruce, mas deve estar no apartamento dele – disse Ermínio, envergonhado por de certa forma ter contribuído com a partida do filho.

O cantor compreendeu o momento delicado em que estavam. – Sinto muito, mas isso é normal. Ninguém muda de uma hora para outra, ainda mais vindo de uma situação como essa. Tudo vai se acertar. Confie em mim. Ele já deu o primeiro passo.

O pai não se conformou. – Por favor, Martin, faça alguma coisa! Ele não está bem – suplicou, evitando deixar-se levar pela emoção.

– Acha que devo procurá-lo? – perguntou Blumer.

Ermínio pareceu sem muita opção: – É o que resta a fazer... Você conseguiria se aproximar dele? Bruce estava completamente fora de controle.

Depois de dizer que tentaria e anotar o endereço do jovem num papel, o aventureiro refletiu sobre a melhor abordagem a adotar e finalmente se dirigiu até lá. Ao ouvir a voz do rapaz pelo interfone, notou que ele estava transtornado.

– Não quero você aqui! Não quero ninguém! Não me procure mais!

– Bruce, não quero falar sobre seus problemas. Preciso de sua ajuda. Sou eu agora quem peço. Você pode me estender sua mão? – perguntou, buscando uma forma de vencer a resistência do outro.

O jovem desdenhou dele:

– Você não é o grande sábio, o grande artista, o homem que conhece os anjos e que sabe lidar com todas as situações da vida? Não precisa de ninguém! Como eu poderia te ajudar?

– Deixe-me subir e te explico – insistiu Martin, ganhando terreno para ajudar o amigo.

Confuso, Bruce acabou permitindo que ele subisse. Abriu a porta. Estava irreconhecível: tinha os cabelos sujos e desgrenhados, a barba estava por fazer e tinha bolsas arroxeadas sob os olhos. Usava um moletom velho e amassado. O aventureiro tentou dissimular seu espanto, cumprimentando o amigo com alegria.

– Hei, meu jovem, senti sua falta! Como você está?

O rapaz deixou a porta aberta e foi entrando, sem olhar direito para seu interlocutor. – Vamos lá, Martin, não tenho muito tempo. Do que você precisa? Dinheiro? Pode falar com meu empresário e pegar o quanto quiser. Talvez você queira que eu te pague pelo que fez por mim. Sem problemas – afirmou de forma ríspida, sentando-se na banqueta de um pequeno bar espelhado que tinha próximo à saída.

Blumer entrou e, enquanto fechava a porta, lhe respondeu: – Não, meu querido, não é disso que preciso. Preciso de palavras confortantes de um amigo. As trocas que tivemos não têm valor financeiro. Significam bem mais que isso. Estão acima disso – disse com inteligência, invertendo a situação e se colocando de forma humilde, de modo que foi criado um cenário em que Bruce se sentiria útil e reagiria favoravelmente.

– Hoje faz dois anos do falecimento do meu pai. Ele se foi num acidente inesperado. Pegou toda a minha família de surpresa. Ainda fico muito triste.

O rapaz ficou desarmado e apoiou a mão no bar.

– Sério, Martin? Sinto muito – comoveu-se. Então, recebeu como resposta: – É algo que ainda não consegui superar. – Ao notar o brilho no olhar do amigo e sem saber o que fazer, o jovem levantou-se e foi abraçá-lo.

– Obrigado, meu querido! Seu abraço me conforta! – falou o mais velho, deixando-se envolver.

Bruce lhe incentivou: – Não fique assim, essa tristeza vai passar! Você é forte!

A estratégia do aventureiro funcionara. Ele sabiamente havia entrado na frequência de Bruce e ganhara sua confiança. Continuou a lhe falar sobre sua dor.

– Bruce, como te contei, tive muitos problemas com meu pai, mas nos últimos anos chegamos a ter uma relação mais saudável. No entanto, minha vida, meus compromissos, minha agenda, não permitiram um contato frequente com ele. Quando ele se foi, percebi quanto tempo perdi sem aproveitar da sua companhia. – Ficou com o olhar perdido num belo quadro de paisagem perto da janela. Passou a manga da camisa no rosto, enxugando as lágrimas que insistiam em cair.

– Mas a razão foi o seu trabalho, Martin. Ele certamente entendeu sua ausência – o jovem tentou consolá-lo.

– Sim, entendeu. Mas isso não dissolve a saudade que corrói aqui dentro. – Esta foi a resposta, taxativa. Então Blumer inverteu o ângulo: – E você? O que tem a dizer sobre sua relação com seu pai? – A pergunta era uma maneira de enveredar pelo terreno arenoso que era a vida do novo amigo.

Bruce cruzou os braços. – Não quero falar sobre isso. Não vamos mudar de assunto. Estamos falando de você. Vamos, continue – disse.

Ainda que não quisesse olhar para a sua vida naquele momento, Martin percebeu que o jovem havia ficado mais interessado e receptivo. Aproveitou o gancho para fazer um pedido.

– Bruce, me dê a honra de sua companhia novamente?

O rapaz olhou para o mais velho, desconfiado. Então, entrando no jogo dele, o chantageou de modo divertido: – Só se for para irmos à fazenda! – O aventureiro soltou uma sonora gargalhada, mudando de vez o clima do ambiente. – Você tem bola de cristal? Vamos embora! – respondeu ele, entusiasmado.

CAPÍTULO 7

Rosas ou espinhos

Já de volta à fazenda, no caminho para o lago, Bruce e Martin experimentavam o ar puro, fresco e revigorante da natureza, quando o jovem revelou que nunca havia pescado. O mais velho então sugeriu que tivesse a experiência e pusesse seus talentos à prova. Juntaram os equipamentos necessários e escolheram um lugar sossegado. Com o material de pesca a tiracolo, sentaram-se numa pequena porção de terra na margem menos cheia de mato, armaram as varas e começaram a conversar tranquilamente, mas nada de os peixes morderem a isca. Bruce olhou ao redor, observou a água como um espelho, plácida, e percebeu que, em meio ao verde, segundo o que Martin pensava, era mesmo o ambiente ideal para refletir e se autoconectar.

Martin rompeu o silêncio retomando um assunto que já haviam explorado antes:

– Como já conversamos outro dia, além de aproveitar da companhia do meu pai, eu poderia ter compreendido melhor o jeito dele. Sabe, Bruce, ele teve uma criação muito difícil, sofreu muito na infância. Nos últimos anos eu até tinha conseguido me aproximar dele. Consegui entender que quem pressiona geralmente foi pressionado, quem critica foi criticado, quem impõe sofreu imposições, quem bate, apanhou. – Olhou para a outra margem do lago e suspirou longamente.

Bruce achou que o outro precisava desabafar, então perguntou: – Você apanhou muito, Martin?

A resposta veio imediata.

– Muito! Apanhava com frequência. Mas também confesso que era bem arteiro. Sempre fui uma criança "fora da caixinha". Se tivesse dois caminhos para escolher, o certo ou o errado, eu sempre escolhia o errado! – disse Martin, sem graça.

Bruce identificou-se de imediato com aquela confissão.

– Então tínhamos algo em comum! – disse divertido.

– O que quero dizer com isso, Bruce, é que tive de enfrentar meus monstros, que foram criados também por meio de surras e violência. Monstros estes que me causaram insegurança, complexo e me trouxeram baixa autoestima durante muito tempo. Por quê? Um filho quando apanha do pai sente o quê? – Blumer trouxe o outro à reflexão.

– Acho que insegurança – supôs o jovem, coçando a cabeça.

Martin assentiu. – Exatamente! Se sente incapaz, sem confiança, e só pode pensar que não consegue agradar os pais. E se você não trabalha essas "feridinhas", elas com o tempo viram traumas. Hoje tenho meus filhos e um deles apanhou uma vez. Chorei mais que ele, sozinho no quarto. Agora entendo que o diálogo, o questionamento, o amor e o contato podem, sim, trazer os benefícios que buscamos de outras maneiras. Depois de alguns anos, você acaba superando as broncas e entendendo que os pais que fazem isso querem o bem dos filhos, apenas não sabem como fazê-lo. Você apanhou na infância? – questionou, intuindo que o quadro atual da vida do rapaz poderia ser o reflexo de anos de um relacionamento mal administrado entre ele e os pais.

– Sim... Infelizmente meu pai me agredia quando eu era menor. Minha mãe me colocava num pedestal, fazia tudo o que eu desejava, mas o velho achava que só ia corrigir minhas falhas na força bruta ou no grito – respondeu Bruce num tom amargo, com o olhar perdido.

Martin o encarou incrédulo. – Sério? Seu pai gritava muito com você?

– Não só gritava como grita até hoje – confessou o jovem, enquanto pegava um galho caído no chão e o atirava na água. – E sim, é uma pena ter de dizer isso, mas ele já chegou a me bater de cinta algumas vezes. Eu devo ser um problema muito sério para ele.

Fez-se um silêncio enquanto os dois internalizavam aquelas palavras. Uma abelha passou voando muito rente às orelhas deles, e num movimento involuntário Blumer deu um tapinha na cabeça do jovem, que o olhou espantado, com as mãos ao alto em um gesto de defesa. Um "ai" sonoro ecoou entre eles. O mais velho desculpou-se dando um abraço desengonçado no rapaz. Então ficaram ali e, de volta de uma breve reflexão, Martin continuou seu questionamento:

– Será que você realmente é um problema para ele? Não pode ser uma percepção sua? Seu modo de enxergar? Quando estive no hospital e você estava em coma, conversei com seus pais e minha sensação é de que ali havia um homem que parecia estar perdendo tudo o que tinha na vida, ou seja, você! – ponderou ele.

O rapaz fez um movimento para trás, como se a frase configurasse uma novidade completa para ele. – Verdade? Mas sinto que sou uma fonte de confusão para ele – disse numa sinceridade desconcertante.

– Você já conversou sobre isso com ele? Já se abriu com ele? – questionou o mais velho.

– Não e nem quero falar sobre esse assunto – rebateu o jovem, um pouco incomodado.

Martin tentou ponderar: – Consegue imaginar que ele pode esperar ansiosamente por esse momento, mas talvez sinta que você não quer? – Havia os dois lados da moeda e Blumer queria que ele percebesse isso.

– Acho que não – respondeu o jovem, olhando para a direção de onde tinham vindo.

– Bruce, existe uma ferramenta para ser usada em diversas relações que, infelizmente, é pouco utilizada. A técnica do questionamento, do diálogo. Por que em vez de ficar no "achismo" você não o questionou? Ele também pode achar muitas coisas de você e não conseguir estabelecer um diálogo. Consegue entender isso? Faça você, então. Não espere que o outro faça. O diálogo é a seiva de qualquer relação. Sem ele, não conseguimos nos aproximar das pessoas à nossa volta, mesmo estando juntos fisicamente. A vida passa rápido. Lá na frente você vai se deparar com a ausência do seu pai e não é possível voltar no tempo.

Martin queria contar uma história e ajeitou-se melhor sobre a grama. Na água, borbulhas indicavam algum sinal de vida, mas as varas permaneciam inertes. Então, continuou seu relato:

– Durante muito tempo eu tive uma empresa com um sócio. Não conseguíamos, definitivamente, ter uma relação equilibrada, havia falta de maturidade emocional de ambos os lados. Eu ficava preso no achismo e meu sócio também. Um pensando e achando o que o outro achava e pensava, mas não existia diálogo. Com o tempo, nossa relação malsucedida acabou chegando ao limite. Tivemos então de romper a sociedade de modo traumático, pois infelizmente ficamos inimigos. Há pouco tempo me reencontrei com ele. Estava com os filhos, já mais maduro, mais equilibrado, estável na vida, e resolvemos então conversar um pouco sobre nossos problemas do passado. Para minha surpresa e a dele, tudo o que pensava sobre a opinião dele a meu respeito era engano, e vice-versa. Vimos que perdemos muito tempo imaginando coisas sobre o outro sem propriedade, simplesmente porque não tivemos diálogo e questionamento.

Bruce tinha ouvido com atenção o relato, mas deu um bocejo que fez Martin achar que era hora de fazer com que o outro lhe contasse coisas de sua vida.

– E agora me conte um pouco mais sobre você. Você me disse que tem uma filha, não disse? – finalizou.

O jovem remexeu-se e fez uma careta. – Ai, ai... Já vem você perguntar isso de novo.

– Bruce, não se esconda dos seus fantasmas e demônios internos. Aceite-os para dominá-los – insistiu o outro.

– Tá bom, tudo bem – disse o rapaz. – Eu me envolvi com Marina quando tinha 15 anos. Nos víamos ocasionalmente, pois os pais dela a impediam de namorar. Mas no calor da paixão, a gente se encontrava e era sempre incrível. Ficávamos horas conversando, dando risada, até que resolvemos namorar. Os pais dela ficaram furiosos, mas acabaram cedendo. Eles perguntavam como ela poderia namorar um cantorzinho de boteco, de barzinho, metido a besta, que talvez não estudasse e sequer faria uma faculdade. Achavam que eu não daria um futuro para ela. Eu ficava irritadíssimo com isso. Acabei criando um bloqueio com relação aos pais dela. O tempo foi passando, as coisas foram melhorando na minha carreira, e eu e Marina nos apaixonando cada vez mais. Até que ela engravidou de Isadora. Eu ainda não tinha sucesso, mas estava começando a me dar bem na música. Isadora então nasceu quando eu estava com 17 anos.

Com uma expressão de espanto, Martin o interpelou: – Você ainda era menor de idade? Nossa, imagino os problemas que enfrentou, meu jovem.

Bruce se reclinou e apoiou o corpo em um só braço.

– Você nem imagina, Martin. Fui criticado e massacrado pela minha família e pela dela. Não foi pouco, não, foi muito. Todos diziam que eu era irresponsável, não tinha condições de ter um filho. Ali, sim, comecei a me sentir cada vez mais inútil e inferior a todos.

– Sim, Bruce, entendo. Acho uma pena que eles não tenham lidado com a situação de maneira mais inteligente, mais amena – lamentou Martin, reclinando-se também sobre a relva.

O jovem colocou a mão em concha sobre os olhos e virou na direção do Sol.

– Por um lado eles estavam certos. Eu era realmente muito imaturo, aconteceu e preciso aceitar.

– Agora, sim, você começou a entender as cartas do baralho, e isso vai te trazer bons frutos. Você compreendeu que todo ser humano tem sua escuridão, mas se procurarmos enxergar, encontraremos o brilho – filosofou Martin, observando as formigas que iam e vinham carregando folhas no chão.

Bruce sorriu. – Na verdade, nunca conversei sobre essas coisas com ninguém.

– Claro, Bruce, você não as tinha aceitado! Por isso, agora você consegue falar – explicou o aventureiro, voltando a encarar seu amigo.

– Bem, os pais dela não queriam que ela se casasse comigo. Eram os meus pais de um lado, principalmente meu pai, dizendo que eu precisava ter postura de homem e assumir minhas cagadas, e os dela do outro, me evitando. Aconteceu então que, quando conheci o Cesar, meu empresário, minha carreira decolou. Rapidamente, tive uma ascensão enorme em nível nacional. – No fim da frase o jovem se animou e era possível notar certo orgulho em seu tom. – Naquele momento, Marina chegou até mim dizendo que queria se casar para que Isadora tivesse mais segurança. Voltei para casa, conversei com meus pais e a opinião deles era a mesma. Então nos casamos. Nosso relacionamento era bom, mas com a agenda apertada e os compromissos que tinha, quase não ficava em casa e era muito cobrado por isso. Na verdade, nós dois éramos bem novos e não tínhamos equilíbrio para lidar com tudo o que estava acontecendo. Muitas brigas e discussões em poucos momentos de convivência. Com o tempo eu não conseguia mais enxergar nada de bom em Marina. Tudo me incomodava, e do mesmo modo ela se irritava comigo. "Casei com a pior mulher do mundo", pensava sempre – concluiu Bruce com pesar.

Martin o interrompeu: – Bruce, noto algumas coincidências em sua vida. Pelo que me contou antes, não conseguia enxergar o lado bom do seu pai, e pelo que me conta agora, não consegue enxergar também o lado bom de Marina. Não é verdade?

O jovem concordou.

– Meu amigo, conhece a história da rosa e dos espinhos? – questionou Martin.

O rapaz fez que não com a cabeça. O mais velho endireitou-se então para contá-la:

– Por pior que seja um relacionamento com uma pessoa, essa pessoa sempre vai ter uma rosa. Ela pode ter muitos espinhos, mas tem seguramente uma rosa. Todo ser humano tem. O que acontece quando nos prendemos aos espinhos, Bruce?

– Nos machucamos? – sugeriu o rapaz.

– Exatamente! Se você pensa que muda alguém se agarrando aos espinhos, engana-se. Ninguém muda ninguém. A partir daí, subentende-se que o melhor a fazer é procurar enxergar e evidenciar a rosa das pessoas com quem convivemos e são importantes para nós.

– Entendi – disse Bruce com cara de interrogação. Depois completou: – Quer dizer, mais ou menos.

Martin resolveu exemplificar: – Há alguns anos uma fã estava chorando desconsolada após um show meu. Ela sempre aparecia e frequentemente se mostrava feliz. Era bem divertida. Neste dia, estranhando sua desolação, me aproximei na saída e perguntei o que havia acontecido, se havia brigado com o namorado. Ela respondeu que não, que era pior que isso. Disse que tinha ido ao show para se despedir de mim. Perguntei o porquê, se ela se mudaria para outro país, e então ela respondeu que não, que seria pior, queria mesmo era se mudar para o inferno. Fiquei surpreso, pedi que se acalmasse e tentei conversar. Ela não queria papo, a intenção era mesmo se despedir. Sairia de lá e ia tirar a própria vida. Estava decidida. Perguntei novamente a razão. Ela me perguntou se eu queria mesmo ouvir o motivo e que era uma longa história, porém nada adiantaria. Insisti, então ela começou: "eu tenho uma vida tumultuada, corrida, meu trabalho me absorve. Acordo muito cedo, tomo um café corrido, pego um trânsito infernal e não tenho prazer algum, em nenhum dia da semana. Chego ao trabalho e tenho de aguentar meu chefe que só me cobra e é um carrasco. Meus colegas querem tomar meu lugar. Não consigo enxergar nada de bom em nenhum deles. Para completar, meus clientes me assediam, pedem desconto e só querem sair ganhando. Já não tenho habilidade nem paciência para lidar com eles. Almoço correndo, tenho várias reuniões com pessoas com as quais não suporto mais conviver e à noite chego em casa tarde e cansada. Dessa maneira, a vida perdeu o sentido. Tinha um pouquinho de prazer nos fins de semana, mas hoje nem isso. Por último, para piorar, meu marido está querendo se separar e meu filho disse que vai ficar com ele caso isso aconteça". Comentei que a situação dela não era nada fácil. Contudo, antes de ela tirar a própria vida, eu lhe contaria uma história. A história da rosa e dos espinhos. Ela não a conhecia. Foi um desafio que propus antes de ela seguir em frente. Mas a garota tinha pressa e queria ir embora. Eu tinha de ser rápido. Comecei: "Imagine que hoje você terá dois caminhos para escolher. O primeiro seria continuar na mesma rotina, convivendo com as mesmas pessoas, mas em todos os momentos você teria de encontrar a rosa no meio dos espinhos". Ela perguntou: "Como assim?". Eu lhe expliquei: "Você enxerga o que decidir nas pessoas. Pelo que me contou, só tem enxergado espinhos. Procure encontrar as rosas no trânsito, nos seus clientes, em todas as pessoas que convivem com você. O seu segundo caminho é imaginar que amanhã você terá um AVC, vai parar no hospital e ficará nove dias em coma. Algumas pessoas vão lhe visitar, entre elas seu chefe, seus colegas de trabalho, seus clientes, seu marido e seu filho. Todos eles vão dizer palavras solidárias e lhe mostrar um lado que não conhecia ou não enxergava neles: as rosas. A partir daí as descobrirá diferentes, mas não conseguirá mais se pronunciar nem agradecer pelo ato solidário. Com isso quero te dizer: aproveite enquanto há tempo, comece a enxergar em tudo à sua volta e em todos uma rosa. Esqueça os espinhos. Veja se algo muda em sua vida". E ela se foi. Em poucos meses, voltou ao show emocionada dizendo que havia sido promovida, que o marido não iria mais se separar e que o filho estava muito feliz. Ela conseguiu encontrar o lado bom das coisas em meio a tantos espinhos.

Bruce processava as informações recém-adquiridas em seu cérebro. Então, disse ao amigo: – Martin, você quer dizer que preciso esquecer os espinhos e descobrir a rosa em meu pai e em Marina?

– Mais do que isso, meu jovem: você precisa encontrá-la em você, em tudo e em todos à sua volta – concluiu ele, tocando o peito do rapaz com o dedo, na altura do coração.

Ele abaixou brevemente a cabeça, depois a levantou e encontrou novamente os olhos do amigo. – Entendi, Martin. É difícil, mas posso tentar. Eu gostava muito de Marina, mas confesso que diante do assédio acabava me envolvendo frequentemente com outras mulheres. Sempre neguei, mas acho que bem lá no fundo Marina sabia e tinha uma revolta enorme que guardava dentro de si. É, devo admitir, se existe um culpado pelo nosso casamento ter acabado, sou eu. Preciso aceitar.

O outro o interrompeu: – Espere, amigo, desculpe cortá-lo. É importante aceitar, assumir e admitir, mas sem se culpar. Este é um fardo pesado para se carregar, já que a autocobrança e a culpa são carrascos da psique humana.

Por um instante Bruce se questionou de onde vinham essas ideias. Martin era uma celebridade que vivia nos palcos, no pedestal da fama. De onde ele tirava esses pensamentos tão profundos? O aventureiro o trouxe de volta à realidade: – Bruce, continue sua história.

O jovem voltou a fixar sua mente no momento presente. – Sim. Como eu dizia, quase não sentávamos para conversar. Eu chegava em casa, ficava pouco tempo, saíamos para nos divertir e lá estava eu arrumando minhas malas novamente. O tempo foi passando e Isadora foi crescendo nesse ambiente pesado. Foi então que Marina engravidou novamente. – Uma centelha brilhou no olhar do rapaz. Após uma breve pausa, ele começou a chorar. A princípio Martin não entendeu o que poderia haver de errado com o fato de a mulher ter anunciado uma gravidez, já que um novo filho era o que de mais bonito poderia haver para reconciliar um casal. No entanto, pelo estado do jovem, percebeu que no íntimo de Bruce algo havia ficado mal resolvido com essa história.

CAPÍTULO 8

Em busca de superação

O Sol, que até poucos minutos tinha brilhado com força, foi ofuscado por nuvens que passavam rápido no céu ainda claro. Uma brisa soprava suave, mas já anunciava que poderia haver chuva no fim do dia. O aventureiro deu o tempo que Bruce necessitava para retomar o fôlego, então o incentivou a encarar de frente o que lhe incomodava: – O que foi, meu amigo? Pode se abrir.

– Não, não quero falar sobre isso – disse o rapaz, depois de se endireitar e cruzar os braços. – Não me abro para ninguém.

– Bruce, você guardou uma ferida que acabou virando um monstro. Ou você o aceita ou ele sempre te dominará. Estou aqui para te ouvir e entender, vamos desmascará-lo.

O jovem ficou tão emocionado que demorou para conseguir balbuciar alguma palavra. Finalmente, resolveu se abrir: – Acontece que nasceu nosso segundo filho, Patrick. Todos ficamos felizes com a chegada dele. Eu estava no auge da carreira, ganhando muito dinheiro e trabalhando sem parar, porém curtindo pouco com eles. – Bruce calou-se. Seu corpo todo tremia, invadido de forte emoção.

– Vamos, Bruce, coloque para fora o que está te incomodando – Martin insistiu, tocando no ombro do amigo e transmitindo-lhe força.

– É difícil, muito difícil falar disso. Tudo o que eu passei agora, recentemente, não significa nada perto do incidente com meu filho – o jovem contava a história em meio às lágrimas, que tentava secar inutilmente com a manga da camisa. – Era meu primeiro dia de férias e fui até uma loja de carros importados. Escolhi o mais caro e veloz. Um modelo esportivo. Juro que peguei Patrick e Isadora para irem comigo porque me sentia distante. Eles eram bem pequenos e eu queria curtir um pouco aquele momento com as crianças... É a pior tragédia que alguém pode passar.

– O que foi Bruce, o que houve? Diga logo! – Martin começava a se impacientar, mas se continha para não assustar o amigo, e continuava a incentivá-lo a se abrir, dando-lhe ânimo.

– Eu estava um pouco acima da velocidade, mas Isadora e Patrick se divertiam com a adrenalina, dando gargalhadas no banco de trás. Na verdade, nós três sorríamos e brincávamos, quando entrou uma mensagem no meu celular. Eu me inclinei para apanhar o aparelho e não vi que nos aproximávamos de uma curva. Na maldita curva, agarrei o volante e o virei bruscamente para o lado do acostamento. O carro deu um cavalo de pau. Um caminhão vinha na outra pista e acabou com a brincadeira: acertou em cheio a minha traseira. – Ele deu um suspiro e continuou o relato, a voz embargada. – Não consegui reagir, não houve tempo. Talvez, se eu estivesse devagar e não tivesse tentado pegar o telefone, teria tido tempo. O fato é que o caminhão nos pegou bem no lugar onde Patrick estava. Por isso carrego essa culpa que me destrói. Todos me culparam e até hoje não consegui me perdoar. Patrick morreu na hora, mesmo usando cinto de segurança. Isadora chorava muito, completamente apavorada, mas graças a Deus sobreviveu. Eu quis me matar, mas em vez disso as drogas foram minha fuga. A partir daí me afundei cada vez mais. Meu empresário e o escritório que me assistia tentaram abafar o caso. De certo modo conseguiram. Não deu tanta repercussão quanto deveria e eu evitava tocar no assunto com todas as pessoas, mas mesmo assim, as notícias foram intensas.

– É, eu me lembro vagamente desse episódio na mídia. – responde Martin.

– Precisava preservar minha carreira de cantor. Era considerado um fenômeno e isso não combinava com minha imagem. Em cima dos palcos, sob os holofotes, eu era o Bruce. Quando, porém, retornava ao hotel ou à minha casa, dava de cara com um pai fracassado e drogado. Marina foi aos poucos se afastando de mim e eu dela, assim como minha filha Isadora. As drogas ganharam mais espaço. – Bruce parou para se recompor do pranto. – Tudo o que eu queria era o Patrick de volta. Mas infelizmente sei que não é possível. Eu, na verdade, tenho plena consciência de que até agora apenas sobrevivi, não tive mais vida.

Martin tirou o lenço xadrez que levava no pescoço e o ofereceu a Bruce para que secasse suas lágrimas.

– Bruce, me comovo muito com sua história e entendo que você é um guerreiro como poucos. Muitos não teriam conseguido continuar e chegar até aqui, ainda mais se envolvendo com drogas. Imagino que muitas pessoas neste momento estão comentando sobre o cantor Bruce Vilanova que teve uma overdose, criticando-o e julgando-o. Mas meu amigo, só quem conhece sua história poderia entender que por trás de cicatrizes existem lágrimas que não conhecemos. Não que isso justifique o contexto, mas passar pelo que você passou não é fácil, tem de ter muita força e coragem. Eu mesmo não sei se conseguiria. Meu querido, ou você carregará esse fardo para o resto da vida ou a partir de agora começará uma nova história de superação e construção. Na verdade, sinto que você já começou. Já deu passos importantes.

Apertando o lenço úmido na mão, o jovem virou-se para Martin: – Acha que consigo? Acredita mesmo que é possível?

– Meu jovem, posso lhe contar uma história pessoal? – disse o mais velho, dando tempo para que o outro se apaziguasse.

– Claro! Adoro suas histórias, aprendo muito com elas – concordou.

Martin agradeceu e disse que também aprendia muito com Bruce. O aprendizado era um dos sentidos da vida. Então começou seu relato:

– Logo quando comecei a fazer sucesso, a ganhar dinheiro, me senti poderoso, dono da verdade. Ali então enxerguei que era a oportunidade de provar para todos que eu tinha vencido e que não era aquele malandro de barzinho, fracassado. Não tinha diploma e ouvi muitas ironias antes do sucesso. Então a fama, o dinheiro e o poder tornaram-se uma maneira de autovalorização. De cara, comprei carros caros, bens materiais, roupas, gostava muito de luxo. Algumas vezes, gastei mais do que ganhei. No primeiro Natal, pouco depois dessa fase, peguei a chave do carro importado e entreguei ao meu segurança, pedindo-lhe que comprasse os dois melhores presentes da loja para meu filho Bruno, ainda pequeno. Ele perguntou qual presente deveria comprar, e eu disse que não importava, queria os mais valiosos, os melhores. Perguntou se eu não iria junto escolher, e eu disse que não podia, que não iria sugerir nada, apenas queria os de preço mais elevado. Eu de fato ali entendia que o valor das coisas estava no dinheiro. Quando chegou a hora da entrega dos presentes na noite de Natal, uma festa regada a muita ostentação e alto padrão, Papai Noel chamou Bruno, meu filho, para entregar o primeiro presente. Ele naquela época tinha 3 anos. Eu vivia longe de casa, entretanto queria compensar minha ausência com bens materiais. Quando Bruno abriu o presente, era um lindo carro com controle remoto, caríssimo. Sinceramente, Bruce, ele ficou com o brinquedo por menos de um minuto, virou as costas e o largou. Eu o chamei de volta decepcionado e disse: "Você viu o que ganhou? Um carrinho com controle remoto. Custou muito caro. Gostou, Filho?". Ele disse: "Mais ou menos, papai". E saiu, me deixou falando sozinho. Chegou a vez do segundo presente, era um brinquedo de montar muito caro também, e novamente Bruno foi chamado. Ele abriu a embalagem com um sorriso tímido, mexeu no brinquedo por pouco tempo e virou as costas, saindo, como da outra vez. Eu, bastante frustrado, fui atrás. Peguei meu filho no colo e fui tentar interagir com ele para que pudesse apreciar os presentes. Ele não reagiu. Perguntei: "Filho, não gostou dos presentes? Foi o Papai Noel que trouxe, mas foi o papai que comprou. Eram os melhores da loja e custaram muito caro". Bruno respondeu novamente, de cabeça baixa, introvertido: "São legais, papai". Então indaguei, desconcertado:

"Quer outra coisa? O que você quer? Eu compro. Como eu faço para você ficar contente?". Bruno, em sua ingenuidade infantil, sabiamente respondeu-me: "Papai, eu quero, sim. Eu quero uma bala!". Chocado, perguntei: "Uma bala, Bruno?". Ele confirmou: "Sim, papai, quero duas, uma para mim e uma para você". Eu achei que teria de comprar os doces, mas fui até a cozinha e os encontrei. Naquele momento, parei para pensar que uma bala comum custa em média trinta centavos. Peguei as duas e as levei até ele. Sentei no chão, ele sentou no meu colo e desembalamos os doces, os dois juntinhos. Aí, então, Bruno abriu um lindo sorriso. Aquelas balas para ele tinham um sabor especial, justamente por estar fazendo algo com o pai. Mas para mim, o gosto era amargo, de quem acabara de enxergar que estava no caminho errado, valorizando mais as coisas materiais. Foi um tapa! Doeu, mas comecei a entender que meu filho não queria nada externo, queria era o pai.

– Nossa, Martin, sua história me remeteu a algo que passei com Isadora. No fim do primeiro ano de sucesso, eu no auge, sem tempo para nada, tomei um tapa, como você disse, de minha filha Isadora! Quase não parava em casa por conta das viagens, você sabe bem como é! Então, era um show na de Teresina, estava em uma tour no Nordeste há quase um mês longe de casa. Antes do show, atendendo algumas pessoas poucas pessoas no camarim, entram de surpresa Marina e Isadora. Eu imediatamente as abracei e disse que estava muito feliz com a surpresa, que era um presente pra mim. Mas o presente acabou virando desgosto quando Marina me interrompeu: "Sua filha precisa lhe dizer algo, Bruce", e eu respondi "Diga, filha", respondi curioso. "Não vim lhe fazer surpresas, papai, quero um pouco de sua atenção, quero que fique um pouco comigo": ela disse, me abraçando em lágrimas! Fiquei desconcertado, Martin, sem saber o que dizer. Apenas a abracei forte, refletindo há quanto tempo eu não ficava com minha filha. Tentei ficar mais próximo após esse dia, mas com essa correria da estrada é complicado.

Ao fim das histórias, Martin lhe fez uma proposta: – Vamos fazer outro exercício. Feche os olhos, respire, imagine-se daqui a alguns anos, um homem maduro que passou por tudo, superou seus obstáculos e desafios, venceu seus monstros e seus fantasmas, enfrentou crises intensas e conseguiu se reconstruir nos palcos da vida. Esse homem vai poder ajudar e influenciar inúmeras pessoas que passam pelos mesmos problemas, ou até piores. Vá até este Bruce! Persiga-o! Construa o caminho para chegar lá.

O jovem pôs os olhos no lago e depois voltou a encarar o amigo. Emocionado, perguntou: – Acha mesmo que sou capaz?

– Você descobrirá sua força e se surpreenderá! – desafiou.

– Você pode me ajudar? Pode continuar do meu lado? – pediu Bruce.

Martin coçou a nuca, inclinou a cabeça levemente para trás.

– Estarei na medida do possível a seu lado, mas quem vai capinar o chão e plantar as sementes está aqui, bem diante de mim. Você já aceitou suas possíveis mudanças, agora basta construí-las. Não espere que alguém lhe peça balas, encontre-as antes.

As nuvens tinham encoberto o Sol, mas passaram rápido e o astro-rei voltou a brilhar com intensidade no lugar onde estavam. Bruce esfregou o rosto. – Tudo bem, Martin. Sinto-me melhor. Parece que esse lugar realmente me faz bem. Estou disposto a aceitar sua ajuda. Mas e minha carreira? Cesar tem me ligado constantemente. Eu disse para ele, quando saí do hospital, que não queria falar com ninguém e que poderia desmarcar os shows. Ele concordou e disse que tinha fundamento, mas que precisaria voltar em breve. Só que não estou confiante. Não sinto que posso voltar, e tem mais: a mídia me destruiu! Minha imagem está no chão. Cesar mesmo me disse ao telefone que não saberia como seriam meus shows a partir desse fato.

– Bruce, boa parte da mídia é como um agressor. Ela te seduz, você se entrega e depois ela te violenta sem esconder o sadismo, fazendo isso em praça pública, por saber que não é ela que vai pagar a sentença, somos nós. No entanto, escolhemos ou não dar oportunidades para sermos violentados. Concordo com seu empresário e com você. Será necessária uma segunda etapa para conseguir se reconstruir com mais firmeza. Hoje você está mais forte, mais lúcido, mas ainda não está pronto. – Martin observou ao longe alguns pássaros que tentavam pegar insetos que voavam na beira do lago. – Com o tempo, pouco a pouco, você se fortalecerá. Alçará voos bem altos e terá habilidade para caçar seus insetos, mas é preciso se preparar. Conheço um lugar incrível onde você poderá ficar por até três meses. Tenho certeza de que você terá mais chance de se recuperar lá, e poderei estar mais presente. É um lugar maravilhoso, temperado com muita natureza, pessoas do bem, preparadas e bem-intencionadas.

O jovem botou a mão no queixo, sem saber ao certo o que dizer. Então, perguntou: – Preparadas pra quê? O que você quer dizer com isso?

– Preparadas para te ajudar, Bruce, em sua recuperação.

O rapaz soltou uma risada de ironia e balançou negativamente a cabeça, como se não precisasse de auxílio. Martin percebeu sua resistência.

– Compreendo que ache que não precisa, mas muitas vezes pensamos que saímos de um buraco de uma vez, rapidamente. Não é bem assim. Quanto mais fundo o buraco, de mais tempo precisamos para nos recuperar. Além disso, ninguém caminha sozinho. Todos nós, em algum momento da vida, precisamos de ajuda. Sugiro que você reflita e pense humildemente que pode sim precisar de apoio e de mãos que o conduzam no caminho, neste momento. Sei que você é forte e já está se saindo muito bem, mas gostaria que confiasse em mim – pediu ele, ajeitando o relógio que tinha saído do lugar no pulso.

Bruce o encarou, desanimado: – É uma clínica de recuperação?

– Sim, porém diferente de todas que você já viu.

– Diferente em quê? – indagou o jovem, desafiador.

– Você vai entender quando começar a experimentar o ambiente, a energia e conviver com as pessoas que vivem lá.

Bruce levantou-se, bateu a grama que tinha ficado presa em seus jeans. – Só me faltava essa! Não acredito nesses lugares. Já ouvi histórias de gente que piorou e outras de pessoas que não conseguiram largar o vício.

Martin também se ergueu para estar na altura do amigo. – Bruce, neste lugar seu foco principal não será largar o vício, e sim treinar sua mente. Primeiro você precisa se fortalecer mentalmente, dominar suas emoções, controlar seus impulsos, seu lado instintivo. Você já experimentou a fama e o sucesso, já sabe o tamanho do desafio e os obstáculos que terá de enfrentar.

Tentando desviar o foco, o jovem tocou nas varas de pescar, que continuavam fincadas no chão, sem que tivessem feito qualquer movimento brusco durante toda a tarde. – Como assim? Não estou entendendo.

– Não precisa entender. Eu te peço mais uma vez: me dê seu voto de confiança. Você precisa passar por um treinamento e, depois disso, estará pronto para voltar aos palcos – concluiu.

O jovem meneou a cabeça concordando, porém ainda estava inseguro. – Hummm, mas será? Se eu não gostar, não ficarei – afirmou, inclinando-se em direção ao lago.

– Ninguém te obrigará a nada, Bruce, acredite – garantiu o outro.

Se Martin tivesse abordado Bruce quando ele saíra do hospital para ir até a clínica, não teria obtido sucesso. De modo diligente, ele o estimulara ao autoconhecimento e à autoconexão, fazendo com que Bruce desse o primeiro passo para as mudanças, a aceitação. Era importante que o jovem aceitasse e conhecesse seus fantasmas internos para que pudesse dominá-los, isso estava claro na mente de Martin Blumer.

– Meu querido, se me permite, gostaria de sugerir mais uma coisa a você. Não quero interferir em sua vida, mas acho que você tem uma missão antes de se isolar por três meses. Que tal se encontrar com algumas pessoas e mostrar reconhecimento por terem lhe oferecido ao longo da vida algumas rosas que você não havia enxergado? Penso que sabe a quem me refiro – propôs.

– Fechado, parceiro, farei isso – concordou o jovem.

Dando-lhe a mão para consolidar o acordo, Martin disse: – Passo na sua casa amanhã cedo para te pegar.

O cantor mais velho começava a recolher as varas de pescar e a cesta com as iscas, quando Bruce tocou-lhe no braço e fez com que o ídolo voltasse a encará-lo.

– Martin, tenho mais uma pergunta, por que eu? Por que você está fazendo tudo isso por mim? Você não me conhecia. Não tem motivos para isso.

Blumer lhe deu um sorriso caloroso e voltou a pôr as coisas no chão. Pousou a mão no ombro do rapaz e disse, num tom desconcertante de tão sincero: – Há coisas, Bruce, que não pedem motivo. Não exigem um porquê. Apenas sentimos e fazemos. Então o convidou a ajudá-lo a juntar os objetos e ambos os recolocaram em seus devidos lugares.

CAPÍTULO 9

Desabafos e retomadas

Ainda na estrada, no caminho de volta, Bruce ligou para Marina e pediu que ela fosse até a casa de seus pais com Isadora. Um pouco relutante, ela aceitou a proposta mediante a justificativa de que aquilo seria um grande presente para ele e para a família. Ao chegar, o rapaz foi recebido com abraços de Ermínio e Cleusa. Quando Marina apareceu com a filha, apesar de todos ainda estarem abalados com a situação, a emoção contagiou o ambiente.

Uma vez reunidos, sentaram-se à mesa para o jantar. Bruce já se mostrava diferente.

Ermínio estava curioso e não escondia seu estado. Num dado momento, não resistiu e perguntou: – Onde estava, Bruce?

O rapaz depositou o garfo no prato. – Estava com Martin. Vivendo algumas experiências que jamais me esquecerei, na fazenda dele, um lugar incrível que quero que vocês conheçam. Já me sinto bem melhor, mas gostaria de dar uma notícia a vocês: decidi ficar um tempo recluso.

Todos se olharam, surpresos. A mãe escondeu seu sorriso esperançoso ao limpar os lábios com o guardanapo e permaneceu calada.

Marina foi a primeira a romper o silêncio. – Mas por quê, Bruce? – perguntou.

– Vou precisar passar por alguns treinamentos para tentar me reconstruir. Estou disposto a grandes mudanças. – Quando terminou a frase, notou um brilho que denunciava a emoção nos olhos de seus pais. – Mas antes quis me encontrar com vocês para expressar minha gratidão por tudo o que sempre fizeram por mim. Consigo enxergar em cada um a importância que tiveram e que têm em minha vida.

– Nossa, não poderia ter notícia melhor! Confesso que sonhei com este momento! – disse Marina, tocada. – Estou orgulhosa de você.

Bruce levantou-se, foi até ela. Deu-lhe um beijo e um abraço, igualmente sensibilizado. Isadora, meio perdida, sem entender, correu para os dois e também se jogou nos braços do pai.

Com algum esforço, o jovem virou-se para Ermínio: – Você sempre quis o meu bem e muitas vezes eu não soube enxergar. Sei que tivemos conflitos e em alguns momentos não nos entendemos...

– Tudo foi necessário, meu filho. Tenho meu jeito de ser. Sei que sou turrão, duro, mas sempre quis o melhor para você – respondeu o pai, sem conseguir sustentar o olhar para o rapaz por muito tempo.

– Eu sei, pai. O que importa é que a gente se ama e pode construir nosso mundo de modo diferente a partir de agora. Eu estou disposto. – A voz dele saiu embargada. Nunca tinha dito nada semelhante para o pai.

O homem abaixou a cabeça, profundamente tocado. Lágrimas escorreram por sua face. Ambos se levantaram e se abraçaram intensamente. Quando voltaram para seus assentos, foi a vez de o jovem dedicar algumas palavras à ex-esposa.

– Marina, obrigado por ser uma mãe tão especial e cuidadosa com Isadora e Patrick, embora ele não esteja mais aqui. Muitas vezes eu não soube valorizar isso em você, e há outras coisas que ficaram mal resolvidas entre a gente, mas sempre soube como você é especial e quanto você quis meu bem. Peço-lhe desculpas por tantas coisas que fiz sem consciência, mas teremos tempo para conversar quando eu voltar. Hoje sei de sua importância em minha vida e gostaria honestamente de agradecer a você por me suportar.

Do outro lado da mesa, ela olhava para ele com o rosto vermelho, a emoção vindo à tona. Bruce prosseguiu, dessa vez para Isadora: – Filha, me perdoe por na maioria das vezes ter sido um pai ausente, sempre viajando muito e fazendo shows. Quero que saiba que todos os dias da minha vida penso em você e mesmo longe nunca me distanciei, em meus pensamentos você sempre está junto comigo. Queria poder ter curtido mais você, mas ainda há tempo para fazermos isso. E sei que vamos construir algo melhor para nós daqui para a frente. Você é o que tenho de mais importante na vida. Quero poder ser outro pai quando voltar. Só quero dizer que te amo muito e em breve estarei de volta.

Isadora, em sua inocência infantil, respondeu com amor em estado puro: – Tá bem, papai, obrigada por tudo. Eu também amo você!

Os adultos não esperavam tanta maturidade da menina. Irromperam num aplauso comovido. Aproveitando a boa energia da ocasião, Bruce ainda se dirigiu a Cleusa.

– Mãe, você é e sempre foi meu porto seguro. Conte comigo e logo estarei de volta mais forte do que nunca!

Ela, que já estava com o rosto corado do pranto, secou as bochechas com as mãos, enquanto ouvia o resto do discurso do filho.

– Minha intenção na verdade é dividir com vocês algo que aprendi com Martin e quero praticar o resto de minha vida: todo mundo tem muitos espinhos, mas as rosas sempre estarão presentes para quem decide enxergá-las. A tendência é que a gente sempre se apegue aos espinhos dos outros, sem perceber que estamos agindo assim. Estou disposto a mudar. Eu quero poder enxergar a rosa em cada um de vocês. Sempre.

A comoção do momento também fez Cleusa dizer o que sentia: – Que lindo isso, filho! Não havia escutado de ninguém esse tipo de reflexão. Certamente, essa decisão pode fazer a diferença em nossa relação. Tentarei fazer o mesmo. Eu me sinto orgulhosa de você, Bruce! Tem meu apoio para ficar esse período se tratando. Mas onde vai ser?

– Não sei ainda, mas Martin me disse que é um lugar diferente, onde existem pessoas competentes para me ajudar. Confio nele – respondeu decidido.

Ermínio entrou na conversa. – Ótimo! Também tive boas impressões de Martin. Acredito que ele será importante para a sua recuperação. Mas poderemos visitá-lo, filho?

– Claro, pai, assim como eu também poderei vir visitá-los. Na verdade, estou indo por vontade própria, é um lugar onde as pessoas ficam sem pressão – afirmou contente.

Cleusa estava muito surpresa: – Filho, não acredito que estou ouvindo isso de você. Esperamos tanto tempo por este momento!

– É, mamãe, tive um encontro com uma pessoa que há muito tempo não via e isso me trouxe de volta – o jovem concluiu, enigmático.

Todos se olharam. A mãe foi quem teve a iniciativa de perguntar. – Quem?

Eu mesmo! – A voz de Bruce saiu entrecortada. O silêncio os conectava, as palavras se fizeram desnecessárias. Terminaram o jantar nesse clima de felicidade e alívio com a novidade. O jovem astro foi brincar com a filha num canto, sentados no tapete, enquanto os pais e a ex-nora ficaram conversando sobre amenidades no sofá. Um momento em família como há muito não desfrutavam. A certa altura da noite, Marina olhou para o relógio. Era tarde, precisava voltar para casa com a menina. Despediram-se, o ar de alegria ainda imperando na casa.

Bruce foi para seu quarto, deitou na cama com a luz apagada, mas não conseguia pegar no sono. Bateu forte em seu peito a necessidade de se drogar. Imaginou-se levantando, indo até o armário, pegando o embrulho e tendo um instante de satisfação. No entanto, algo em sua mente estava diferente. Sentiu que estava mais forte. Insistiu. Lutou. No fim acabou rendendo-se outra vez.

Acostumado com o ritmo de artista, no dia seguinte era dez da manhã e ele ainda não tinha aparecido. Martin já estava à espera conversando com seus pais na sala, quando decidiu ir acordá-lo.

Do outro lado, o rapaz demorou um pouco, mas por fim respondeu com um tom abafado: – Não quero ver ninguém! – E levou um susto quando a voz grave que ressoou por trás da porta disse:

– Olá, Bruce! Sou eu, Martin.

Alguns passos e a porta se abriu. Descabelado e abatido, o jovem desabafou:

– Martin, é melhor desistir de mim. Sou realmente fraco. Ontem à noite tentei dormir, mas fui acometido por uma insônia e confesso que não consegui resistir àquilo... É mais forte do que eu... Usei de novo", disse, lastimoso. – Passei uma noite ruim. Só tive pesadelos até agora.

– Não se cobre tanto, meu jovem. A vida propõe quedas e escorregões frequentemente. Aprendemos a andar caindo e levantando na infância e será assim a vida inteira. Portanto, levante-se, olhe para a frente e venha comigo, sem culpa – confortou.

Bastante atordoado e inseguro, Bruce concordou. O ídolo se ofereceu para ajudar o jovem a arrumar suas malas, mas ele recusou o auxílio, desanimado. Porém se enfiou no quarto e começou a tirar roupas das gavetas e a enfiá-las de qualquer jeito numa mochila de nylon azul-marinho. No meio da arrumação, virou-se para o mais velho apontando um pequeno pacote.

– Martin, posso levar?

O cantor balançou a cabeça negativamente.

– Não, Bruce. Agora é importante que você tenha controle. Se levar será o mesmo que se enganar. Qualquer problema você estará livre para sair quando quiser e vir à cidade, mas acho importante que pelo menos tente entrar sem escoras, entende?

– É difícil para mim – o rapaz respondeu, de cabeça baixa.

– Eu sei, mas este é o momento de usar toda a sua força. Depois, quando chegarmos lá, verá que não será tão duro quanto pensa. Se você se controlar agora dará o passo mais importante para a sua recuperação, eu te garanto – disse Martin, e com isso conseguiu fechar um acordo com o amigo.

Blumer saiu do aposento e deixou Bruce à vontade para arrumar sua bagagem. Ele parecia saber o desfecho e como o jovem se comportaria diante do combinado. Passados alguns minutos, Bruce surgiu na sala com as malas prontas. Deu bom-dia aos pais. Contou que tinha sofrido com pesadelos durante a noite, e o pai disse que sonhos ruins eram prenúncio de coisas boas no dia seguinte.

Martin resolveu dar-lhes uma palavra.

– Como eu disse, Ermínio e Cleusa, propus a Bruce que passasse um tempo numa clínica de recuperação. Acho que o período suficiente será de três meses. Ele não só terá oportunidade de se livrar do vício das drogas, como também passará por alguns treinamentos.

Apreensivo, o pai o questionou: – Treinamento? Como assim?

– Sim, treinamento! Você vai entender com o tempo, através das mudanças de seu filho. Bruce vai fazer a mais intensa viagem de um ser humano, que é para dentro de si mesmo. Ele terá a oportunidade de descobrir um novo homem, retomando assim sua carreira com mais equilíbrio e impactando pessoas à sua volta. Acreditem! Ele já deu os primeiros passos. Já está encarando seus defeitos, se admitindo, não é, Bruce? E boas sementes estão sendo plantadas – disse Blumer. O jovem concordou, ainda que com uma expressão de dúvida.

A mãe questionou se o filho ficaria isolado por muito tempo, pois desejavam ir visitá-lo. O cantor afirmou que o período de isolamento duraria só uma semana. Depois disso, poderiam se ver normalmente. Cleusa concordou, mas fez um apelo a Martin: – Por favor, sempre mande notícias. – Então, se voltou para o filho: – Bruce, seja forte! Acreditamos em você! – Ermínio juntou-se à esposa, e afirmou que estava mais do que na hora de ele largar o vício.

Assim que os pais agradeceram a Martin e se despediram do filho num demorado abraço, os novos amigos pegaram a estrada rumo à clínica. No caminho, cercados de árvores altas, enquanto Bruce procurava uma estação que tocasse decentemente no rádio do modesto veículo, questionou Blumer:

– Você tem uma carreira de sucesso, por que anda num carro tão simples?

O homem deu um sorriso. – Tive minha fase de ostentação, mas hoje me alimento de simplicidade, é algo que me faz bem.

O rapaz ficou estarrecido. No entanto, se limitou a dizer: – Mas não combina com você, um artista de tanto renome.

– Bruce, nunca seremos reconhecidos verdadeiramente pelo que temos e sim pelo que somos – rebateu. – Você verá com o tempo que o externo é supérfluo e não diz respeito a você, tem relação com o que as pessoas enxergam e no fim saberá que isso não faz diferença em nossa vida.

O jovem não se conformou. – Mas o que mais você tem de valor? Tem outros negócios?

– Tenho três filhos e Laura; é o que tem mais valor em minha vida! Os negócios, alguns outros que não vêm ao caso e que não têm tanta significância para mim, são apenas temporários. Tudo que é externo é emprestado! É assim que penso – ponderou Blumer, com a voz serena. Para Vilanova, que ainda vinha se acostumando ao luxo e ao poder, mas atravessava um momento delicado, aquelas palavras de imediato não fizeram sentido. Estranhamente, elas ficaram rondando seus pensamentos até a chegada ao destino final, enquanto a paisagem verde corria pela janela.

CAPÍTULO 10

Recomeçando com resiliência

Depois de algumas horas na estrada apreciando as árvores e a vegetação rasteira, Martin e Bruce chegaram a uma construção cercada de muros baixos, com uma entrada sem portão. Ficava no alto de uma pequena colina, com a vista que se perdia ao longe, extremamente repousante. Transmitindo imensa paz e tranquilidade, a clínica era acariciada por uma leve brisa que trazia o doce cheiro do mato. O rapaz percebeu a energia do local de imediato e disse: – Nossa, este lugar me lembra sua fazenda. Sinto coisas boas.

– Que bom! Acredite, é um lugar mágico onde você viverá momentos inesquecíveis em sua vida. Aproveite ao máximo cada instante e cada nova experiência – falou o mais velho, dando uma olhada ao redor.

Surpreso, o jovem notou a ausência de obstáculos que o prendessem ali. – Não tem segurança nem porteiro?

– Não. Como te disse, aqui ninguém é obrigado a ficar. A única condição para permanecer neste local é querer. Não se consegue alcançar os tesouros internos com imposições. A liberdade é a porta principal para o crescimento.

Já acomodados nos espaçosos quartos com mobília de madeira maciça, os dois foram encontrar-se com Helena, uma senhora de meia-idade de aparência jovial que era a médica e também a psicóloga responsável pela clínica.

Ela saudou o novo hóspede calorosamente: – Olá, Bruce, seja bem-vindo! Todos esperávamos ansiosamente por sua chegada. Admiramos muito seu trabalho e temos a certeza de que sua presença aqui será recheada de etapas especiais e situações inesquecíveis.

Bruce agradeceu a hospitalidade, tímido.

Primeiramente, foi fazer um reconhecimento pelas dependências da clínica. Helena os apresentou a alguns hóspedes, porém nem todos estavam ali, já que haviam atividades paralelas: alguns praticavam esportes, outros trabalhavam, e havia ainda os que estavam descansando àquela hora. Os três então sentaram-se para um cafezinho. Com um sorriso amplo que mostrava dentes perfeitos, Helena procurou conhecer melhor o jovem.

– Vamos lá, Bruce. Sei quanto é tumultuada a vida e a rotina de uma celebridade. Entretanto, gostaria de saber sobre você! Quais são suas atividades preferidas? Pratica esportes? Tem o costume de ler? O que gosta de comer? Quero conhecer a pessoa que você é fora dos palcos.

– Ah, Helena, sei lá, acho que sou meio sedentário. Ou melhor: acho não, tenho certeza! Sou aquele cara que prefere ficar dormindo a se exercitar – disse o rapaz, sem graça. – Esta vida de estrada é muito maluca. Não tem hora para nada. É difícil ter uma rotina. Para mim, que sou preguiçoso, pior ainda! – brincou. – Nunca fui de praticar esportes, mas admiro quem o faz. Até porque, em época de turnê, costumo ir para a cama de manhã e só acordo no meio da tarde. Minha vida é mais noturna. Não sei como será isso aqui. Nem tenho tempo para essas práticas.

Enquanto ele levava a xícara com líquido fumegante à boca, ela prosseguiu: – De café eu vejo que você gosta. E do que mais? Como é sua alimentação?

– Vixi, nem te conto! – respondeu Bruce rindo. – Acabo comendo mais pizza e besteiras. Como eu disse, é difícil ter uma rotina nesta vida que levo.

A médica assentiu. – Muito bem. Teremos tempo para descobrir novos horizontes – respondeu, anotando informações num caderninho que trazia consigo. – Está acostumado com atividades rurais? Este universo faz parte da sua vida?

– Sinceramente? Eu me sinto um peixe fora d'água quando se fala de atividades rurais, mas estou começando a gostar. É uma experiência nova. – Martin o olhou e depositou sua xícara no pires. – Fui na fazenda dele. Na verdade, ele me obrigou – disse o jovem, rindo muito e apontando para o amigo. – Mas acabei gostando.

– Você se descobrirá um clássico caipira – brincou Martin, tocando na manga da jaqueta jeans do rapaz.

Explicados alguns procedimentos e ressaltado o fato de que o jovem viveria experiências e momentos únicos na clínica, Blumer fez uma surpresa.

– Tenho alguns dias de descanso a partir de hoje, mas isso não é uma coincidência: eu me programei para ficar um tempo nesta fazenda com você. Na verdade, é um lugar onde me reencontro, venho com frequência para poder contribuir com a clínica e ajudar alguns dependentes químicos – concluiu.

Como se levasse um soco e vendo que havia mais pessoas à sua volta, Bruce reagiu imediatamente à última frase de Martin: – Um momento! Quem disse que sou dependente químico? Está tirando comigo? Eu me drogo para me sentir bem, mas não sou dependente, é só mesmo para esquecer os problemas. Já me sinto melhor. Não tenho vícios.

Blumer percebeu o engano do amigo, mas sabia que era uma reação natural, que ele não admitiria facilmente ser dependente químico, e nem era momento para dar início a essa discussão. Limitou-se apenas a dizer: – Relaxe, não quis dizer isso. Só acho que se você passar alguns dias sem contato com qualquer substância poderá ser bom. Pense comigo, se não ajudar, atrapalhar também não vai, certo?

Helena comentou em seu auxílio: – Bruce, fique tranquilo. Sabemos que você é forte e tem controle da situação. Mas gostaríamos que soubesse que nossa intenção é só somar para que você se torne ainda mais forte. – Com cautela, mas firme, prosseguiu: – Você se importa que lhe receitemos um remédio nestes primeiros dias?

– Hum, não sei... Será que preciso disso? – perguntou ele, fazendo uma careta de dúvida.

– Com esse remédio, o processo será mais tranquilo. Ele apenas te ajudará a diminuir a ansiedade e lhe possibilitará belas noites de sono. Vai ser bom, pode confiar. Tenho certeza de que você vai até começar a acordar mais cedo – respondeu o amigo, olhando para ele, e em seguida para a médica, a qual assentiu.

– Ih, desiste. Isso não faz parte da minha vida – respondeu Bruce, fazendo uma dobradura com o guardanapo que estava sobre a mesa.

Martin insistiu, erguendo as sobrancelhas: – Você se surpreenderá consigo mesmo. – Ao perceber que o jovem estava pensando na hipótese, Helena aproveitou a brecha: – Quanto ao remédio, tudo bem, Bruce? Será necessário.

Ele olhou para um, depois para outro. Jogou a dobradura no centro da mesa: – O.k., Helena e Martin. A partir de amanhã iniciamos, então. – E mordeu o lábio inferior.

Quando esta primeira questão foi resolvida, já era o fim da tarde, e o Sol se escondia por detrás das montanhas no horizonte. Os homens então dirigiram-se para seus aposentos, para tomar banho. O banheiro tinha uma ducha de jato bem quente e forte. Bruce aproveitou para sentir a água deslizar por seu corpo todo. Fazia tempo que não tinha uma sensação tão revigorante. Uma vez relaxados e de roupas limpas, seguiram para a mesa, para esperar o jantar.

A cozinheira, dona Leila, uma senhora de seus 50 anos, cabelos louros curtos, olhos castanhos claros e quadris largos como os de uma *mamma* italiana, chegou animada como sempre. Sem muita cerimônia, dirigiu-se a Bruce: – Ei, moço bonito, preparei uma comidinha especial para você hoje! Carne moída, angu, taioba, arroz e feijão. E se você quiser, posso também fritar um ovinho, que tal? Mas antes, posso tirar uma foto? Tenho todos os seus CDs e DVDs. Posso até cantar a minha música preferida! – Não esperou a resposta do cantor e começou a cantarolar um pedaço de "Amor infinito". O rapaz, emocionado, uniu-se a ela e cantou junto.

Depois da palhinha musical, os dois amigos comeram junto aos demais pacientes que lotavam as mesas coletivas do refeitório. Bruce se viu obrigado a tirar fotos com alguns deles, um pouco intimidado e constrangido, mas lentamente foi relaxando e se entrosando. Mostrava-se bastante sociável e carismático, e encantou a todos. Ainda pegou um violão e, atendendo a pedidos, cantou algumas canções, acompanhado de um coro dos fãs que ali estavam. Um deles, chamado Paulo, recém-saído da adolescência, de rosto cheio de espinhas e muito piadista, brincou que a partir de então teriam música ao vivo todos os dias. O jovem astro não se intimidou. Respondeu, no mesmo tom de brincadeira: – Espere aí, pessoal, não é bem assim! Vou cobrar cachê. Não se acostumem. – As risadas surgiram em meio a protestos de gente que mostrava os bolsos vazios. No final, Bruce se rendeu: – Tá bem, de vez em quando poderei cantar algumas canções. – Foi efusivamente aplaudido.

Todos então se retiraram e a maioria dos hóspedes se dirigiu a seus aposentos. Em vez de irem direto para a cama, os amigos sentaram-se na varanda para observar a noite, que estava com uma temperatura fresca e agradável, apesar de estarem no descampado coberto de verde. Uma Lua alta iluminava as montanhas, o que possibilitava ver seus contornos mesmo a distância. O céu estava claro, pontilhado de estrelas, e às vezes se podia ver uma ou outra rasgando o céu noturno. Blumer se virou para o jovem e perguntou: – Bruce, olhe bem para o céu. Ele não te diz algo?

O rapaz fez uma cara de tédio. – Lá vem você com suas ideias malucas – respondeu. – Espere! Na verdade, ele está me dizendo algo, sim. Deixa eu entender direito. Martin é completamente... hum... espere aí... completamente doido! – Os dois explodiram numa gargalhada.

Passado o momento de descontração, Blumer virou-se sério para o jovem. – E Marina? Vocês vinham se encontrando ultimamente, não é?

O jovem respirou profundamente antes de responder. – Sim, Martin, a gente estava. Marina é uma pessoa incrível, mas eu a perdi. Temos muita afinidade, como se fôssemos um feito para o outro... Mas sei lá, esta vida promíscua de artista, esta vida de estrada, sem rotina, dificulta as coisas. Muitas mulheres me assediando, é difícil lidar com isso. Você sabe bem o que falo, né?

– Sim, sei bem o que é isso – afirmou Martin, admirando uma mariposa que tentava a todo custo pousar na lâmpada que os iluminava. – A maioria dos homens se rende a esse tipo de paixão, como eu também no passado o fiz, mas com o tempo você vai se apaixonando por outras coisas na vida, com mais valor e benefício. Deixe que o tempo lhe diga. Quer coisa mais nobre e digna do que construir uma família? Hoje, o casamento parece estar perdendo força na sociedade. Entretanto, pense comigo: quando nos tornamos pais, assumimos um compromisso e uma responsabilidade que propõe honra. Se nos colocarmos no lugar das mulheres, que passam um bom tempo se dedicando à gravidez e aos primeiros meses dos filhos, daremos mais valor a elas. As mães atravessam um período comprometidas com os filhos e normalmente, nessa fase, os conflitos entre os casais se acentuam. No entanto, se pensarmos bem, nesse contexto a mulher é o grande alicerce. Mas os homens, como eu disse, descobrem paixões superficiais e vazias. Não sabem que tudo isso vem de uma carência e que deveriam ser fortes para superar e dominar seus instintos, se inspirando em suas mulheres! Todavia, não! Se rendem a esse tipo de desejo e, quando acordam, veem que destruíram não só uma relação, mas todos os sonhos de uma família inteira, incluindo, obviamente, os dos próprios filhos. Você consegue imaginar como se sente uma mãe depois do período de gestação e dedicação total ao filho? Além de enfrentar uma montanha-russa hormonal que a desestabiliza emocionalmente, passa a não ter mais o mesmo corpo por um tempo e aí é abandonada e jogada no mundo pelo próprio marido. Aquele mesmo que subiu ao altar, se comprometeu, se ajoelhou e se emocionou perante todos. Não estou julgando ninguém, apenas mostrando que é possível enxergar uma mesma situação por vários ângulos. Claro, tem que ter o tempero principal, amor entre os dois, isso é essencial. Embora existam exceções para tudo, quando acaba o sal é difícil segurar! Mas colocar-se no lugar dos outros é uma grande virtude. Isso me faz lembrar de um grande homem, Bruce: Jesus Cristo. Ele nos deixou uma linda lição: faça ao próximo o que deseja que façam a você. Contudo, o ser humano é geneticamente egoísta.

Martin fez uma pausa. O rapaz percebeu que a respiração do amigo se alterara, e o observou atento. O astro se emocionou lembrando-se da perda de sua primeira mulher: – Bruce, meu primeiro casamento acabou com o falecimento de Elisa, a mãe de Luiz e Felipe. Ela teve um câncer e morreu muito cedo. Foi uma doença fulminante. Em quatro meses ela se foi. Cancelei shows, compromissos, para poder apoiá-la. Porém, nem eu nem os médicos pudemos fazer nada. Minha vida mudou em vários sentidos depois disso. Tive inúmeros momentos difíceis, mas esse foi quando realmente tive de me superar. Aprendi que não temos controle sobre tudo, meu jovem. E quando pensamos que dominamos todas as coisas à nossa volta e todas as pessoas, damos o primeiro passo para a frustação. A vida se posiciona e não oferece cardápio. Não propõe só pódio. Com isso entendo que o grande segredo é atingir endereços em meio a labirintos e não apenas em caminhos limpos. A resiliência entra nessa hora como um recurso fundamental.

Bruce estava pensativo. – O que é isso, Martin? Resiliência?

– É você se levantar e seguir em frente diante do caos. Quem não aprende a lidar com quedas e fracassos será sempre refém de seu orgulho e de seu egoísmo. Podemos ficar mais fortes superando crises. Mas se não as enfrentamos, descemos a escada sem perceber. Voltando ao episódio da perda de Elisa, sofri muito. Eram horas e dias que não passavam. Com os meus dois filhos tive de me superar, ser mãe e pai ao mesmo tempo, e aí, sim, pude entender o papel de uma mulher. De repente, a vida nos pega de surpresa e nos prega peças. Se pudesse, voltaria no tempo, durante o período que convivi com ela, e teria uma conduta muito mais digna e honrosa...

Enquanto falava, os olhos de Blumer estavam marejados. Lá fora, as cigarras cantavam em coro. – Não quero entrar em detalhes, mas me arrependo de muita coisa que fiz. De certo modo, aprendi que qualquer ser humano é corruptível circunstancialmente. Então não carrego culpa com essas questões, e sim a certeza de que foi um aprendizado... Mas vamos lá, você estava falando sobre a Marina...

Bruce abanou as mãos para afastar os pernilongos antes de continuar o diálogo. – Sabe, Martin, compreendo o que você passou, pois como você sabe também perdi uma parte de mim quando Patrick se foi. Foi o momento mais difícil da minha vida até agora. E o que você me disse cai para mim como uma luva. Voltando à Marina, tanto ela quanto eu, no fundo, queremos ficar juntos. Mas não conseguimos enfrentar os problemas que temos e os desafios da relação. Alguns amigos comentam comigo: "Bruce, esqueça esta vida de artista! Ela não permite um casamento saudável!" Tenho de admitir, é muito difícil ficar sem ela – refletiu, com uma ponta de amargura.

De maneira muito serena, Blumer tentou consolá-lo. – Calma, meu querido, a vida é cíclica. O que era ontem não mais o é hoje, entende? O futuro ainda pode lhe surpreender. Quem sabe você ainda não terá outro filho e poderá dar a ele tudo aquilo que não conseguiu dar a Patrick? Aliás, comece por Isadora. Faça a diferença na vida de sua filha. O tempo passa e não volta, e sua presença será o paraíso para ela.

– É, quem sabe. Eu me arrepio só de pensar nessa possibilidade. Eu e Marina ainda temos alguns encontros esporádicos, sinto saudade e tenho certeza de que ela também, mas não tenho esperança de que ela me aceite de volta, ainda mais depois do ocorrido. – Bruce agora parecia recapitular no seu cérebro os acontecimentos das últimas semanas.

– Ela também tem envolvimento com drogas? – perguntou Martin, neutro.

O jovem deu um pulo na cadeira: – Não, não, nunca! É completamente contra. Ela sempre tentou me ajudar e esteve a meu lado. Mas eu nunca a escutei. Na verdade, não escutava ninguém. Agora sinto que tenho chance de mudar. Mas me sinto despreparado. Tem hora que penso em desistir de tudo, até da vida. Sabe, parece que quanto mais você conquista menos você tem. É como me sinto hoje. As pessoas pensam que conquistei tudo na vida, mas eu sei bem que hoje não tenho nada.

O amigo olhou para o alto e disse: – Bruce, olhe bem para a Lua. Hoje ela é cheia, amanhã será minguante, depois será nova, então crescente, e voltará a ser cheia. As estrelas também estão sempre em movimento. O que quero dizer é que tudo no Universo está em constante metamorfose e para nos alinharmos diante disso tudo é necessário a cada dia se redescobrir. São os pontos de mutação. A vida é feita de escolhas e consequências e o ser humano passa a vida tentando se equilibrar em meio a esse contexto, como dizia Jean-Paul Sartre. É aí que entra um ponto importante em nossa vida. O que fazemos diante das consequências? Como vamos nos posicionar? São dois caminhos: ou escolhemos a honra ou a infâmia.

O rapaz o encarou, sem parecer compreender o que ele dizia.

Martin prosseguiu: – Ou nos responsabilizamos e assumimos as consequências de nossas escolhas ou nos acovardamos e fugimos.

O jovem franziu a testa e remexeu-se na cadeira, incomodado: – O que você quer me dizer? É uma indireta?

– Não, é uma direta mesmo. Você escolheu se casar, também optou por ter filhos. Se você ainda ama Marina, qual seria o melhor modo de honrar tudo isso? Será que uma vida desregrada e pervertida não seria sua grande fuga? Não quero nem posso julgá-lo. Só quero que você responda – concluiu o mais velho, encarando profundamente o rapaz.

– Entendo o que você diz. Mas será que consigo resgatar alguma coisa entre mim e Marina? Minha filha nem me aceita direito. Não sei se sou capaz de reconquistar minha família, mas confesso que gostaria muito. Sinto muita falta. – Quando terminou, Bruce chorava. No entanto, para não revelar sua fraqueza, esquivava-se da luz.

Martin buscou seu rosto e olhou bem para ele, deixando claro que o incentivava, apesar de conhecer seus defeitos. – Você não conseguirá trilhar novamente o caminho que foi percorrido até aqui, mas poderá com suas escolhas abrir a porta do desconhecido e construir novas estradas, se apaixonar pelos mistérios da vida e se recriar. Mudanças, meu querido, eu me refiro a elas.

Bruce então escondeu o rosto com as duas mãos. – Tenho medo, tenho muito medo de tudo. Acho que não sou tão corajoso quanto você.

– O melhor amigo da coragem é o medo. Não devemos negá-lo, muito menos ocultá-lo. O medo é fundamental em algumas ocasiões. Sem ele, a coragem nos leva à impulsividade. Com ele, temos mais cautela.

O jovem astro pareceu entender o que o outro queria dizer: – É, compreendo. Posso tentar mudar.

Blumer o chamou à razão: – Pense bem, você já está mudando. Mas é muito importante que você saiba que existem dois tipos de mudança: as efetivas e as superficiais.

– Como assim? – Aqueles dois conceitos não pareciam fazer parte do repertório do jovem.

Martin exemplificou: – Já viu pessoas que começam algo novo com o intuito de mudar e em dez, quinze dias voltam a ser o que eram?

– Claro, já vi, sim – respondeu. – Eu também sou assim. Já tentei mudar meus horários, minha rotina. Por exemplo, acordo muito tarde porque durmo tarde. É da minha natureza.

O mais velho continuou sua explicação. – Um grande filósofo, o francês Sartre, disse algo asim: "A existência precede a essência do ser humano. Primeiro ele passa a existir, depois começa a construir sua essência". Isso quer dizer que ninguém é alguma coisa. Apenas estamos, mas num próximo instante poderemos não estar mais. São as escolhas, Bruce. Pare para pensar se você no passado era como é hoje.

O rapaz ergueu a cabeça como se rememorasse a pessoa que fora, anos atrás. – Verdade! Lembro-me de pensar e agir completamente diferente de hoje em algumas ocasiões.

– Então é possível mudar o que você quiser. Mas o caminho é complexo. Não é tão simples assim. É por isso que a maioria das mudanças vivenciadas hoje em dia pelas pessoas na sociedade são superficiais. Desenvolvemos ao longo do tempo algumas personalidades que possuem máscaras. De acordo com o ambiente onde estamos ou das pessoas que nos cercam, variamos nossas máscaras. No entanto, quando se diz respeito ao caráter, temos um só. Ou caminhamos com ele ou somos personagens. Quando agimos com nosso caráter, nossas ações têm relação direta com nossos princípios, nossos valores e nossa essência. Quando somos personagens tudo é muito subjetivo e superficial, como se tivéssemos sempre duas caras – explicou Martin.

Bruce colocou o pé na cadeira e abraçou sua perna direita. – Bem confuso isso, hein?

– Você vai ver onde quero chegar. Se quer provocar mudanças em sua vida, deverá cavar na raiz do problema. Deverá buscar a nascente da questão. É como se você quisesse mudar a água de um rio a partir do meio: não tem como, você precisará ir até a nascente. Busque dentro de você, Bruce. Vamos lá! Faça uma nova viagem. Vá até suas nascentes e descubra onde tem de limpar.

No céu, as estrelas mudavam de posição. Os dois entraram noite adentro sem ver as horas passarem.

Martin quis saber mais sobre a infância do jovem: – Me fale um pouco mais sobre sua criação.

O jovem começou a contar: – Meu pai sempre foi muito exigente e me cobrou muito. Eu era bem bagunceiro. Dei muito trabalho para meus pais. E ele queria que eu mudasse a qualquer custo. Para isso, usava de grosseria, imposições e algumas vezes, como já lhe disse, violência. Eu tinha medo dele só de escutar o barulho dos sapatos no corredor. Ele me socava muito. Sei que ele pensava que era para meu bem, mas eu tinha pavor dele. Quando não me batia, era duro demais com as palavras. Eram muitas regras dentro de casa. Já a minha mãe fazia praticamente todas as minhas vontades.

– Compreendo os dois, paradoxalmente aos extremos. Você já me falou um pouco sobre essas questões com seu pai. E o que você acha que isso lhe trouxe? – O mais velho conduzia seu amigo ao caminho do autoconhecimento.

– Ah, não sei. Talvez o medo tenha me deixado inseguro, sem autoconfiança – lamentou-se o jovem. – Mas, por outro lado, tanto mimo pode ter me tornado frágil, entende?

Blumer escutava atentamente. Então, disse: – Certo. Infelizmente, esta é a consequência de criações nesse formato. Quando impomos muitas coisas, cobramos em excesso, tiramos o que há de mais importante na educação, a liberdade. Os filhos precisam aprender a fazer escolhas e tomar decisões. Pais que cobram muito criam filhos com tendência à autocobrança. Estes então passam a ter a necessidade de perfeição, não sabendo lidar com os próprios erros. A superproteção também atrapalha. Com isso, não terão oportunidade de lidar com as frustações, os nãos e as falhas. Pessoas que vivem nesse contexto tendem a cair no conformismo, pois não foram treinadas com resiliência, e se tornam reféns de suas emoções. Por isso, nem sempre o sofrimento ensina. A maneira como lidamos com ele é que pode fazer a diferença.

O jovem estava espantado. – Você parece falar de mim, Martin! É como se eu estivesse me enxergando no que você diz.

– Quando damos um pouco mais de liberdade na tomada de decisões, investimos em autonomia, em autoestima. Como um filho vai aprender a tomar decisões em sua vida se não houve liberdade para isso? Eu também tive problemas na minha criação, Bruce. Ela foi muito rigorosa e severa. Fui criado numa fazenda. Meu pai me ofereceu o melhor que pôde. É sempre assim. Mas é fundamental a evolução das gerações. Já te contei isso, mas vale ressaltar. Tive de vencer minhas inseguranças e meus complexos para oferecer algo diferente a meus filhos. – Martin abriu seu coração.

– Como você fez isso? – o rapaz perguntou, intrigado.

– Encarando minhas mudanças, meus desafios internos. Quando não provocamos mudanças em nossa vida, significa que nos acovardamos. Ratifico: a tendência é sempre repetir com nossos filhos o modo como fomos criados, talvez até por um orgulho inconsciente de mantermos nossas tradições e raízes. A questão é que muitas vezes estamos mantendo paradigmas e crenças traduzidos em comportamentos e ações que não trazem benefício algum para a família. Eu, por exemplo, bati uma vez em meu filho. – O astro estava nitidamente envergonhado.

– Quantos filhos você tem mesmo ao todo? Nunca lhe perguntei isso. Você hoje é casado?

– Como disse, tenho dois filhos do meu primeiro casamento com Elisa e uma filha do segundo. Minha atual esposa, Laura, que logo você conhecerá, está chegando de uma viagem e virá esta semana para a fazenda, juntamente com minha filha Flora, que está com 14 anos e é um doce de menina. Virão especialmente para conhecê-lo, Bruce. Algum problema? – perguntou Blumer, ligeiramente encabulado.

O jovem encheu-se de alegria. – Claro que não! Será um prazer! – disse, dando um tapa no ar com a mão.

– Minha filha Flora é apaixonada por você e suas canções! – contou Martin, com um sorriso amplo.

– Legal! Sabe, Martin, fico assustado às vezes de ver tanto conhecimento em um cara que, assim como eu, é famoso e vive no mundo do glamour, do ego, da vaidade. Onde você busca isso? Estou me sentindo na escola novamente – brincou Bruce.

Uma coruja piou ao longe, ambos olharam na direção de onde vinha o som. – É uma longa história. Tive muitos anjos em minha vida, amigo, mas amanhã te conto. – Olhou para o relógio e levou um susto. – Que tal a gente ir dormir? – perguntou o mais velho.

Bruce concordou. – Sim, vamos! Já passa da meia-noite. Será que vou conseguir pegar no sono?

– Meu caro, lembra-se do jogo da vida? Ou você ganha ou perde! Hoje você terá um grande desafio. Seja forte, estou com você! – disse Martin, que sabiamente imaginava que seu amigo trouxera na mala alguns recursos não indicados. Encorajou então o jovem a vencer mais uma noite de abstinência. Ele ficou pensativo, mas entendeu a mensagem. O grande astro reiterou: – Amanhã também terá um desafio: acordar cedo! – Diante dos protestos dele, que disse ser uma questão de costume acordar tarde, Blumer insistiu: – Ótimo você dizer isso! Significa que você pode se acostumar de outra maneira. Amanhã lhe chamo cedo, às sete. Eu te arranco da cama nem que seja à força! – E deu uma gargalhada. – Você vai descobrir que até os medos precisam ser aceitos para serem dominados. – Bruce aceitou o desafio. O mais velho aprovou: – Boa, meu querido, é assim que se faz. Já conversamos demais hoje. Antes de começarmos as atividades amanhã, quero tomar café para falarmos de outro assunto muito importante – concluiu.

– Pode falar agora, estou sem sono! – insistiu o cantor mais jovem.

– Por hoje é só. Boa noite! Por que não vai para a cama e tenta fazer aquele exercício de se voltar para dentro de si? Talvez assim você encontre seu sono – disse Martin.

Bruce não teve outra saída e rumou para o quarto. Antes de deitar, recordou-se do que trouxera na mala. Sentiu um impulso de correr até ela e abrir o pacote. No entanto, as lembranças do papo com Martin foram mais fortes. Ele começava a enxergar o mundo por outros ângulos, e acabou resistindo à tentação. Depois de duas horas na cama, remexendo-se e contando os sons que ouvia, entre o canto das cigarras, o vento balançando as folhas lá fora e pios de coruja dispersos pela mata, finalmente adormeceu.

CAPÍTULO 11

Sonhos e treinamento

Toc! Toc! Toc! Os ruídos surdos ecoaram em todo o corredor em que estava o quarto de Bruce. Só na terceira vez, em que Martin bateu mais forte à pesada porta de madeira do cômodo onde dormia o jovem, é que ele finalmente abriu. Mal mostrou-se com os olhos espremidos e correu de volta para a cama, os cabelos desgrenhados. Blumer não se deu por vencido.

– Vamos lá, meu caro! O dia tem uma bela surpresa para você. O Sol acaba de nascer e quer te encontrar!

O rapaz entrou na brincadeira: disse que não queria vê-lo. Martin então arrancou suas cobertas num jeito garrido. – Por favor, saia! – disse o jovem, virando-se para a parede.

– Bruce, o combinado não sai caro. Vou lhe esperar na mesa do café. E mais: coloque uma roupa de esporte.

Ouviu como resposta uma pergunta malcriada: – Ah, não! Você quer que eu acorde, me levante para ver o Sol e ainda vá praticar esportes? Você deve estar louco. Pirou de vez.

O aventureiro deixou o rapaz falando sozinho. Antes de sair de seu quarto, no entanto, apelou para uma chantagem. – A escolha é sua! Você nem imagina o bolo de fubá que dona Leila fez para te esperar – disse, pisando firme no corredor.

Bruce afundou a cabeça no travesseiro para não ouvir mais nada. No entanto, rendeu-se. Quando o amigo já estava à mesa do café, ele inesperadamente apareceu, trajando roupas esportivas. Todos, como se fosse combinado, o aplaudiram. O mesmo colega de clínica que tinha feito a brincadeira da música ao vivo lhe deu as boas-vindas à vida dos ditos "normais". Um senhor, de bigode e levemente barrigudo, fez piada da aparição do cantor, dizendo que logo ele voltaria para a cama.

Para impedir que ele fizesse isso, Martin o convidou: – Vamos lá, coma um pedaço do bolo da dona Leila! Este é imbatível!

Depois de tomarem um café da manhã equilibrado e nutritivo, com muitas frutas da estação, iogurte e pães, Blumer conduziu o amigo até o quarto.

– Bruce, a partir de hoje, todos os dias pela manhã você tomará esse remédio sobre o qual já conversamos. É muito importante que o faça regularmente em seus primeiros dez dias aqui. Confie em mim.

A contragosto, o jovem pegou o copo d'água e o comprimido da mão do amigo, e tomou a medicação. Martin fez uma cara de satisfação quando ele mostrou a língua, indicando que tinha feito a tarefa como o esperado.

A primeira etapa do treinamento seria feita no lago. O dia estava claro e quente, mas a temperatura ainda estava agradável o suficiente para que pudessem ficar ao ar livre por um longo período. Martin disse que começariam com artes marciais, mais precisamente kung fu, esporte que o jovem conhecia apenas vagamente.

– Acho que você vai se encaixar perfeitamente nesta modalidade; é magro e não é tão alto. Vai descobrir um "Bruce Lee" aí dentro – disse o mais velho, de forma espirituosa.

O rapaz entrou na brincadeira: – Ah, sim, um dragão! – Ambos riram com gosto.

Antes de apresentar o esporte para ele, Blumer retomou o assunto que ficara pendente na noite anterior.

– Ontem ouvi você dizendo algumas vezes e se perguntando se seria capaz de mudar, e até mesmo confidenciando alguns sonhos, lembra-se?

– perguntou. O jovem assentiu com a cabeça. Então Martin continuou: – O que acontece é que as pessoas costumam ter muitos sonhos. Traçam objetivos e metas, mas se esquecem de que existe um caminho a ser percorrido para alcançá-los. Uma palavra poderia definir bem esse traçado: disciplina. Lembra que falamos sobre mudanças superficiais e efetivas? Se você não remexer em suas crenças e paradigmas, exatamente na sua essência, conhecerá seus sonhos, mas não os conquistará. É preciso entender, meu caro, que nada cai do céu. E é exatamente aí que as pessoas derrapam. As dificuldades, os obstáculos e desafios fazem parte do pacote. Você não lutou por sua carreira?

O jovem assentiu com a cabeça. – Sim, lutei muito!

– Não se dedicou? Não teve de se esforçar? – prosseguiu o amigo.

– Sim, foram anos de barzinho com muita dedicação – falou enquanto um filme passava em sua mente.

– Então, Bruce, você sonhou em ser um grande artista. A mesma coisa acontece com seus comportamentos e atitudes: se você deseja provocar mudanças em relação a eles, deve se esforçar, se dedicar e entender que, para isso, o único responsável será você mesmo. Sem disciplina você não conseguirá trilhar o caminho para alcançar seus objetivos. Uma dica importante: através do esporte podemos treinar uma série de atributos. Ele é um recurso que poderá usar como ponte para fortalecer em você, por exemplo, a resistência. Você se sente fraco para acordar cedo por não ter treinado sua resistência, mas conquistará esse hábito. Com o tempo ficará mais preparado física e mentalmente. No início será sempre mais complicado, mas tudo se treina nesta vida, ou pelo menos quase tudo. O que acontece é que as pessoas exercitam muito os atributos externos, e se esquecem de que tudo começa dentro da mente. Meu caro, já viu pessoas que há anos são exatamente a mesma coisa? Se comportam da mesma forma, têm a mesma rotina, as mesmas atividades e até mesmo as mesmas brincadeiras? Este é o chamado conformismo. Pessoas assim em geral não conseguem mudar, simplesmente porque pensam que não são capazes. Não por estarem insatisfeitas com o que são, mas sem consciência elas preferem se enganar a ter de enfrentar os próprios medos e inseguranças. Fogem de ter de se enfrentar, entende? Eu já fui assim, Bruce, por isso falo. Você não quer estar nesse time, quer? – perguntou o ídolo.

O jovem coçou a cabeça. Tinha uma expressão desanimada. – Sei lá, Martin, acho que já estou – lamentou-se.

– Pois é! Mas está na hora de trocar de camisa e entrar em campo para jogar, sair do banco de reservas, concorda? – estimulou o amigo.

– Concordo. Vamos lá! Você me ajuda? – perguntou, sem saber ao certo por onde começar.

– Isso, garoto! – incentivou o aventureiro. – Você vai ver que o esporte será fundamental sob esse ângulo. Eu sempre pratiquei várias atividades físicas, desde bem novo. Joguei tênis, futebol, basquete, vôlei e muito mais. Hoje em dia costumo nadar, pedalar e pratico artes marciais. Muita dedicação e disciplina foram necessárias, mas hoje eu garanto: modéstia à parte, não faço feio em quase nenhuma modalidade.

– Você quer dizer que o esporte para você foi uma forma que encontrou de treinar sua mente? – questionou Bruce, sem ter certeza da relação que uma coisa tinha com a outra. – É isso mesmo que está dizendo?

– Em alguns predicados, sim – falou Blumer, paciente. – Você é muito inteligente. Você está aqui para também treinar sua mente, meu nobre. E, como disse, vai entender que através de pequenas pedras conseguimos construir grandes castelos. Tudo começa devagar, nos pequenos detalhes. Lembre-se: trace metas, objetivos e sonhe quanto quiser. Mas não se esqueça de que, a partir daí, a disciplina será sua melhor amiga, compreendeu?

– Sim, mas e se eu não conseguir? – O jovem não estava convencido se as explicações do amigo faziam muito sentido.

– Se você não conseguir é porque não escolheu fazer assim e, como em tudo na vida, as consequências virão. Sem pressão, amigo. É bem simples se não quiser, mas isso fará toda a diferença. O que você escolhe: continuar na mesma ou se desafiar? Os sonhos você já tem. Quer que eles virem pesadelos? – Bruce olhou para ele com uma expressão de dúvida, mas finalmente concordou com o mais velho que precisava ter disciplina e que, de fato, tinha vontade de mudar.

Blumer e o amigo se dirigiram para uma pequena clareira à beira do lago. O chão, onde antes havia grama, estava agora desgastado e se via a terra batida. Alguns jovens já estavam reunidos ali. Uns se aqueciam, fazendo agachamentos, flexões e dando pequenos saltos. Outros se alongavam, estirando braços e pernas vagarosamente. Ainda havia os que conversavam, animados, esperando a equipe ficar completa para iniciarem o treino. Martin acercou-se deles acompanhado de Bruce e anunciou:

– Olá, pessoal! Temos aqui um novo integrante!

Quando perceberam que se tratava do astro preguiçoso, caíram na gargalhada, pensando ser brincadeira do mestre. Um deles, de corpo magro e porte atlético, vestindo um conjunto de moletom cinza, não se conteve e disse:

– Boa! De cantor a lutador. Essa eu quero ver!

No entanto, Paulo, o adolescente que fizera uma piada com ele na sua chegada à clínica, o recepcionou calorosamente: – Seja bem-vindo ao mundo dos guerreiros, Bruce! Conte conosco!

O jovem ídolo estava visivelmente constrangido com as diferentes reações de seus colegas, mas preferiu permanecer em silêncio, aguardando a orientação do amigo.

O aventureiro caminhou até Bruce e falou: – Comece com a meditação.

O rapaz o olhou em dúvida. – Como assim, meditação?

– Sim, existem vários tipos de meditação, mas aqui usamos o método da respiração, concentre-se nela. Sinta o ar entrando e saindo e foque sua mente somente nisso. Não pense em nada ou pelo menos tente esvaziar sua mente – orientou Blumer. – É necessário que esteja relaxado. Depois faremos alguns alongamentos.

Vilanova a princípio se sentiu como um louco no meio do grupo, porém aos poucos foi relaxando e fazendo uma viagem para dentro de si. Depois de buscar a concentração evitando se apegar aos pensamentos que lhe cruzavam o cérebro, ele finalmente conseguiu se conectar e o aventureiro o convidou a se alongar. Bastante atrofiado, mesmo com dificuldade, ele se mostrou animado, estendendo os membros até onde conseguia chegar: seu limite ainda era baixo e suas articulações doíam. Em seguida deram início a exercícios básicos de kung fu, como socos, chutes, defesas e bases.

– Bem devagar, Bruce, sem força: aqui não se gasta energia. A técnica supera a força. Primeiro preciso que você entenda os movimentos. A potência vem por último – orientou Martin. – Isso, assim, bem devagar!

Não demorou para que o jovem começasse a se empolgar com os movimentos e os exercícios. Aos poucos parecia começar a descobrir outra pessoa dentro de si. Ele não se conformava de ter demorado tanto para praticar o esporte.

– Como nunca fiz isso? É empolgante e traz muita paz! – Já aquecido e concentrado, dando socos no ar, virou-se para o amigo e o desafiou: – Martin, não vamos ter uma lutinha?

Um colega zombou da ousadia dele:

– Ih, olha o cara já querendo aparecer... Cuidado que você apanha, garoto! Aqui não tem essa de ser famoso, todo mundo é igual – comentou, fazendo pouco caso dele.

Bruce não se fez de rogado. – Claro, é exatamente isso que quero dizer: não quero que me tratem de forma diferente, já me cansei disso – disse sincero.

O aventureiro interveio: – Calma, vocês já sabem o processo. Bruce, primeiro aprenda a lutar com você mesmo e possivelmente vai entender que não precisará lutar com mais ninguém. Abandonará naturalmente esse combate. Agora volte ao movimento. Assim, vire a mão somente no final, aqui... Assim, ótimo!

– Você disse "lutar comigo mesmo"? – perguntou o jovem, sem entender o que o outro dizia.

– Sim, meu caro: dominar suas emoções, seus impulsos, pensamentos, medos e sua mente. Comece por aí, e então não terá de lutar com ninguém mais. Com o tempo você perceberá que poderá usar os ensinamentos da arte marcial para sua vida, até mesmo em seus relacionamentos – respondeu o mestre.

Depois de muitos socos, pontapés e lições, o treino chegou ao fim. Bruce agradeceu a todos, e o aventureiro o elogiou pela disposição e pela tenacidade. O passo seguinte seria uma caminhada. Tomaram o rumo de um pequeno bosque que ficava do outro lado do lago: iriam contorná-lo para então voltar à clínica. Martin começou a comentar experiências e histórias relacionadas aos anos de prática do esporte, sobre como o aumento da precisão estava ligado ao desenvolvimento do foco e da concentração. Percebeu então que, por mais que acompanhasse o que ele dizia, Bruce não saía do celular. De fato, o jovem astro era uma potência nas redes sociais e a polêmica com a overdose evidenciara sua visibilidade, mas lamentavelmente gerava inúmeros comentários maldosos a seu respeito. Em vez de seguir o fluxo normal da conversa, o rapaz desviava o foco para os efeitos desastrosos do incidente com a droga na internet. O diálogo começou a ficar monossilábico por parte do cantor, que agora estava inteiramente absorvido pelo aparelho em sua mão. Blumer começou a testá-lo, perguntando ao final de cada frase: "Então, entendeu?". Bruce dizia apenas "sim". O mais velho foi adiante:

– E qual é o seu comentário sobre o assunto? O que tem a dizer?

Para despistá-lo, o outro apenas continuava concordando, ao mesmo tempo em que resmungava baixinho contra os *posts* maldosos a seu respeito. O aventureiro dos palcos então deu um basta na situação e o trouxe para o presente.

– Bruce, você não precisa se prender no que as pessoas pensam e dizem a seu respeito. O momento agora é crucial para que se conecte com você mesmo em tempo integral. Esteja com a mente no aqui, no agora, amigo. Aliás, não só neste momento. Já percebeu que às vezes entramos no automático quando estamos no celular e desconectamos de tudo à nossa volta? Nos prendemos ao externo. Enchemos nossa mente e nosso cérebro de informações que, muitas vezes, são em sua maioria desnecessárias. Perdemos a oportunidade de vivenciar e contemplar experiências que nunca mais voltarão. Porque o seu agora já não é mais o que passou. O passado já foi e não volta – disse o mais velho, olhando fixamente para o amigo.

O rapaz tentou se justificar. – Entendi, Martin, mas as redes sociais são importantes. São uma ferramenta de trabalho, não acha?

– Acho. Elas têm sua importância – ponderou. – Mas pare para pensar comigo: se você não limitar até sua conexão digital, sua relação com ela, isso te dominará e te escravizará. Conhece pessoas que vivem ligadas no mundo digital e acabam sendo escravas dele?

– Conheço! Tenho vários colegas que se comportam assim. E muitas vezes eu mesmo... – disse Bruce, mordendo os lábios.

– Meu amigo, tudo na vida precisa ser controlado e dosado, até o uso do celular. Temos de usá-lo o suficiente para que funcione em nosso benefício. Vou te dar uma dica sobre sua utilização: use o aparelho para anotar nele suas novas experiências. Por exemplo, mapeie como você tem se sentido com o que tem vivenciado de novo. As ferramentas e recursos que tem aprendido, como a meditação, a autoconexão, o autoconhecimento, a disciplina. Registre tudo isso em seu telefone. Será sua bússola de comportamentos – explicou Blumer.

– Muito bem, gostei da ideia! Sei que não vai ser fácil, mas estou encantado e fascinado com tudo isso. Vou usar a sua dica – disse Vilanova, enquanto mexia nos ícones do aparelho para fazer as primeiras anotações.

– O.k. Muito bom! – aprovou Martin. Então colocou a mão delicadamente sobre o visor do celular de Bruce, impedindo que ele continuasse a manuseá-lo, e falou: – Mas agora não; com licença, meu querido. Deixe para anotar mais tarde. Agora quero falar com você sobre algo mais importante. Lembra que te falei sobre mudanças superficiais, subjetivas? – O rapaz concordou com a cabeça. – E mudanças constantes e efetivas? – perguntou ele, testando a memória do jovem amigo. – Qual delas você está buscando?

– Sem dúvida quero mudar definitivamente, mas é muita coisa em minha cabeça – respondeu, num tom inseguro.

– Compreendo, mas não se esqueça de que você está passando por um treinamento, e bem intenso. Portanto, quero que tenha em mente uma palavra, meu jovem: organização! É necessário se organizar e ter planejamento. Estes dias aqui na clínica serão fundamentais para que você possa automatizar esses novos recursos, e para isso será necessário que você se organize.

– O que quer dizer, Martin? Me organizar como? – perguntou, em dúvida se devia guardar o aparelho no bolso ou mantê-lo à mão.

– Recorra às suas anotações no celular, revisando diariamente as experiências que vivenciar no dia a dia e que julgar fundamentais para seu crescimento. Que tal tornar o telefone a ponte para sua disciplina e continuidade nas mudanças? Torná-lo saudável em sua vida? – perguntou o aventureiro. – Se não for assim, recordando para praticar diariamente, você pode pensar que mudou, e quando se der conta, voltou a ser como era antes. Essas são as mudanças ditas superficiais, temporárias. Eu passei por isso e posso lhe afirmar: a mente muitas vezes nos engana. Achamos que aprendemos e dali a uma semana, dez dias, tudo foi por água abaixo. Veja só, vivemos na era da informação, e a quantidade de informações em nossa mente faz com que algumas coisas sejam naturalmente deletadas. Aí é que entra a organização. Se você acorda todos os dias e tem em seu *smartphone* os recursos e as ferramentas guardados para que possa recorrer a eles, em pouco tempo terá automatizado tudo isso em seu cotidiano. No início, essa ação será primordial. Anote tudo, todas as suas percepções! – concluiu.

O jovem adorou a ideia e disse que adotaria essa prática.

CAPÍTULO 12

Caminhadas internas – O hábito de ler

Os dois amigos contornaram o lago, observaram os patos que nadavam em sua formação linear e as plantas aquáticas que pontilhavam de verde a superfície prateada. Quando podiam ver melhor a clínica ao longe e os carros no estacionamento, Martin teve a impressão de conhecer um dos veículos que lá estavam. Ansioso, sugeriu que acelerassem o passo. De fato, ao chegar na recepção teve uma agradável surpresa: sua esposa Laura e sua filha Flora estavam à espera dele. Trocaram abraços e beijos e, feitas as devidas apresentações, Blumer tratou logo de encabular a filha adolescente:

– Bruce, minha filha Flora vai ficar um pouco envergonhada, mas vou te dizer que ela estava bem ansiosa para te conhecer. Tem todos seus discos e DVDs! – entregou Martin.

Vermelha de vergonha como um pimentão, a adolescente segurou no braço do aventureiro: – Pai, por favor, pare. – E enfiou o rosto por trás do ombro dele, os longos cabelos castanhos claros cobrindo-lhe a face.

Bruce fez questão de quebrar o gelo: – Olá, Flora, venha cá! Me dê um abraço! – A garota tímida foi envolvida pelos braços do jovem ídolo, que continuou: – Você é encantadora e, me desculpe, Martin, muito linda também. – Ela escancarou o sorriso prateado por conta de seu aparelho ortodôntico.

– Opa! Vai devagar, meu jovem! – brincou o pai, separando os dois, que agora riam sem graça.

– Bruce, que bom que está aqui! Fico feliz por você, pois o admiramos muito! – disse a esposa de Martin, Laura, colocando a mão no ombro do rapaz.

Apesar de Vilanova reclamar do cansaço do treino e do passeio, os quatro seguiram para o almoço. Dona Leila já os aguardava com a mesa posta e as panelas fumegando. Todos sentaram-se à mesa. Laura dirigiu-se a Bruce:

– Como você está? Sente-se melhor?

– Sim, estou me sentindo bem melhor graças ao seu marido – disse o cantor, sinceramente agradecido.

Do outro canto da mesa, Blumer balançou a cabeça para os dois lados.

– Negativo, meu caro! – respondeu. – Graças a você! A responsabilidade é toda sua. Eu apenas aponto a direção, mas você percorre os caminhos. – Então, voltando-se à esposa: – Ele tem me surpreendido, já está até virando atleta! – Todos riram com vontade.

– Foram poucos dias, Martin! – respondeu um Bruce surpreendentemente envergonhado.

– Sim, mas começou muito bem. Garanto que com mais alguns já estará adaptado à nova vida de atleta – disse o mais velho, servindo-se de salada.

Laura complementou: – Tomara mesmo, Bruce, isso lhe fará um bem enorme! Martin e eu frequentemente praticamos esportes juntos.

O cardápio do dia incluía arroz, feijão-preto, um delicioso ensopado de frango, salada verde e legumes cozidos na manteiga, além de frutas e pudim de leite como sobremesa. Elegante num jeans apertado e trajando camiseta branca sob uma jaqueta de lã vermelha, Laura, uma morena atlética como o marido e extremamente bem conservada, viu o doce que viria depois da refeição e disse que já tinha comido demais. Todos foram unânimes em afirmar que ela não tinha com o que se poupar, diante de sua boa forma. Quando o pudim foi servido, Martin voltou a envergonhar a filha:

– Bruce, Flora conhece todas suas canções e sabe cantá-las de cor. Ela não vê a hora de vê-lo cantando – disse depois de olhar a menina.

– Não, papai! Por favor! Imagine, Bruce. Não precisa! – protestou Flora, novamente com o rosto corado e puxando Blumer pelo braço.

Laura o censurou: – Deixe-o comer, Martin. – Depois, disse para o jovem: – Fique tranquilo, Bruce.

– Calma, gente! Eu também quero ouvir meu amigo cantar – protestou o aventureiro.

Visivelmente lisonjeado, o rapaz disse em tom alegre: – O.k., o.k., sem brigas. Vou pegar o violão. – Engoliu o último pedaço de sobremesa numa só colherada e correu até o quarto, voltando minutos depois com o instrumento.

Bruce deslizou os dedos pelas cordas do violão e limpou a garganta. O ambiente preencheu-se com sua linda voz, as palmas dos espectadores presentes acompanhando suas maravilhosas canções. No meio de uma delas, notou um tremor que teve início bem no fundo de seu peito. Começou a sentir algo diferente, uma emoção que lhe embargou a voz e o fez parar de cantar, as lágrimas tremulando nos olhos. Era a música "Amor infinito", que tocou atendendo a um pedido de Flora.

Laura foi a primeira a notar. – O que foi, Bruce? Percebo que esta canção é especial para você, não é? – perguntou, comovida, fitando-o com seus olhos castanhos faiscantes.

– Sim. Esta canção é a mais importante da minha vida. Fiz para a minha ex ou futura, ou até atual mulher, sei lá, nem sei mais... Eu a compus para Marina, mãe da minha filha Isadora, com quem fui casado. Essa música me traz emoção. Mas o que me emociona de verdade é estar cantando fora de um palco, sem gritaria, sem cenário, luz, pressão ou segurança, e sem estar no ambiente profissional. Momentos assim não acontecem com frequência quando você atinge a fama. É como voltar no tempo – confessou o jovem, enxugando o rosto.

Blumer ficou encantado com suas palavras. – Isso significa dizer que você está se resgatando quanto à sua essência, e de uma forma muito simples: em meio à natureza e entre poucas pessoas. Procure fazer isso sempre.

– Você nem imagina quanto me sinto bem assim, Martin.

– Imagino, sim! Já passei por tudo isso. Sei bem o que a fama e o sucesso fazem com a gente quando permitimos, é claro! É como se nos distanciássemos de nós mesmos. Mas lembre-se, Bruce: a diferença estará sempre em como lidamos com as experiências ou situações. Está em nossas mãos torná-las ou não um problema. Não somos vítimas de nada quando temos diligência e consciência sobre nós mesmos – explicou Blumer. E prosseguiu: – O pior órfão é o que se torna órfão de si mesmo, se abandona para não habitar nada, pois o externo é sempre ilusório e supérfluo. Deixa de lado o mais fantástico mundo, o seu mundo interno, passando a habitar outro, feito de ilusões... Passa horas, dias, semanas e anos preso ao que é externo, sem visitar o mais valioso cofre da vida onde moram nossos sentimentos, princípios, valores, emoções, nossa maior fonte da vida: os sonhos, as lembranças e a essência. Conversar com nossos pensamentos é o mesmo que se conhecer diariamente. Por exemplo, temos a curiosidade de conhecer novos celulares e variadas tecnologias, entramos no computador para analisar pastas e arquivos e, no entanto, não nos damos o luxo de passar alguns minutos limpando nossa própria mente ou mesmo nosso lixo interno.

Olhou para as pessoas em volta, que acompanhavam atentamente a conversa dos dois. – Eu pergunto a todos aqui presentes: como está o relacionamento com vocês mesmos? Conseguem enxergar algo a mais quando olham para o espelho ou simplesmente veem um pedaço de vidro? Só assim, com autoconexão, podemos remar no rio da existência com eficácia, fazer uma visita ao nosso interior, uma vez por dia que seja. Isso é o mesmo que nutrir nossa alma com vida. Querem outro exemplo? Pensem comigo: hoje existem inúmeros animais que estão à beira da extinção, mas ouso dizer que estamos próximos da pior das extinções: a social. E de onde vem a água que alimenta essa possível catástrofe? Heidegger, um grande pensador alemão, afirmou que a linguagem é a morada do ser. Ele se referia à linguagem humana, expressiva, às relações com contato, não às relações movidas por máquinas – disse Blumer para uma pequena plateia de gente que tinha parado de comer para ouvi-lo, que se mostrava sensibilizada com o que dizia. – Mas qual seria a linguagem de referência nos dias atuais, meus nobres amigos? A linguagem atual está cada vez mais limitada à tecnologia virtual. Resume-se aí, a um buraco ilusório, a comunicação entre os seres humanos. Se existisse um *ranking* para se medir a atenção dada a algo, seguramente os *smartphones* estariam no topo. É a era digital que se apodera da sociedade e a domina. Um campo minado em que experiências, histórias, vivências, aprendizados, casos e reflexões são infelizmente esquecidos e substituídos pelos supérfluos *likes*, curtidas e comentários virtuais. Sem a mínima reverência, a referência de identidade hoje para as novas gerações é lamentavelmente esta. Não se cultua nem se cultiva o contato humano com frequência, pois os celulares vêm ocupando esse espaço. Não há a valorização do diálogo, não sobra espaço para a troca de conhecimento. Isso é o reflexo do cárcere digital. Infelizmente, famílias e comunidades vêm se afundando nessas águas obscuras, vazias, pagando um preço altíssimo: o preço da solidão. Reflitam comigo: quando estou com meu telefone, mesmo acompanhado, estou solitário. Isso vem gerando cada vez mais uma consequência nefasta: uma enorme carência social que nada mais é do que a ausência de atenção, de afeto humano. O resultado disso é um déficit enorme no que diz respeito à capacidade de se relacionar. Claro que se eu não treino essa arte, se me escondo e me isolo por trás de um aparelho, é natural que eu perca minhas habilidades ligadas à virtude de me relacionar bem. Consequentemente, fugas e mais fugas se tornam frequentes, e de várias estirpes, entre elas vícios, drogas, todas representando uma fuga de si mesmo. Aí está o X da questão. Se não consigo me relacionar comigo mesmo, imagine com as pessoas à minha volta! Temos um quadro social de total inépcia emocional em que jovens adolescentes e crianças se tornam craques em manusear maquinários, celulares, videogames etc., mas sob o ângulo das próprias emoções e sentimentos, são iniciantes. Amigos, as máquinas somente existem, elas não vivem. Mas o ser humano não: ele pode existir e viver. Não é bom que atribuamos, obviamente, a responsabilidade sobre esse vazio somente ao desenvolvimento tecnológico digital, que tem, sim, sua importância grande. Mais uma vez reforço: a questão está em como administramos esse quadro. Como eu disse, o isolamento social é um sintoma comum nesse cenário e pode trazer sérios danos a uma sociedade inteira e somos nós quem bancaremos a fatura. Entretanto, podemos refletir e mudar o rumo desse rio poluído. Qual a solução? Comecem em casa com sua família, depois com os amigos, depois nas relações do cotidiano, e assim por diante. Dialogar mais, brincar mais, contar histórias, falar dos sonhos, até dos medos, dividir experiências, dar risadas do nada, se relacionar. A mudança está aí e é urgente.

Então, dirigiu-se ao jovem amigo, que ainda tinha o violão no colo e ouvia atentamente seu discurso: – Bruce, você tem experimentado o esporte, tem se apaixonado e vai se apaixonar cada vez mais por ele, tenho certeza. Em breve vamos correr e pedalar. Você ainda não sabia mas tem alma de atleta.

– Será, Martin? – perguntou o jovem, com os olhos fixos no amigo, como se saísse de um transe provocado pelas belas palavras dele. Ao redor, as poucas pessoas que não prestavam atenção às palavras do aventureiro conversavam entre si, discutindo sobre tudo o que ele havia dito até aquele momento.

– Sim. Para isso basta uma coisa: decidir ser! E todo ser humano é capaz de muito mais do que imagina! – O ídolo mudou de posição na cadeira, então seguiu adiante em seu relato. – Eu tive um período sedentário, mas quando descobri o esporte, ele foi algo que modificou a minha vida. É importante percorrer quilômetros como eu fiz durante muito tempo, mas quando descobri que com minhas caminhadas internas eu poderia atingir distâncias bem maiores, procurei também me tornar um atleta da mente. Hoje consigo dividir os quilômetros entre externos e internos. E aí as pessoas perguntam: mas será que tenho horário em minha agenda para isso? Na sociedade atual há escassez de tempo para tudo, mas parece que o supérfluo sempre ganha mais espaço. Cito a caminhada interna como fundamental para tudo na vida. São as viagens mais valiosas que podemos fazer e não precisamos de férias: podemos fazê-las em qualquer ambiente, até no meio de uma multidão. É dar um passo à frente a cada dia e ocupar cada vez mais a poltrona de comandante de nossa aeronave mental. E assim alcançar voos bem mais altos na existência.

As pessoas, na mesa e em volta dela, tinham ficado perplexas com as palavras do aventureiro. Uns olhavam para seus pratos vazios, outros para o nada, mas todos em geral refletiam sobre o que havia sido dito, fazendo analogias sobre como suas vidas se tornaram trânsitos engarrafados, fluindo sem direção, planejamento, objetivo ou endereço, e de como aquelas reflexões poderiam ser essenciais para o tratamento de dependentes químicos.

Inebriada pelos ensinamentos do marido, Laura o elogiou: – Adorei o que disse, meu lindo. – Então achou que era hora de ele também cantar para os presentes, e lhe fez o convite: – Agora, não quer cantar uma das suas músicas com Bruce? Pode ser uma sua ou de qualquer outro cantor.

Martin perguntou ao amigo o que ele conhecia do repertório de outros artistas, mas o jovem preferiu cantar uma de Blumer. Os dois acabaram fazendo um lindo dueto de vozes e encontraram, no meio da apresentação, uma sinergia que envolveu os que assistiam. Quando terminaram, todos aplaudiram de pé e soltaram assobios estridentes.

Ao final, Bruce empolgou-se: – Olha só! Gostei disso! – exclamou ele, também juntando-se aos aplausos.

Os calorosos aplausos transformaram a noite calma numa festa. Bruce se mostrava profundamente tocado com a linda canção, que fez seus pensamentos irem ao encontro de Marina. Terminada a refeição e o número musical improvisado, os presentes se dispersaram. Era a hora ideal para um cochilo repousante. Todos se dirigiram a seus aposentos. Antes de também ir descansar, Blumer foi ver o jovem em seu quarto e lhe presenteou com alguns CDs e DVDs.

– Obrigado, Martin, adoro ganhar presentes. São CDs? De quem? – perguntou, enquanto rasgava os papéis coloridos que protegia as embalagens e olhava os encartes.

– Bruce, já sei que você escuta, na maioria das vezes, canções ligadas a seu gênero musical. Entendo que existe um mercado, já vivi tudo isso, mas comece a experimentar de outras nascentes e veja se elas, de alguma forma, poderão acrescentar algo a seu universo artístico. Eu acredito que sim, pois aqui tem muita essência. É importante conhecer as raízes de outros estilos. Sua música pode ficar extremamente rica e ganhar ainda mais identidade. Claro, se você gostar! – explicou o amigo, remexendo nos CDs na mão do jovem.

O rapaz agradeceu os presentes com um abraço apertado e garantiu que iria ouvi-los. Blumer já estava deitado em sua cama quando se lembrou de que tinha de dar ao amigo outra coisa importante, então bateu novamente em sua porta. Ao abrir, o jovem logo disse, sorrindo: – Mas assim você vai me deixar mal-acostumado! Pode vir me acordar do cochilo todos os dias dessa forma!

– Meu querido, você não deve ficar nem por alguns minutos com o tempo ocioso. Dou-lhe esse presente para que nesses momentos ocupe sua mente. É um livro que certamente prenderá sua atenção – disse, estendendo-lhe o objeto.

Bruce o pegou sem vontade. – Mas não tenho o costume de ler – afirmou, com um sorriso amarelo.

– Corrigindo, meu caro: não tinha! Quer continuar assim ou quer passar a ter? – incentivou o mais velho, de forma incisiva.

O rapaz levou o livro ao peito: – O.k. Lá vem você com mudanças novamente. Tudo bem, estou firme! – E passeou os olhos sobre a capa da publicação.

O aventureiro gostou da postura do jovem e brincou: – Exatamente! Manda quem pode, obedece quem tem juízo. Pode confiar em mim: a leitura nutre a criatividade e desbloqueia o código intuitivo. Além disso, traz benefícios como a capacidade de se concentrar, a potencialização da autoconexão, entre outros. Nem que seja por dez ou quinze minutos, não passe um dia sem ler. Este será o seu mais importante exercício de treinamento para desenvolver esses atributos a que me referi: uma nova missão para seus dias. Há inúmeros problemas, como déficit de atenção e de concentração, que são amenizados com o hábito de ler. Sua criatividade vai certamente se intensificar com a leitura. Acredite: será o primeiro passo de suas caminhadas internas. – O rapaz agradeceu mais uma vez as orientações.

Uma vez sozinho no quarto, Bruce deitou-se para descansar. Olhou para o teto e pensamentos não saudáveis vieram à sua mente. No entanto, a esta altura havia se tornado mais vigilante com relação a seus comportamentos e sua conduta. Estendeu a mão em direção ao criado-mudo e agarrou o presente dado por Martin. Deu início à leitura, atendendo às orientações do amigo mais velho. No começo desanimou, depois de se dar conta de que sua capacidade de concentração estava bem abaixo do normal, mas insistiu acertadamente relendo frases e até parágrafos inteiros. Ficou feliz quando engrenou na história e conseguiu, diferentemente de outras viagens que vinha fazendo, viajar no enredo do livro. Depois de alguns capítulos pegou no sono.

Às cinco da tarde, pouco antes do lindo pôr do sol que se anunciava, Blumer foi até o quarto de Bruce para acordá-lo e ouviu como resposta uma reclamação:

– Está vendo só, Martin? Você me fez acordar muito cedo hoje, e se não me chamasse emendaria até a noite.

Encostado no batente da porta, o amigo mais velho não deixou quieto:

– Larga de preguiça! Vamos treinar resistência. Pelo menos leu algumas páginas do livro?

O rapaz esfregou os olhos e deu um bocejo sonoro. – Sim, gostei muito! Pena que pude ler pouco: depois de algumas páginas peguei no sono. – disse. Satisfeito com o que ouvira, convidou o jovem a meditar para agradecer o bom dia que tinham tido, mas ele pediu que, antes de rumarem para o quintal, seu amigo o deixasse anotar algumas coisas no celular, como os ensinamentos que tinha encontrado na leitura. O aventureiro sorriu, satisfeito por ver que conduzia o cantor pelo caminho certo.

Depois da meditação, quando passavam pela entrada do casarão, os dois se depararam com uma cena que os assustou e entristeceu: um homem, na faixa de seus 30 anos, esperneava e se debatia contra dois enfermeiros, que lhe deram medicação para que se acalmasse. De olhos arregalados, Bruce não compreendia o motivo para o paciente estar daquele jeito. Martin pousou o braço nos ombros do rapaz e chamou-o para si. Com a voz baixa, lhe disse ao pé do ouvido que aquilo era uma manifestação da síndrome de abstinência, que provavelmente o indivíduo estava deixando de consumir o objeto de seu vício fazia pouco tempo e seu organismo se ressentia da falta. No entanto, tudo ficaria bem. À noite, depois de mais algumas horas de leitura, jantaram peixe com verduras e cantaram. Antes de irem para a cama, Blumer chamou o amigo num canto e informou:

– Amanhã cedo preciso ir até a cidade resolver outras questões. Em breve retorno, meu querido. De qualquer forma, aqui você está bem assistido. Não desvie do caminho que já está trilhando. Só depende de você.

CAPÍTULO 13

O vírus do mais

Os dias seguintes foram o tempo de que Bruce necessitava para começar a incorporar novos hábitos à sua rotina. Embora ainda se perdesse um pouco com os horários e o tempo que precisava despender com cada atividade, reservou uma parte do seu dia para o kung fu, outra para a meditação, que era repetida sempre que percebia a necessidade de voltar a olhar para dentro de si, e ainda dedicou algum tempo para a leitura e a observação das atividades rurais. Deixou separados também alguns minutos antes de ir para a cama para repassar as lições aprendidas durante o dia em seu *smartphone*, momento este em que aproveitava para atualizar as redes sociais, o que agora fazia comedidamente. Mas nem tudo eram flores nesta nova rotina: procurava não se irritar com os comentários maldosos a seu respeito, que continuavam a proliferar com o apoio da mídia sensacionalista; viu pessoas que iam embora em plena madrugada, gritando que não aguentavam o que chamavam de marasmo na clínica, e que na verdade não suportavam olhar para as próprias dificuldades; pacientes que se drogavam no quintal ou escondidos atrás das árvores enquanto havia luz diurna, enganando assim a si mesmos, e à noite tinham crises de choro compulsivo, sentindo-se fracassados; uma moça muito jovem e bonita atirou-se no lago e, enquanto estava se afogando, foi resgatada por outro paciente, que chegou onde ela estava antes do pessoal de apoio, e depois Bruce a ouviu confessar a Helena que desejava se suicidar, e a médica a amparou. Todos tentavam de alguma forma contribuir, ajudar uns aos outros, mas em alguns casos a situação era bem delicada. Havia pessoas que precisavam ser discretamente vigiadas a todo momento, sob o risco de pôr fim à própria vida se ficassem isoladas por muito tempo. Embora os profissionais que atuavam na clínica dessem liberdade aos pacientes, zelavam de todas as formas possíveis por seu bem-estar. Ali o jovem astro via de tudo e convivia com companheiros de variadas classes sociais, uma vez que o atendimento era gratuito. Em clínicas em que as ações não fossem voluntárias, os valores cobrados eram altíssimos, e somente pessoas de elevado poder aquisitivo tinham acesso a elas.

Uma tarde em que lia na entrada da clínica, viu o carro de Blumer aproximar-se pela estrada e correu até ele. Os amigos se deram um caloroso abraço e, assim que havia deixado suas coisas devidamente colocadas em seu quarto, o aventureiro dos palcos quis saber sobre a evolução do rapaz.

– E aí? – perguntou. – Como você tem passado? Conseguiu se manter limpo e firme? É importante que me diga a verdade, meu querido.

– Sim, Martin, Helena tem me ajudado muito. Temos conversado bastante e ela tem sido uma verdadeira professora para mim – disse o jovem.

– Ela é, Bruce! Sempre foi alguém com amplo conhecimento e muito preparo para ajudar pessoas, especialmente para promover mudanças. Vou aproveitar e lhe contar algumas histórias da minha vida. Posso? – questionou.

O rapaz adorou a ideia. Sentindo o aroma de café recém-feito, o aventureiro sugeriu que passassem antes na cozinha. Provaram uma deliciosa broa de fubá que acabara de sair do forno, juntamente com um revigorante cafezinho fresco. Por ali, vários outros pacientes se dirigiram até Martin para conversar.

Enquanto aguardava o papo terminar, sorveu um gole da sua xícara e fechou os olhos para apreciar com mais intensidade a bebida. Em seguida, dirigiu-se ao aventureiro: – Martin, estou ficando mal-acostumado. Acho que não vou mais sair daqui! A vida neste lugar é realmente um paraíso. Tudo parece estar exatamente onde deveria, tudo faz sentido – disse o jovem. – Dona Leila, obrigado por esta broa maravilhosa e por tudo o que tem feito e faz por nós. A senhora é muito especial, assim como suas ajudantes – elogiou ele de forma espontânea e sincera. Blumer alegrou-se ao ver nitidamente as mudanças na conduta do amigo, e a cozinheira deu-lhe um beijo estalado na bochecha, em retribuição ao elogio.

Os dois então caminharam lentamente em direção ao lago. À medida que avançavam para longe da grande casa colonial que era a clínica, eram acompanhados pelo canto de canários-da-terra e pássaros-pretos. Às vezes paravam só para contemplar a harmonia do som das aves. Quando chegaram à margem, sentaram-se para ter um dedo de prosa.

Ainda com o sabor da broa nos lábios, o aventureiro virou-se para o amigo: – Muito bem, Bruce, torne um hábito esta ação que fez há pouco na cozinha: elogie sinceramente sempre que puder, a tudo e a todos. É o mesmo que imprimir uma digital positiva e saudável por onde passa.

O rapaz sorriu e abaixou a cabeça, humilde. Ergueu então o olhar para o amigo e perguntou: – Martin, de onde vem seu vasto conhecimento com relação a comportamento, controle da mente e outras coisas mais que venho aprendendo com você? Disse que me contaria. Vejo que não é apenas um cantor. Você já foi professor? Pois parece mais isso.

– Queria eu ter sido professor! – respondeu o aventureiro com um brilho no olhar. – Certamente representa a profissão mais digna e importante da sociedade. No entanto, paradoxalmente falando, é uma das menos valorizadas e menos respeitadas. Não há oportunidades de crescimento e melhoras para os professores. Poderiam ter acesso a cursos e treinamento para agregar na educação, mas infelizmente a realidade neste país não funciona assim. Eles têm de se virar se quiserem, de alguma forma, sair do currículo normal para ter acesso a outros recursos e aprendizados, e assim poderem replicá-los na escola. Veja que absurdo: enquanto um profissional que investe em tecnologia e eletrônicos ganha salários altíssimos, o trabalhador que investe seu tempo para lapidar o ser humano na educação ganha apenas dez por cento disso. Estes são os professores. É uma realidade dura e incompreensível na minha visão. Se os educadores tivessem seu devido valor, poderiam ser a seiva social nos dias atuais. Poderiam ser as nascentes nos rios do conhecimento, mas tristemente esses afluentes têm se tornado lama. Como disse antes, o pensamento crítico, as reflexões e as analogias estão cada vez mais escassos. Isso, sim, poderia potencializar e ampliar o conhecimento, e o professor seria o personagem principal nesse palco. Mas não é a realidade nos dias atuais, parece que não há tempo suficiente. Onde chegaremos assim? – perguntou Martin, melancólico, riscando o chão com um graveto que havia encontrado.

– Verdade! Nunca parei para pensar nisso. Que triste – concordou o rapaz, olhando fixamente para o lago, como se ali existisse uma resposta para a injustiça que seu amigo acabara de apresentar.

O aventureiro continuou a explicar seu pensamento: – A sociedade se tornou uma máquina para servir a um sistema que é carrasco, quando o que faria sentido seria um sistema existir para nos servir. Parece uma relação de escravidão e, nesse caso, os escravos somos nós, a ordem está invertida. Os primeiros pensadores da sociedade grega, que imaginaram o Universo como uma máquina, com suas peças, estavam certos. O ser humano se tornou uma peça, integrando um cenário social que evidencia a busca desenfreada por ostentação, fama, ganância e desejos superficiais. Não tem a consciência de que ele está se tornando parte integrante de um aparelho, uma máquina que compõe uma indústria: a indústria do poder, do dinheiro, do ego, da vaidade e da luxúria. Esta, sim, manipula e escraviza pessoas nesse tipo de sistema, que é um grande círculo vicioso. Nos tornamos cada vez mais ambiciosos, de forma não saudável. Isso acontece acelerada e automaticamente. A competição predatória ganha mais espaço, onde se entende que para alcançar vitórias tem de haver um perdedor. E, infelizmente, esse histórico começa nas escolas, com o *bullying*, as zombarias de baixo nível e os preconceitos. Para se fortalecer é preciso enfraquecer o outro. Não deveria ser assim. Com tudo isso, a desigualdade social se torna cada vez mais gritante, com sérias consequências para todos os indivíduos. Reflita comigo: a competição saudável é diferente, traz benefícios. Eu me referencio em alguém com êxitos para conquistar os meus, mas não usando artifícios sabotadores e antiéticos. O quadro social que temos atualmente é esse, Bruce. Além disso, desejos supérfluos, passageiros, externos, se apoderam e ocupam o espaço de nossos sonhos. Esse contexto é alimentado por uma doença, eu a chamo de "o vírus do mais": o querer mais, ter mais, poder mais, fazer mais, empreender mais. As indústrias do entretenimento, da comunicação inútil, da estética e da tecnologia digital se aproveitam disso de forma mercenária, simplesmente para amplificar seus cofres às custas da falta de equilíbrio emocional em que vivemos hoje. O vírus do mais aprisiona o ser humano. Jovens, adolescentes são diariamente bombardeados por essa ideologia, especialmente por nossos meios de comunicação. Os pais muitas vezes não param para pensar nem percebem que estão contribuindo com isso. Conhece pessoas que têm tudo e parecem não ter nada? Elas sempre querem mais e mais, não se satisfazem com o que têm, com o que conquistaram, nada passa a ter valor, sempre buscam algo a mais, e esse item adicional, infelizmente, está sempre no âmbito material. Conheço exceções, pessoas que têm a consciência de dividir, investir também no próximo, nos mais necessitados, mas sabemos que são raras. – Ele deu um suspiro profundo ao terminar de expor suas ideias.

Bruce agora olhava atento para o aventureiro. – Martin, isso é incrível. Adoro esse tipo de assunto; a educação é algo que me atrai. Mas sinto que a carapuça serve em mim como agente nesse cenário que acaba de descrever.

Blumer ouviu o que o rapaz dizia, mas se absteve de julgá-lo, como sempre fazia. Apenas prosseguiu com seu raciocínio: – Aí mora o problema! Poderíamos ser, em vez disso, empreendedores de almas.

Poderíamos ter mais ações voluntárias, mais fundações e instituições sociais. Investir na educação, Bruce. Certamente, o mais valioso empreendimento estará em construir arranha-céus de conhecimento e experiências com as pessoas à nossa volta. Fortalecer o pensamento altruísta e humanitário. A compaixão é uma virtude nobre, mas pergunto: onde a encontramos hoje em dia? Amigo, o que nos torna nobres é enobrecer o próximo! O vírus do mais nos bloqueia para trafegarmos nessa frequência. Aí, sim, entramos no universo do egocentrismo. Vou lhe contar uma história pela qual passei anos atrás, talvez uma das situações mais difíceis que enfrentei até hoje. No início da minha carreira, há muitos anos, quando comecei a ganhar dinheiro, fui infectado por esse vírus. Não parava pra nada. Queria apenas empreender, fazer negócios, construir, ganhar mais, ser mais, parecer mais. Você vai entrando nessa frequência e perdendo a lucidez. Parece que a mente de quem se torna famoso cria certa dependência por assédio, elogios, massagens no ego, até aplausos. E, por isso, quer tanto ter mais. Você se envolve tanto que, quando acorda, está preso nesse calabouço de vaidade.

– Entendo, Martin – interrompeu-o o jovem. – Na verdade eu me coloco nesse mesmo cenário. – O rapaz agora fitava um ponto fixo na paisagem, a única árvore que permanecia florida em meio às outras, de um verde apagado. Os pássaros, por sua vez, pareciam só querer pousar nela.

– É, Bruce, praticamente todas as pessoas que conquistam *status* social na vida passam por isso. É um paradoxo triste, pois ao mesmo tempo em que se libertam, em vários aspectos se tornam escravas. É o que a fama nos faz. Poucos têm a oportunidade de enxergar e se libertar, a maioria fica chafurdada em um escudo blindado por assédio, vaidade e egocentrismo. Tornam-se estátuas antes mesmo de morrer. Ficam cada vez mais intocáveis. No nosso meio, então, é triste. Já escutou falarem que você precisa proteger sua imagem, não pode ser comum, fácil para as pessoas chegarem perto? Tem de se esconder, se preservar! Ora bolas, meu amigo, preservar o quê? Proteger de quê?

Uma imagem ilusória? Uma estátua intocável? Ninguém é mais do que ninguém porque conquistou isso ou aquilo. Somos todos seres humanos, temos problemas, defeitos e qualidades. Vamos acabar todos num mesmo lugar. – Blumer interrompeu por segundos seu relato ao observar, perto de onde estavam sentados, um besouro que esperneava, virado de cabeça para baixo. Ele então pegou uma grande folha no chão, desvirou o bicho com ela e o levou a um arbusto, já margeando a água. Com uma expressão de aflição no rosto, o rapaz se limitou a seguir os movimentos do aventureiro, e respirou aliviado quando ele devolveu o inseto à posição em que podia ter liberdade.

O homem então prosseguiu: – Eu acordei desse pesadelo assim: Um dia fui fazer um almoço em casa e convidei vários empresários de sucesso com suas respectivas famílias. Eu estava nessa fase. No auge da virose do mais, completamente cego para as coisas que de fato importavam em minha vida. Havia vários empresários com os quais eu conversava sobre possibilidades de bons negócios e empreendimentos. Alguns amigos também, mas muitos estavam ali por isso: interesses e vaidades. Na época, eu tomava muito uísque, e nesses ambientes costuma ser normal. Nesse mesmo dia, meu filho mais velho, Felipe, pouco depois do almoço, com alguns coleguinhas, me abordou e me chamou para assistir a um filme dizendo: "Pai, estamos assistindo um filme bem legal. Ficaríamos felizes se assistisse um pouco com a gente. Venha!" Ele ainda era novo, Bruce, tinha sempre a expectativa de ficar mais comigo. Eu respondi: "Não, filho, não posso ir agora! Preciso resolver algumas questões e depois vou. Espere um pouco". Ele saiu e voltou a ver o filme com os amigos. Eu me envolvi nos assuntos de negócios e me esqueci do pedido. Passaram-se então algumas horas e meu filho novamente me abordou: "Papai, estamos ali brincando, está bem legal. Faz tanto tempo que você não brinca comigo. Venha, meus colegas iriam adorar, gostam muito de você". Eu respondi: "Hum, filho, estou no meio de um assunto importante. Estou negociando um novo projeto, mas vai brincando que o papai já vai". Passaram-se mais alguns minutos, algumas horas, e eu novamente não apareci. As pessoas foram se despedindo, outras negociações ainda estavam em andamento, bons negócios surgiam, até que todos se foram. Observei então que meu filho estava meio acuado, introspectivo e triste. Eu o chamei e ele não veio. Ficou com a cabeça baixa e parecia estar chorando. Então me aproximei e perguntei: "O que aconteceu? Brigou com algum de seus amigos?". Ele em seguida me deu uma das mais importantes lições que tive em minha vida, um verdadeiro tapa na cara. Eu imaginava passar por isso com qualquer pessoa, menos com meu filho, na época com apenas 9 anos. Com os olhos cheios de lágrimas, ele me disse surpreendentemente: "Pai, tenho muito orgulho de você! Todos nós da família temos. Você conquistou tudo, é famoso, é reconhecido, todo mundo quer ser seu amigo, quer ficar perto e gosta de você. Você também consegue dar atenção para todos à sua volta". Eu respondi: "Sim, filho, o papai, por ser famoso, atrai a atenção das pessoas, mas também existem interesses por trás disso". Ele comentou: "Sim, pai! Mas você é atencioso com todos eles, só que tenho uma coisa pra te dizer". Ele abaixou a cabeça emocionado e se pronunciou, com a voz embargada: "Você não é meu amigo. Não me dá atenção, não fica comigo como fica com eles, não conversa. E pior: também não brinca comigo. Por quê? Sei que você não tem tempo, trabalha muito, mas eu sinto muito a sua falta e isso me deixa triste. É por isso que estou assim. Estou decepcionado com você, pai". Bruce, durante aquele dia eu tinha resposta na ponta da língua para todos os empresários, mas para o Felipe eu não tive. Não sabia o que dizer. Um nó na garganta me impedia de dar qualquer resposta. Depois de alguns minutos refletindo, eu o abracei e senti vontade de responder a ele. A resposta foi um pedido de perdão, de desculpa, disse que ele estava certíssimo e que mudaria, seria um pai diferente. A partir dali minha vida fez uma curva acentuada. Eu vi que tinha conquistado tudo, mas estava perdendo o mais importante: minha vida e minha família. Meus laços e raízes familiares estavam sendo abandonados por oportunidades de negócio. Então liguei para uma pessoa que eu conhecia, que no momento certo vou te falar quem é, disse que precisava de ajuda, que tinha ido à lona, tinha conquistado tudo na vida, mas meu sentimento era de não ter nada. Perguntei se ela poderia me ajudar e, então, me estendendo as mãos, ofereceu-me alguns cursos e estudos.

– Quais estudos? Que cursos você fez? – perguntou Bruce, comovido com a história do amigo.

– Fiz muitos, mas o primeiro deles foi encarar a mim mesmo e me desafiar. Foram cursos baseados em inteligência emocional.

– Inteligência emocional? Como assim? – O rapaz tinha uma expressão de confusão no rosto.

– Bruce, nosso cérebro se divide basicamente em duas partes fundamentais, sob o ângulo da criação de pensamentos: a mente racional e a mente emocional. A segunda (emocional) é instintiva, ou seja, o *homo bios*. Quando a utilizamos em nossos comportamentos, normalmente temos menos controle, e assim ficamos mais suscetíveis ao desequilíbrio. Ao contrário, se potencializarmos nossa mente racional, teremos condições de dominar e gerenciar nossas emoções, adquirindo mais controle emocional e mais diligência comportamental – explicou o aventureiro. – Conhece pessoas que explodem por qualquer motivo, como uma fechada no trânsito, um comentário irônico, uma agressão, ou pessoas que não sabem ser contrariadas, não sabem lidar com "nãos"?

– Sim, conheço – respondeu o jovem. – Novamente eu me vejo em suas definições. Sou assim. Às vezes, por qualquer motivo, explodo logo e resolvo no grito. Foi assim que aprendi com meu pai. – Perto deles, três pardais brigavam pelo que parecia ser um pequeno inseto. O rapaz desfez o nó que formavam levantando a perna na direção em que eles estavam, assustando-os.

– Todos nós na verdade escorregamos em algumas situações como essas, é normal. Mas a vida é uma constante busca, concorda? Uma construção diária em direção ao crescimento, sobretudo no âmbito interno. Então, quero dizer que é possível mudar, e não simplesmente permanecermos reféns de nossas emoções. Venho me esforçando muito nesse sentido nos últimos anos, e digo a você: vale a pena. – Fez uma pequena pausa. – Bem, já falei muito por hoje. Num outro momento voltamos a esse assunto.

Os dois então se levantaram e voltaram à casa. O Sol já se punha, mas a claridade foi suficiente para que ambos pudessem apreciar um pouco da natureza enquanto retornavam. Ao longe, os animais também já se recolhiam, à espera do descanso noturno que se aproximava.

CAPÍTULO 14

Pensamentos – A base das emoções

Quando voltaram à clínica, já estava escuro, e ambos decidiram tomar um banho quente e relaxante. A mente de Bruce estava tão cheia de novos conhecimentos que ele tentou esvaziá-la meditando no quarto, antes de entrar no chuveiro. Martin, por sua vez, resolveu se dar alguns minutos de descontração e dedicou-se à leitura das primeiras páginas de um livro que há tempos desejava ler. Depois os amigos desceram para o jantar e recapitularam alguns conceitos vistos durante o dia. A noite que se seguiu foi de sono pesado e sem sonhos, de tão cansados que os dois estavam.

Com o passar dos dias, foram inseridos à rotina de Bruce outros esportes além do kung fu, com o qual ele já estava bastante familiarizado: passou a treinar também natação, um pouco de corrida e bicicleta. Fazia parte do treinamento do jovem também a prática de habilidades socioemocionais. Ele já se sentia bastante confortável para realizar exercícios de autoconexão e autoconhecimento, o que aumentava seu controle em relação aos próprios anseios. Naturalmente, todos esses treinos misturados amplificavam aos poucos sua capacidade de enfrentar obstáculos, desafios e dificuldades. Os colegas, e alguns monitores como Helena, eram fundamentais no processo, pois constantemente trocavam ideias, reflexões e experiências. A leitura também se tornara uma atividade diária, que rapidamente virou um prazeroso hábito na vida do jovem cantor.

Ele percebeu que se no início relutava contra as mudanças, com o tempo todos aqueles atributos começavam a ficar automáticos e naturalmente recorrentes, fazendo parte de seu dia a dia com relação às suas atitudes. Os novos costumes adquiridos com a prática o fizeram compreender com mais clareza as colocações do aventureiro sobre a importância de se promoverem mudanças efetivas e não superficiais. Ele já enxergava a importância de passar pelo inverno inicial, sob o ângulo das grandes alterações, e suportar o frio, para que com o tempo pudesse relaxar, encontrando, por fim, dias de Sol. Martin notou a transformação em seu jovem amigo e, com Helena, o chamou para uma conversa na varanda.

Sentada num grande banco de madeira, a médica foi a primeira a falar.

– Bruce, você evidentemente vem demonstrando mais autoconfiança, coerência e pertinência em seus comportamentos e atitudes. Gostaríamos de parabenizá-lo pelo avanço e pela evolução. Dificilmente, jovens da sua idade, com o nível de envolvimento químico que você apresentava, conseguem se recuperar dessa forma e nessa velocidade. Ainda mais vindo do meio com o qual se envolveu profissionalmente – disse Helena.

– Não podemos garantir nada, mas, conversando com Martin, entendemos que você não precisa mais tomar o remédio. Achamos que podemos tentar tirá-lo. Assim, você poderá buscar caminhar somente com suas habilidades mentais e racionais. Ratifico a importância de dar continuidade a todas as atividades e objetivos estabelecidos nesse período. Martin deve tê-lo alertado quanto às nossas metas nesta fase, correto?

O jovem assentiu com a cabeça.

Então, ela prosseguiu: – Muito bem. Qualquer deslize poderá acontecer, o que é absolutamente normal. Não se sinta pressionado nem cobrado com relação a isso. Viva o agora construindo experiências da maneira mais saudável que puder.

Da cadeira onde estava, Bruce abriu um amplo sorriso de alegria. – Que bom ouvir isso! Tenho apenas algumas dúvidas para tirar.

A médica aguardava que se pronunciasse, no entanto ele se virou para o aventureiro e disse: – Mas antes, Martin, tenho uma pergunta:

por que você vem à clínica e fica por aqui com tanta frequência? Dorme neste lugar e, além disso, tem muita afinidade com todos que aqui trabalham. O que você é, afinal de contas, dentro desta fazenda?

Helena puxou o foco novamente para si. – Bruce, Martin é um antigo colega e amigo, temos uma longa história que justifica suas vindas à clínica, mas em outro momento falaremos mais sobre isso. Ele solidariamente e de forma voluntária está sempre presente para nos ajudar de várias maneiras, com suas vivências e conhecimentos. Sem sua contribuição, teríamos mais dificuldades. – A médica achou que sua explicação já era suficiente para aplacar a curiosidade do rapaz.

No entanto, Blumer não se incomodou com o interesse do jovem. Começou a esclarecer com toda a paciência: – Bruce, sou um pouco de cada coisa, meu amigo. Eu já te disse isso alguma vez: me aventuro pelos palcos da vida.

– Sim, Martin. Só que eu não entendi muito bem... – respondeu um pouco encabulado, sem saber se estava sendo inconveniente.

O aventureiro pousou a mão no ombro do rapaz. – Quem não se aventurar pelos palcos da vida não saberá quão saborosa é a liberdade, Bruce. Não entenderá que o grande sentido de tudo é descobrir algo novo a cada instante, a cada episódio que vive. "As convicções são cárceres", disse Nietzsche. Ele estava certíssimo, daí a importância de estar sempre criando, de buscar novas aventuras. É fascinante poder se jogar nos mistérios da existência – completou Blumer. – Até a natureza humana é cíclica. A vida será escura se permanecermos aprisionados e não avançarmos, mesmo diante da escuridão. A chave para se libertar é exatamente a busca pelos sonhos: isto é aventurar-se pela vida, meu caro. Por isso me orgulho tanto de você. Você encontrou a chave para se tornar também um grande aventureiro nos palcos da vida, e não se limitar aos palcos de celebridades, que na verdade nos encarceram e nos envolvem com escudos blindados. Uma blindagem que na realidade não estará protegendo nada, pois essa imagem criada é ilusória, compreende? As consequências são sérias, meu jovem. Especialmente no que diz respeito a relacionar-se. Por exemplo, o ser humano tende a fugir de tudo aquilo que o incomoda, sobretudo quando se trata de pessoas, não é mesmo? – perguntou, animado.

– Martin, o que eu ia dizer a respeito de minhas dúvidas tem relação com o que você mencionou. Eu me relaciono bem com quase todo mundo aqui, mas existem alguns caras que me olham de forma diferente, vez por outra me ironizam. Sei lá, sinto que não gostam de mim. Será inveja, talvez? Num dia desses que você esteve ausente quase fui embora e foi Helena quem me acalmou.

– Qual foi sua reação, meu amigo? – questionou Blumer.

– Ah, eu me afastei desses caras, mas eles continuam me provocando – respondeu ele, desapontado.

– Procure se lembrar de uma das primeiras ferramentas que aprendeu e que foi importante em sua recuperação – instigou o aventureiro.

– Sim. Você fala da aceitação? – perguntou o jovem, enquanto buscava as informações em sua mente.

– Exatamente! Até nisso ela será importante. O primeiro passo não é rejeitar as pessoas que te incomodam: é aceitá-las como são, mas com inteligência, meu jovem. É claro que uma pessoa que não te propõe uma convivência constante não cabe no contexto. Eu me refiro às pessoas com quem frequentemente você precisará estar junto. O segundo passo é gerenciar seus pensamentos com relação a essas pessoas. Na verdade, Bruce, com relação a tudo. Você perceberá aos poucos, com calma, que até com a vida e com o universo é necessário se comportar assim. Ninguém muda ninguém, portanto a solução jamais estará em bater de frente, especialmente com gente que te incomoda ou, por outro lado, que se incomoda com você. Se odiar alguém, estará dando um tiro no pé. Gerenciar pensamentos é o mesmo que nutrir sua mente com recursos que poderão mudar sua visão com relação aos outros. Em nosso cérebro existe uma memória e nessa área não temos controle sobre tudo, ou seja, todas as experiências são arquivadas, sejam boas ou ruins. No entanto, sobre nossos pensamentos podemos, sim, ter gerência. Sobre o que vem de fora você não terá controle. Por isso é tão necessário aceitar. No entanto, o que sai de você na forma de pensamentos, palavras e ações pode ser conduzido de forma inteligente. Aí é que está o "X" da questão. Com esses recursos você bloqueará julgamentos, preconceitos e opiniões precipitadas com relação a quem o cerca e isso lhe possibilitará ter uma melhor saúde mental. Já ouviu falar de "achismo"? Muitas vezes pensamos de acordo com nossa memória, com nosso histórico, e é aí que o ser humano se autossabota, pois em algumas ocasiões, especialmente diante dessas pessoas a quem nos referimos, ficamos achando e achando. Vou te contar um caso. Durante muito tempo, em uma turnê, havia um músico com quem eu não tinha afinidade nenhuma. Eu era mais jovem, achava que ele não gostava de mim e ele coincidentemente também achava o mesmo, que eu tinha algo contra ele. Eu acreditava nisso de um lado, e ele de outro. Até que um dia eu parei e pensei: será que minhas percepções sobre o cara são verdadeiras, são corretas? Eu fico sempre pensando isso ou aquilo, mas nunca conversamos sobre o assunto, então resolvi quebrar essa barreira. Aí, sim, descobri outra pessoa no lugar daquela formada pelos meus pensamentos de achismo – explicou o aventureiro.

E prosseguiu – A partir dali nos tornamos até amigos. Ele passou a me enxergar com outros olhos e, da mesma forma, eu a ele. Por isso quando se pensa em alguém ou algo, há de se ter muito cuidado, pois na maioria das vezes não temos coerência nas reflexões. Somente quando conversamos e dialogamos podemos ter um pouco mais de propriedade para opinar. Toda a convicção relacionada aos outros aprisiona o ser humano em pensamentos destruidores. Por isso, comece a gerenciar suas concepções com relação a esses indivíduos que o incomodaram aqui na clínica e em seguida questione-os sobre sua vida. Garanto que você descobrirá outras pessoas por trás daquilo que enxerga, e dará a oportunidade para que eles também vislumbrem um Bruce que não tiveram a oportunidade de conhecer.

O jovem o olhava com atenção, processando as informações em sua mente. – Certo. Entendi – disse.

Para finalizar, o aventureiro ressaltou um dado que julgava importante: – Por trás de cicatrizes existem lágrimas que muitas vezes não conhecemos. Não existem pessoas arrogantes nem chatas: existem pessoas com necessidades especiais.

Helena então acreditou que poderia acrescentar à conversa. "Existe outro ponto importante no que diz respeito aos pensamentos: bloquear expectativas com relação ao próximo. **Se temos expectativas, damos o primeiro passo para nos frustrarmos.** Ninguém, absolutamente ninguém, corresponderá ao que você espera, especialmente gente da sua convivência mais próxima. – Ela prosseguiu pacientemente, diante da expressão de dúvida do jovem: – Temos um histórico de vivências com pessoas mais próximas. E o que fica arquivado em nosso cérebro com maior intensidade são justamente as experiências mais fortes, sobretudo as traumáticas. Dessa forma, preenchemos espaços em nossa mente com esse tipo de conteúdo. De repente, nossos olhos passam a ser escravos desses blocos. Aí, sim, passamos a ter perspectivas que frequentemente não serão atendidas. Temos a expectativa de sermos compreendidos e elogiados, de sermos atendidos nas nossas necessidades mais triviais. Isso é natural e é exatamente isso que nos aproxima de decepções e frustações. Vendemos nossa liberdade mental por nada. Aqueles que te ferem e ofendem, na verdade, demonstram carência, insegurança. Quando se comportam assim, já esperam o desprezo e a mágoa, que damos de bandeja. Que tal surpreender, amigo? Dê o contrário. Mostre sua capacidade de não se envolver, de oferecer o outro lado! **Conflitos são fundamentais para se obter consciência, mas confrontos nos fazem adoecer.** Muitas vezes o silêncio será a melhor resposta, especialmente no foco de tensão. Entretanto, você também pode procurar elogiar mais essas pessoas. Procure fazer isso. Use o questionamento e arranque motivos para elogiar. Você verá que, aos poucos, mudanças acontecerão. É como se você saísse da frequência que o outro espera te manter. Não ofereça a mesma moeda que recebe. Não dê o troco, surpreenda! Indivíduos que passam sua vida criticando os outros na verdade não se conhecem. Poderiam gastar esse período degustando capítulos da própria existência. Será que seriam capazes de melhorar em seu próprio mundo? Encarar a si mesmos, se enfrentar? Com certeza não aceitam, além de suas fraquezas e traumas (possivelmente de infância), também suas limitações, por isso transferem os olhos para os outros. Pulam capítulos e páginas importantes do próprio livro. Na verdade, o que quero dizer com isso é que esse tipo de gente precisa da nossa mão, necessita de ajuda, e não de nosso desprezo. Isso evidenciará mais ainda os problemas.

– Puxa, quanta coisa pode haver por detrás de uma ação mal interpretada! Amigos, agradeço pelo papo. Acho que compreendi a lição. Está em minhas mãos, não devo esperar que eles mudem. – Compreendeu Bruce, de forma madura.

– Perfeito, meu querido! É você que tem o volante nas mãos e poderá sempre pegar a direção que quiser em seus relacionamentos – concordou o aventureiro. – Os outros serão apenas reflexos de como conduz seus pensamentos e comportamentos.

Helena pôs fim à conversa sugerindo que se aprontassem para a noite que chegava: – O.k., vamos tomar um banho e em seguida tomamos um caldo que dona Leila preparou.

Sua sugestão foi prontamente acatada. Eles então se dirigiram a seus aposentos para uma ducha restauradora.

À noite, quando todos estavam à mesa e preparavam-se para jantar, Fred, um homem de 43 anos, levemente calvo, forte, mas com uma barriguinha saliente de chope, provocou Bruce, dizendo: – E aí, playboy? Vai cantar para a gente ou continuarás se achando?

O jovem, que não costumava lhe dirigir a palavra no dia a dia, respondeu em tom pacífico: – Hoje não, meu amigo, estou um pouco cansado.

O homem não se deu por vencido. Disposto a incomodar, continuou: – Ainda bem! Com essas musiquinhas modernas, sem conteúdo, eu acabaria dormindo mesmo.

Apesar de alguns terem ficado incomodados com a impertinência de Fred, muitos caíram na gargalhada com a piada. O sangue de Bruce imediatamente subiu à cabeça. No entanto, as reflexões sobre gerenciar pensamentos, suscitadas pela conversa da tarde, estavam frescas em sua mente e ele não perdeu as estribeiras. De maneira controlada, tentou reverter a situação e perguntou: – Você me parece um cara bacana e divertido. Gostaria de te conhecer um pouco melhor. De onde é?

– Bah! Olha o guri! – foi a resposta de Fred, sarcástica. As risadas continuavam a ecoar atrás dele.

– Com esse sotaque você me parece ser do Sul – apostou Bruce.

Aquela tentativa ganhou a empatia do homem, que exclamou, contente: – Mataste a charada: sou gaúcho!

– Ah! Eu adoro o povo gaúcho! Faço muito show em sua região. Admiro muito sua cultura – confessou o jovem ídolo. Vendo que tinha ganhado o piadista com aquele comentário, aproveitou para convidá-lo a caminhar. – Fred, vamos dar uma volta? – chamou-o, surpreendendo a todos.

As piadas vinham dos mais diferentes lados, mas Fred, apesar de confuso e constrangido, acabou aceitando o convite. Helena e Martin se olharam satisfeitos com a reação de seu jovem pupilo.

No meio da caminhada pararam na varanda, sentaram-se sobre a mureta de concreto que separava a casa do quintal. Um gato malhado lhes fazia companhia no canto, mas não queria saber de muito contato, já que se posicionava de costas para eles. Apesar do céu nublado e da brisa fresca, a noite estava tranquila e agradável. Bruce então se virou para o homem e perguntou: – Vamos lá, Fred, fale um pouco sobre sua vida. Com o que você trabalha?

A princípio ressabiado, o gaúcho soltou o verbo aos poucos. – Sou formado em administração e fiz pós-graduação em marketing. Tenho muita experiência no ramo dos negócios. Na verdade, fiz um pouco de cada coisa: já fui corretor de imóveis, vendedor de carros, empresário... Tive uma empresa que cresceu no ramo de roupas e depois faliu. Hoje estou mal das pernas e de tantos problemas, inclusive de ordem familiar, acabei me envolvendo com drogas. Mas não quero falar sobre isso agora. Estou aqui para me recuperar e tenho certeza de que conseguirei. Desculpe-me pelas brincadeiras que fiz contigo. Tenho esse jeito assim, meio brincalhão, mas pode apostar que sou um cara legal. Só que gosto de canções mais tradicionais, mais poéticas. Tu também gostas? – perguntou Fred.

– Não tenho muito costume de ouvir, mas estou começando a conhecer novos estilos. O Martin me presenteou com alguns CDs e DVDs diferentes – disse Bruce, justificando-se.

– Ah! Tri! Martin inclusive tem canções incríveis. Eu sou muito fã – confessou o outro.

– Pois é, ele está sempre aqui – disse Bruce estendendo o braço e tentando tocar o gato, que nem se movia diante de suas investidas.

– Sim, ele vem com muita frequência. É meio misterioso isso, mas diz sempre que gosta de ser solidário e de fazer caridade. Isso é muito bom – comentou o gaúcho. – Ele me ensinou muito também. Passamos horas conversando. Na verdade, quase todos aqui aprendem na companhia dele. Aliás, com Martin e com Helena, é claro. Tu sabias que existem outras filiais desta clínica pelo país? É a maior rede, Bruce. Martin e Helena frequentemente viajam para visitar as outras unidades.

Não sabia! Mas como ele consegue fazer tanta coisa? – questionou Bruce, levantando-se e indo acariciar o bicho.

– É, eu também não entendo às vezes, mas seguramente é um grande exemplo a ser seguido – respondeu Fred, só observando se o bichano ia deixar-se tocar pelo jovem.

O gato a princípio afastou a cabeça do assédio de Bruce, mas em seguida rendeu-se. Com as mãos sob o pescoço do felino, o rapaz olhou para seu colega e indagou: – De quem é esta clínica?

Fred passou a mão pelos cabelos. – Eles não falam – disse. – Helena diz que é contratada e Martin sempre afirma ser voluntário.

Quando o bicho se cansou das carícias de Bruce, deu um salto da mureta e sumiu na escuridão das árvores ao redor da casa. O jovem voltou ao seu lugar. – Vamos lá, Fred, fale um pouco mais sobre você – pediu.

– O que tu queres, guri? – perguntou o gaúcho, divertido. – Uma entrevista? Não sou artista!

– Engana-se você, Fred: **os verdadeiros artistas não são somente aqueles que estão em cima do palco, mas também aqueles que se aventuram pela vida** – contestou Bruce, estranhando as palavras que saíam de sua boca. Ele sabia que aquilo tinha o dedo de Martin; eram seus ensinamentos entrando de forma profunda em sua mente.

– Tchê! Não esperava ouvir isso de ti – afirmou Fred, surpreso.

Com um sorriso, o rapaz rebateu: – Aprendi com um amigo em comum! – Ambos se olharam, sorridentes e cúmplices. Então, novamente compenetrado, o jovem ídolo questionou: – O que te trouxe aqui?

O homem baixou os olhos. – Aos 12 anos perdi meu pai e minha mãe num acidente. A partir daí fui criado pelos meus avós. Como eu dava muito trabalho, eles não me aguentaram por muito tempo e me mandaram para a casa de uma tia solteira. Ela era atenciosa comigo, queria o meu bem, mas tinha de sustentar a casa e trabalhava muito. – Esforçando-se para não demonstrar a comoção que tomava conta de seu peito, Fred lembrou-se de que não tivera muita atenção na infância nem acompanhamento em sua educação. – Acabei me envolvendo com drogas assim como tu, Bruce. Não sou diferente. Mas estou começando a me recuperar e sentir que ninguém é pior que ninguém – concluiu, assuando o nariz e dissimulando seu pesar, como se o que o motivara a limpar-se com um lenço de papel fosse um resfriado e não as lágrimas que tinham ficado sem vir à tona.

– Nossa, que história difícil. Você é um grande guerreiro, Fred. Eu o admiro por isso. Não sei se seria capaz de enfrentar tudo o que enfrentou – disse Bruce, solidário.

– Seria sim, guri. Tu és forte. Fiquei sabendo um pouco sobre tua história – disse Fred, amassando o lenço sujo. – Sobre o episódio com seu filho e sua separação, sinto muito. – Depois que Vilanova contou mais sobre os acontecimentos da própria vida, o gaúcho reconheceu: – É, eu me enganei contigo! Eu te achava arrogante, prepotente e algumas vezes te ironizei, sem saber de fato quem tu era. Por favor, me perdoe.

Bruce, compreensivo, o confortou: – Que é isso! É importante que nos conheçamos para entendermos que ninguém é melhor ou mais que ninguém. Nem pior – disse, levantando-se.

Os dois se abraçaram e em seguida voltaram à mesa do jantar. Helena acompanhou com os olhos o retorno dos dois, e piscou para Bruce assim que o jovem se aproximou. Ele abriu um sorriso de satisfação e buscou o violão com o olhar. A primeira música a tocar ele ofereceu para Fred, que cantarolou junto as partes de que se lembrava e ficou bastante comovido. O rapaz começava a perceber que, por mais difícil que fossem as relações, tudo estava em suas mãos e era de sua própria responsabilidade trabalhar as emoções ou deixar-se inflamar por elas.

Quando todos se recolheram, o jovem ídolo chamou seu amigo mais velho para uma conversa e comentou como tinha sido a experiência com Fred. Detalhou a descoberta de enxergar as pessoas por outro ângulo e entender o que as levava a agir às vezes de maneira infantil ou agressiva. O rapaz interrompeu seu relato quando observou vindo ao longe, da estrada, o farol de um carro. Quando se fixou na placa, deu um pulo de susto e contentamento: era seu pai, uma bela surpresa para terminar o dia.

Ermínio estacionou o veículo junto aos demais, e olhou muito ao redor para ter certeza de que havia chegado ao lugar certo. Sua apreensão se dissipou quando viu o filho chegando correndo pelo caminho que conduzia até a porta. Helena veio descendo logo atrás dele para identificar a visita. Martin a tranquilizou, informando que se tratava do pai de Bruce. A médica se apresentou brevemente e, depois de receber um vigoroso aperto de mão, pediu ao visitante que ficasse à vontade.

– Bruce, meu filho, que saudade! Vinha falando com Martin pelo telefone, esperando o momento certo para visitá-lo. Ontem ele me deu carta branca, não é? – perguntou Ermínio virando-se para Blumer.

– Exatamente! – concordou o aventureiro.

O rapaz olhou desconfiado para os dois. Em seguida disse: – Você tem carta branca sempre, em qualquer lugar pai! Eu também estava com saudade. – Deu um abraço apertado no homem. Então o jovem pediu licença a Martin e conduziu Ermínio para uma caminhada, para contar sobre sua rotina na clínica. Eles caminharam pela estrada em meio aos piquetes dos cavalos, sob a intensa luz da Lua. Ansioso, o pai perguntou como estava o filho.

– Pai, eu me sinto muito bem! Passei por experiências incríveis que fizeram me encontrar com alguém que havia deixado no meio do caminho: eu mesmo – disse Bruce, ainda sem ter certeza de que seu pai o entenderia, mas com o coração aberto.

– Que bonito isso, filho! – exclamou o homem com uma expressão de interesse, surpreendendo o jovem.

– Queria aproveitar este nosso passeio para saber sobre outras coisas... Gostaria de fazer algumas perguntas que nunca lhe fiz antes. – O rapaz estava um pouco constrangido, mas sabia que aquele passo era importante para a relação dos dois, principalmente num cenário em que ele propunha a si mesmo mudanças profundas.

O homem notou que seu garoto estava mais amadurecido, então assentiu: – Fique à vontade, filho. Eu te respondo o que quiser saber.

Bruce deu uma boa olhada nas estrelas, na Lua que cobria de azul o caminho que percorriam. Em algum lugar por entre as árvores longínquas via pequenos pontos luminosos esverdeados que bailavam: eram os vagalumes, que se moviam na sua dança noturna. Então, voltou seu foco para o homem ao lado dele, respirou fundo e encarou o pai. Pela primeira vez notava as pequenas rugas ao redor de seus olhos, as marcas de expressão nos cantos dos lábios, seu semblante cansado.

– Como foi sua infância? Como foi sua criação? Conte-me sobre sua vida.

Apesar de no princípio ter ficado um pouco apreensivo e retraído, talvez sem esperar uma abordagem como essa do filho, Ermínio logo se soltou e começou a revelar sua história.

– Fui criado no campo. Este ambiente me traz recordações incríveis. Aliás, estou surpreso, pois não sabia que a clínica era uma fazenda, senão teria vindo lhe perturbar mais vezes – brincou.

– Você não me perturba nunca, pai, poderia ter vindo me visitar quando quisesse – Bruce o tranquilizou.

– Vamos lá, filho. Eu tive uma criação muito rígida, bem mais do que você pode imaginar. Meu pai era um desses coronéis latifundiários, dono de terras e mais terras. Já até ouvi falar que o pai dele, meu avô, era chamado de "barão". Imagine a criação que ele deve ter tido... E acabou me repassando tudo através da forma como me criou. Ele me cobrava muito, criticava e... – fez uma pausa e revelou: – Apanhei bastante! Não eram surrinhas, não. Eu apanhava de perder sangue! Ele batia na gente com cabresto de cavalo e vara de marmelo.

Bruce estava chocado: – Sério, pai? Nossa, que crueldade!

– Não, filho, não era crueldade. Ele fazia isso querendo nosso bem, tinha um lado bom. Era muito trabalhador e respeitado na região onde morava. Ele produzia café, tinha engenho, gado leiteiro, plantava milho e fazia outras atividades rurais. Também era um homem de muitos valores, ajudava as famílias na região, mas, como todo ser humano, tinha suas falhas... Com o tempo minha mãe descobriu que ele tinha duas famílias. Na época era algo normal, mas ela acabou se separando. Eu era jovem e durante um tempo me perdi. Em seguida, meu pai também se perdeu, foi vendo suas terras diminuírem, suas fazendas sumirem e, com os conflitos gerados, acabou falindo. Talvez eu tenha criado um trauma com o campo, mesmo gostando muito, por todos esses acontecimentos. Por isso, nunca o levei a ambientes como esses. Pouco tempo depois dessa fase, seu avô faleceu. Sua avó, como você bem sabe, ainda mora no interior.

– Precisamos visitá-la, pai – propôs o jovem. – Há anos não vejo a vovó Zilda. Há tempos não via ninguém, né? Esta vida de artista...

– Calma, Bruce! A partir de agora você poderá equilibrar tudo isso. Bem, mas voltando à sua pergunta, éramos cinco irmãos e cada um teve de se virar. Em pouco tempo conheci Cleusa e me apaixonei. Trabalhava como vendedor numa loja de sapatos, não tinha dinheiro, mas mesmo assim nos casamos e você nasceu em meio a dificuldades financeiras. Conquistei o pouco que tenho com muito suor e dedicação. Sempre procurei dar o melhor a você e sei que às vezes não consegui. Não fui um pai perfeito, né? Mas tentei... E quero que saiba que estarei sempre aqui quando precisar, a qualquer hora.

O rapaz olhou emocionado para o pai e lhe deu um forte abraço desengonçado. – Olha, pai, talvez em alguns momentos eu tenha te achado duro... Tive medo de você muitas vezes na minha infância, mas conhecendo os detalhes de sua história agora, consigo perceber quanto você foi digno. Você se superou. Não imaginava que tinha passado por tanta coisa.

Ermínio abaixou a cabeça. – É, filho, sempre trabalhei muito. Aliás, esta é outra falha minha: não ter tido muito tempo para você. Talvez por isso você não conhecia os detalhes da minha história. Por outro lado, sua mãe sempre o protegeu demais, em alguns momentos com muito mimo, né? Mas é compreensível. Depois de você, tentamos muitas vezes ter mais um filho. Como você sabe, ela até chegou a engravidar duas vezes, mas em ambas perdeu o bebê. Isso certamente gerou um trauma que fez com que ela tivesse essa tendência de superprotegê-lo. Além disso, tenho uma questão importante para resolver contigo... Preciso te pedir perdão. Tenho de admitir que, quando descobrimos seu envolvimento com drogas, reagi de maneira errada. Quero que saiba que hoje eu faria diferente. Eu te dei um tapa no rosto, mas entenda, não foi por maldade. Quando percebi, já tinha acontecido. Devo ter feito isso por causa da minha criação. Preciso te pedir desculpas. Jamais acontecerá novamente!

Bruce sentiu um nó na garganta, mas respirou fundo e conseguiu articular: – É, pai, mas eu te dei motivos para isso e sei também que foi para o meu bem. Aceito suas desculpas, claro! Que bom que está aqui e que ainda temos muito tempo para, a partir de agora, nos conhecer melhor e nos entender, porque eu te amo muito. Eu compreendo o motivo por que tantas vezes você foi rigoroso comigo.

– Sim, filho! Sempre foi para o seu bem – reconheceu Ermínio, em seu jeito durão.

– Claro. Eu tenho certeza! Só que acho que não deu muito certo porque eu já te trouxe tantos problemas... – O jovem não conseguiu encarar o homem.

Seu pai então tomou a palavra: – Filho, erramos na vida para aprender. Eu também tive inúmeras falhas, você nem imagina. Quero que saiba que estaria disposto a ter cinco vezes mais problemas só para tê-lo comigo. Você é a maior riqueza que Deus me deu. É meu único filho e meu orgulho. Não importa o que passou, temos você aqui vivo. Vejo nitidamente sua evolução, Bruce, nesses poucos minutos em que conversamos. Eu me sinto muito orgulhoso do filho que tenho. Martin vinha me dando notícias suas, de sua recuperação. Sua mãe em breve virá vê-lo. – Olhou no relógio que trazia no pulso. – Agora vamos lá! Eu preciso ir! Cleusa está sozinha, ela teve um compromisso, e como eu queria bater um papo contigo, saí sem avisar.

– Obrigado por ter vindo me ver, pai. Foi o melhor dia de todos aqui na clínica. O melhor presente que ganhei foi sua visita – disse o rapaz, pousando o braço no ombro de Ermínio e conduzindo-o de volta à casa.

Bruce despediu-se do pai assim que se acercou da casa e percebeu que todos haviam se recolhido para dormir. Quando o carro desapareceu no meio da escuridão da estrada, rumou para seu quarto e começou a refletir sobre quantas vezes se revoltara e se afastara do pai. Agora, conhecendo um pouco do seu histórico de dor e rigidez, conseguiu perdoá-lo e entender melhor sua relação com ele. Percebeu quão importante era ter mais gerência sobre os pensamentos na convivência com as pessoas à sua volta e quanto fazia diferença o questionamento e o diálogo, para que não fosse pego pelos labirintos da mente. Satisfeito com suas descobertas, adormeceu ouvindo o canto das cigarras ao longe.

CAPÍTULO 15

Proatividade e simplicidade

Depois de dez dias hospedado na clínica, Bruce já conhecia todos os cômodos do lugar. No entanto, nem tudo lhe havia sido revelado. Certa manhã, Martin o acordou às cinco e meia, não sem dar alguns murros na pesada porta do quarto antes. O jovem o atendeu descabelado e com os olhos espremidos. Percebendo o estado semiconsciente do amigo, o aventureiro o sacudiu e disse: – Acorda, peão! Hoje você vai descobrir outro homem.

Ainda que bastante sonolento, o rapaz foi rápido no gatilho ao dar sua resposta: – Tenho outros por encontrar dentro de mim? Jura? Tem espaço para isso? Aliás, bom dia pra você também, Martin!

Blumer não se deixou abater. – Sim! Você descobrirá que também é um grande aventureiro nesta vida – afirmou. – Descobrirá infinitos "eus" se tiver plena consciência de que o sentido de tudo é se construir e se descobrir todos os dias, a cada momento. Quem não se aventura pela vida jamais escreve uma história de vivências. Serão capítulos apenas de existência. Existir. Uma pedra existe, Bruce, mas o homem pode ir além. Vamos lá! Coloque uma bota e uma calça. Hoje não vamos treinar, e sim trabalhar.

O rapaz esfregou os olhos com vontade e, depois de soltar um bocejo com um hálito que deixou seu amigo tonto, perguntou: – Hein? O quê? Estou de férias de shows, Martin. Não se lembra? – Já sendo empurrado para fora do quarto, Blumer respondeu: – Sim, Bruce! Mas os trabalhos hoje serão diferentes. Vamos tomar café que eu te explico. – Aguardou que o outro trocasse de roupa e o levou à cozinha.

A mesa estava posta quando lá chegaram. Dona Leila, sempre simpática e alegre, com um humor invejável para aquela hora da manhã, os cumprimentou já se preparando para servir ovos mexidos com queijo derretido, torradas e suco de laranja. Perguntou se desejavam algo mais. Os olhos do rapaz brilharam. – Tem aquele bolinho de fubá que a senhora faz? – perguntou com a boca cheia d'água.

A cozinheira levou a mão ao queixo, então respondeu: – Acho que tem um restinho, mas não é de hoje. Pode ser?

O jovem deu um salto na cadeira. – Pode ser de qualquer jeito, o bolo da senhora é realmente imbatível, como diz o Martin – alegrou-se, enquanto via um pedaço da iguaria ser servido com uma xícara de café preto.

Quando acabaram de comer, o aventureiro conduziu o jovem até o curral. O céu ensaiava clarear, as poucas aves da noite que ainda voavam já se preparavam para recolher-se. Um galo cantava um cântico rouco e os passarinhos se alvoroçavam tanto nas árvores que eles mal conseguiram conversar na trilha. O orvalho molhava a paisagem e uma brisa fria fazia os dois caminharem de braços cruzados. Foi uma longa caminhada até lá. Assim que cruzaram o cercado de madeira que delimitava o lugar, Bruce se admirou: – Nossa, quantas vacas! São da clínica também? – Martin assentiu.

Diferente do que o rapaz imaginava – que lá chegariam e não haveria vivalma para recebê-los –, quando se aproximaram Vilanova notou que meia dúzia de peões e outros colegas já estavam tirando leite a pleno vapor. Meio desconfiado, não conteve a pergunta: – O que vocês estão fazendo aqui a esta hora?

– Trabalhando, Bruce! Garantindo o café da manhã e o lanche da tarde, além de outros produtos lácteos – disse um senhor com sardas no rosto, com quem o jovem não tivera muita oportunidade de conversar.

– Enquanto você come, a gente trabalha – brincou um adolescente magrelo, que parecia não ter forças para manusear as tetas da vaca.

– Junte-se a nós, guri – disse Fred, o gaúcho administrador de empresas que também estava lá.

O jovem cantor deu um passo para trás e quase enfiou o pé num balde vazio. – Não, não! Eu não sei mexer com isso e tenho um pouco de medo desse bicho – respondeu. Uma vaca mugiu alto fazendo com que ele olhasse em volta assustado. Gargalhadas preencheram o espaço coberto onde eles se encontravam.

– Ah, qual é, Bruce? Tenho certeza de que por aqui você já aprendeu a enfrentar seus medos, não é? – perguntou outro colega, um que se dizia fã declarado de longa data do rapaz.

Acenando positivamente com a cabeça enquanto o observava, Martin registrava como o ídolo se familiarizava com o ambiente neste novo aprendizado.

Ainda que Vilanova continuasse muito reticente, Blumer chamou o senhor que coordenava as atividades no curral. Dadá era um homem de seus quarenta e poucos anos com aparência de mais. Tinha a pele bastante enrugada e queimada de Sol, os cabelos secos espichados, e na boca lhe faltavam dois dentes. De corpo magro, porém definido pelas atividades rurais diárias, ele era extremamente risonho.

– Vamos, Dadá! Por favor, pegue um banquinho de tirar leite e o balde para o nosso amigo aqui. Acredito que este peão vá longe, você não vai querer mais prescindir da ajuda dele todas as manhãs! – alardeou o aventureiro.

Dadá, já prevendo o que aconteceria, deu uma risada que parecia um soluço e foi buscar os materiais num casebre de madeira, em um dos extremos do curral. Quando retornou os ofereceu ao jovem, que pegou tudo meio contrariado.

Bruce ajeitou desengonçadamente o banquinho e o senhor João, que já tinha mais experiência em tirar leite, o orientou: – Mais embaixo, aí. Agora pode sentar.

O rapaz agachou-se de frente para a lateral do animal e, quando soltou o peso no banco, as pernas traseiras do assento chafurdaram na terra fofa. – Cuidado com o barro! Caaaalma. Você vai escorreg... – O peão que o ajudava nem teve tempo de terminar a frase: Bruce tombou para trás e se estabacou no chão como um saco de batatas. Todos os homens caíram na gargalhada. A vaca, assustada, soltou-se e se debateu, o rapaz começou a engatinhar para trás com medo de ser pisoteado.

– Amarrou bem esta corda, hein, Bruce? – brincou Martin, rindo. Os colegas que estavam mais perto do jovem o ajudaram a se levantar. Estava com as costas completamente sujas de barro.

– Vamos lá! Vamos tentar mais uma vez. Vou ensiná-lo a dar um nó... – disse Blumer. Pegou as mãos do rapaz e as guiou enquanto demonstrava como se fazia. – Primeiro passa por trás, aí, assim. Isso, dê mais uma volta. Por dentro agora, nas duas pernas, isso... pode finalizar. – Quando terminaram, os homens comemoraram a pequena vitória.

Orgulhoso, Bruce sentia-se pronto para começar a ordenhar. – O.k., estou pronto! Como é isso aqui, Dadá?" – perguntou passando a manga da camisa xadrez na testa, já suando um pouco.

O homem o instruiu. – Aperte a mão devagar, de cima para baixo, até que o leite saia. Segure na parte de cima da teta com o dedão e o indicador... – disse, enquanto fechava a mão no ar mostrando a posição certa – ... colocando em seguida os outros dedos em escala. Aí, agora um pouco mais rápido, vai apertando, novamente o movimento, novamente, e... – Bruce tomou uma esguichada de leite no rosto.

Em meio às novas gargalhadas, o jovem se justificou com um sorriso amarelo: – Opa! Acho que errei a direção!

O senhor João não perdeu a piada: – Hei, Bruce, acho que você conhece mais de microfone do que de teta de vaca, hein?

O rapaz não se deu por vencido e retrucou entusiasmado: – Verdade! Mas vou chegar lá. Gostei desse troço.

Diante do ânimo em seu discurso, Dadá o incentivou novamente: – Tente de novo, mas dessa vez aponte para o balde! – pediu, com sua risada que parecia soluço. – Uma, duas, três, isso! Agora com as duas mãos. Ótimo! Muito bem! Vai dar certo. Mais rápido!

Enquanto os outros colegas encheram dois baldes de leite, Bruce encheu metade de um. Entretanto, pelo esforço e pela dedicação, todos o aplaudiram e o deixaram bem satisfeito com esse pequeno progresso. Quando foi entregar o recipiente para Dadá, Martin o interrompeu: – Hei, hei, hei! O que pensa que está fazendo?

A resposta veio rápida: – Estou entregando o balde para o Dadá.

O aventureiro o orientou, dizendo: – Não. Não, senhor! Leve até a leiteira e em seguida a colocaremos no caminhão. Parte do leite vai para a cidade e parte ficará aqui. Esse leite nos ajuda a sustentar as despesas da fazenda e você acaba de contribuir para isso. Muito bem!

O jovem estava muito feliz. Estufou o peito e disse: – É, gostei da experiência! Na verdade, adorei! Dadá, amanhã estarei aqui de novo. Muito obrigado. – Depois de agradecer, já saindo para ir embora, Martin o interpelou novamente.

– Bruce, aonde você acha que vai? Vou começar a chamá-lo de Preguiça. O serviço não acabou ainda. Agora teremos de soltar as vacas com seus bezerros, e em seguida limparemos o curral.

Os olhos do rapaz pareciam querer saltar das órbitas. – Limpar o curral? – perguntou atônito.

O mestre não lhe deu sossego: – Sim, mãos à massa! Estão aqui as enxadas para terminarmos o serviço. Todo esse material retirado virará esterco e em seguida será colocado na horta para ser reaproveitado. Como Vilanova o fitava com cara de descrença, o aventureiro lhe disse: – Meu caro, trabalhamos com sustentabilidade! Quase nada se perde aqui.

Sem acreditar que teria de fazer aquilo, o cantor apanhou a enxada. Foi amontoando as fezes das vacas com cara de nojo, andando na ponta dos pés, mesmo calçado de botas com canos que lhe subiam até o meio das canelas. Passados uns minutos acostumou-se e o serviço fluiu mais rápido. Quando tinha terminado de armazenar os excrementos, recolheu os baldes vazios de leite e os banquinhos. No final, os rapazes já tinham saído. Ele cumprimentou Dadá, que lhe deu um abraço, e dali foi conduzido por Blumer para as baias dos cavalos, onde ficou extasiado.

Apesar da admiração que sentia pelos bichos, tinha receio de montar. – Sabe, Martin, sempre amei cavalos, mas não tenho experiência nenhuma com eles. Acho um animal bonito, encantador! – confessou, sob o olhar curioso do amigo.

– Então está na hora de desenvolver essa habilidade. Que tal darmos uma volta? – questionou o aventureiro, alisando a crina de um cavalo negro, cujo pelo brilhava ao Sol.

– Será? – Bruce ficou em dúvida. – É, penso que deve ser outro medo que tenho de enfrentar, não é isso que vai me dizer?

Blumer deu uma gargalhada. – Você aprende rápido, rapaz! Parece que já entendeu o que acontece em relação aos medos: ou é dominado por eles ou os domina. Lá na minha fazenda você não teve coragem de se arriscar, mas que tal vencer mais esse temor aqui? Vamos lá? – convidou.

O senhor Joaquim, o cuidador, um homem barrigudo, calvo no topo da cabeça e com um bigode grisalho, aproximou-se gentilmente. – Senhor Martin, precisam de algo? Quer que eu sele dois cavalos? – quis saber, sem se dar conta de que ele vinha acompanhado. Ao ver o rapaz ao lado dele, deu um grito de alegria: – Bruce Vilanova, que prazer! Não vai me dizer que além de um grande cantor também é um grande peão... – E foi lhe estendendo a mão rechonchuda.

Foi Blumer quem respondeu: – Não, senhor Joaquim. Ainda não é, mas vai ser! Poderemos ensiná-lo – disse, dando tapinhas no costado do animal.

– Aí é que se engana, senhor doutor: acho que são os cavalos que nos ensinam – afirmou, acariciando a fronte do bicho.

O aventureiro concordou e disse ao jovem amigo: – É verdade, Bruce! Quando abrimos os olhos e os ouvidos para a natureza, ela se torna uma escola em nossas vidas.

Um pouco alheio e se perguntando como não tinha seu celular à mão para compartilhar nas redes sociais as imagens dos belos animais, o rapaz disse: – Não entendi nada, mas tudo bem. Vamos lá! O que tenho de fazer?

O senhor Joaquim correu para pegar uma sela, mas Martin o interrompeu: – Não, não, senhor Joaquim. Bruce pode fazer isso. Você só deve orientá-lo, por favor. Vamos lá, mãos à obra, garoto! Eu preparo o meu cavalo e você prepara o seu. – Então, dirigiu-se à parede de madeira onde estavam pendurados os equipamentos para montaria. Pegou dois deles e virou-se para o rapaz: – Tome um cabresto. Pegue aquele cavalo branco que está na terceira baia.

O jovem cantor ficou olhando para o objeto sem saber o que fazer com aquilo. – Mas não sei como colocar – lamentou-se.

– Senhor Joaquim, por favor, acompanhe o peão – orientou o aventureiro.

O homem demonstrou como ele deveria usar aquilo no bicho, colocando o aparelho no ar. Quando foi sua vez de pôr o equipamento para valer, o rapaz tentou fazê-lo de forma abrupta e o cavalo se remexeu.

– Calma, devagar, Bruce! Os movimentos aqui são sempre lentos e calmos. Este animal se assusta à toa. Não precisa olhar diretamente nos olhos dele, assim ele entenderá que você não é uma ameaça. Em seguida o acaricie levemente com movimentos vagarosos.

De nome Faísca, o cavalo destinado ao aprendiz era castrado e bem tranquilo. Blumer ensinou o jovem ídolo a montar. Ele subiu no equino completamente desequilibrado, mas aos poucos se familiarizou na nova posição e finalmente conseguiu manter-se estável lá em cima. Quando se sentiu pronto, avisou o amigo e ambos saíram cavalgando lentamente. Observando-os de lado, o senhor Joaquim brincou: – Eita, este menino leva jeito, não é, professor?

Martin concordou, enquanto acenavam para o homem ao sair do curral.

O passeio foi lento e bonito. No caminho, Bruce se admirou com a linda paisagem que se formava no infinito verde das matas, que apresentavam árvores com diferentes tons. Passaram por uma represa de águas limpas e claras, e então adentraram algumas lavouras. Quando chegaram naqueles campos a perder de vista, o rapaz perguntou: – Quantas plantações, Martin. De onde são?

Com o olhar perdido nos limites de onde sua vista alcançava, o aventureiro respondeu: – São daqui da fazenda. Tudo o que comemos aqui é plantado ou criado aqui mesmo.

Bruce ficou admirado com a informação. – Que curioso! E quem são os trabalhadores? Devem representar um custo alto para a clínica, não? – questionou.

– Temos apenas alguns orientadores, mas quem faz tudo são vocês. Ou melhor, nós – explicou Blumer. – Assim como fizemos hoje mais cedo no curral.

– E por que demorei tanto para começar? Não sabia que acontecia isso no dia a dia aqui. – O rapaz estava perplexo.

– Como você sabe, teve de passar por um período de desintoxicação e era necessário mantê-lo à vista, sempre perto da sede da fazenda – alegou Martin. – Passada essa fase, posso te garantir que trabalhar no campo é uma das melhores terapias – prosseguiu.

Horas mais tarde os dois retornaram às baias. Ao vê-los, o senhor Joaquim foi ao encontro deles. Assim que estavam perto do local onde seu cavalo ficava, Bruce desceu de Faísca e disse: – Tome aqui! Obrigado, senhor Joaquim! Obrigado, Martin! Adorei, foi uma experiência incrível.

Blumer o corrigiu de imediato: – Opa, opa, opa! "Foi" não, porque ainda não acabou. Agora desarreamos os cavalos, depois lhes damos um banho e os soltamos nos piquetes.

O jovem não acreditou. – Sério mesmo? Estou cansado demais, já – disse num tom lastimoso.

– Sim, claro! Trabalho completo. Quer se tornar um peão ou não quer? – perguntou o amigo, sem se deixar influenciar pelo rapaz. Bruce assentiu, convencido apesar de exausto. O senhor Joaquim foi ajudá-lo enquanto Martin terminava o trabalho com seu animal.

Antes de dar início à tarefa, porém, o jovem ídolo lembrou-se de um conselho que havia recebido havia muito tempo: – Ah, não posso passar atrás do cavalo, não é? Dizem que podemos tomar um coice.

O homem de bigode o tranquilizou: – Não se preocupe. Aqui os animais são bem calmos e educados. E você também tem uma grande vantagem: não demonstra medo. O medo influencia bastante esses bichos. Quando a pessoa o demonstra, é mais perigoso. Se você confia nele, ele confiará em você. Eles têm muita sensibilidade.

A manhã intensa foi seguida de um delicioso e restaurador almoço. No entanto, em vez de tirarem o cochilo habitual depois de comer, terminada a refeição, Helena convidou Bruce a realizar outra tarefa: – Meu querido, vou até o galinheiro, preciso pegar alguns ovos. As galinhas já devem ter botado bastante e preciso de ajuda. Quer ir comigo?

Ele a princípio ficou apreensivo e disse ter medo até de aves, mas no fim das contas concordou. Do outro canto da mesa, Martin esboçou um sorriso de felicidade ao ver que o jovem se mostrava receptivo com as novas lições. Como a médica era uma senhora quase na casa dos 70 anos, o rapaz estendeu o braço gentilmente para conduzi-la. Ela retribuiu a gentileza enchendo-o de elogios: – Como você é gentil e educado. Não é somente um excelente cantor, mas também um belo ser humano.

A cada passo na fazenda, Bruce se descobria e entendia que sua vida não se limitava a palcos, aeroportos e hotéis, e cada vez mais ia se fascinando com o campo. Ao chegar ao galinheiro, o jovem se apressou e precipitadamente levou a mão ao ninho, tomando uma bicada. – Opa! O bicho é bravo! – exclamou, alegre e assustado.

Helena deu uma deliciosa gargalhada: – Claro, meu querido, com este medo todo! Experimente mais uma vez, sem ansiedade.

Ele se aproximou novamente das galinhas e, em tom suave, fez seu apelo: – Calma, bichinho, devagar. Não me bique. Agora sim. Olha só: dois ovos. Esta deve ser das boas.

A médica o parabenizou. – Muito bem – disse. – Com os animais lidamos sempre de forma respeitosa, calma e carinhosa. Com qualquer um deles.

O rapaz concordou. – É, o senhor Joaquim me disse a mesma coisa.

Até o fim da tarefa o jovem cantor tomou mais algumas bicadas, mas os dois conseguiram encher o cesto de ovos. Além dos produtos que juntara, como recompensa Bruce ainda pegou o jeito de lidar com as aves. Dona Leila ficou admirada da nova habilidade do rapaz e prometeu que lhe faria uma omelete suculenta no jantar.

Por volta das quatro da tarde, Martin pegou um trator e convidou seu jovem amigo para ir até a parte da fazenda em que cultivavam grãos. Assim que saíram, o aventureiro começou a ensiná-lo a dirigir o veículo. Ele descobriu que era como conduzir um carro, só que tendo em conta a maior dimensão do veículo, e assumiu o volante. Pouco a pouco se mostrou mais interessado e prestativo. Quando chegou ao campo onde iriam arar a terra, perguntou: – O que será plantado aqui, Martin?

O mais velho respondeu que seria uma plantação de milho. – Mas antes é preciso preparar o solo. – Então deu as coordenadas de como deveria ser feito o trabalho: – Você vai pegar este eixo até o final da cerca com o arado e voltar por ele mesmo em seguida, e assim por diante até terminar este quadrado inteiro, chegando naquela cerca lá embaixo. – Dessa vez não houve relutância, e Bruce até se divertiu muito com a tarefa. Ele começara a entender a mensagem que Blumer queria lhe passar desde o início.

– Isso, Bruce, estou gostando de ver! O segredo não é simplesmente fazer o necessário, mas ir além da lógica e do esperado – disse o aventureiro, com um sorriso de satisfação.

Quando terminaram, os últimos raios solares banhavam o campo, deixando ainda mais bonito o relevo do solo que acabavam de trabalhar. Os dois retornaram papeando, animadamente. De volta à sede da fazenda, o jovem guardou o trator e Martin o chamou para uma conversa sobre os aprendizados do dia.

– Bruce, você agora passou a entender que o ato de servir é nobre e engrandece o ser humano. Como você se sente depois disso? – perguntou o mestre.

O rapaz estava visivelmente cansado, mas uma luz diferente brilhava em seu semblante. – Eu me sinto muito bem! Estou vivendo experiências que jamais esquecerei. Acho que vou virar fazendeiro quando sair daqui – declarou, sem exageros.

– Pode me convidar pra ser seu sócio que estou dentro – disse o aventureiro, feliz. – Você foi bastante proativo nesta última atividade. Surpreender as pessoas à sua volta sempre funciona. Você me disse que sempre foi hiperativo e que, de alguns anos para cá, se tornou mais acomodado. Se posso te sugerir uma coisa, minha dica é: **pegue sua hiperatividade e transforme-a em proatividade, sempre buscando servir as pessoas**. Muitos anos atrás eu me apresentava em barzinhos e tinha um tempo fixo para cantar que era de aproximadamente três horas. Com frequência, eu ficava rouco, porque era muito tempo cantando. No entanto, sempre tive em mente fazer algo a mais do que o combinado e o esperado. Sempre surpreendi o público e os donos dos bares cantando além das expectativas, algumas canções adicionais que acabava incluindo no repertório. Isso chamava a atenção das pessoas. Eu atribuo grande parte do meu sucesso a essa virtude, ser proativo, dar um passo à frente, entende? Um outro ponto importante nas pessoas que são proativas é que elas sempre superam e não se intimidam com imprevistos. Do contrário são as pessoas reativas, que não conseguem improvisar; qualquer coisa que saia do normal as desanimam e as desequilibram. O proativo resolve, improvisa e executa, independente dos obstáculos. Leve isso para seu cotidiano e para tudo que for fazer.

– Entendo, Martin. Realmente me sinto melhor quando vejo que fiz algo a mais, que ultrapassei as expectativas. Mas, em geral, estar com fadiga é como dormir e não descansar, sabe? Hoje pude perceber a sensação de servir aos colegas, mas esse ambiente do campo, a natureza, também facilita muito, né? Eu tenho vivido experiências incríveis aqui. Jamais esperava ou imaginei que pudesse fazer isso um dia – confessou o jovem, visivelmente surpreso com as próprias capacidades.

– Você conquistou tudo na vida: bons carros, um belo apartamento, uma mansão maravilhosa em fase final de construção, e possivelmente tem vários meios de se divertir. Ouvi dizer que costuma ir para a praia andar de jet-ski, tem um barco e também faz vários passeios de moto, certo? – questionou o aventureiro.

O jovem concordou meneando a cabeça e complementou: – Sim, gosto bastante de tudo isso.

– O que é muito bom – ponderou o aventureiro –, desde que você não abandone as coisas simples da vida. Depois daquele episódio com meu filho Felipe, tive a oportunidade de fazer um exercício que me resgatou e me ajudou muito. Sentei-me com uma pessoa em meio ao campo e à natureza, pois, assim como você, não costumava frequentar esse tipo de ambiente. Ela me orientou a fechar os olhos e voltar ao tempo em que ainda não havia conquistado bens materiais e ganhado dinheiro. Então me perguntou o que era importante, quais eram as atividades que de fato me traziam prazer, com quem eu convivia. Fiz uma viagem percorrendo minha vida e me deparei com lembranças simples que me marcaram, como jogar bola na rua descalço com os amigos, brincar de mãe da rua, pular nos barrancos de construções, estar no quintal com colegas brincando de pique-esconde, faroeste, chupando cana e jabuticaba. Quando chovia, havia enxurrada no meio-fio, e eu brincava com aquilo. Montava fazendinhas durante horas e fingia ser fazendeiro. Até que me veio uma lembrança forte: meu avô descascando laranjas para nós de forma muito carinhosa e cuidadosa. Ele pegava seu canivete rajado e, sem ferir a fruta, a descascava fazendo uma tampinha em formato de cone, arrancava o caldo e nos presenteava. Um presente muito simples, mas que, quando me veio à mente, arrancou-me lágrimas. Foi uma sensação que há tempos não sentia. Essa pessoa me perguntou, então, onde estavam as laranjas do meu avô, se haviam se perdido no tempo, e me disse que eu não as deixasse morrer e as resgatasse no dia a dia. Ela me aconselhou a buscar as coisas simples, procurar visitar as pessoas importantes que há tempos não via, procurar um amigo querido. Liguei então para a minha tia e avisei que tomaria um café com ela. Peguei o carro e fui até lá. Ela me esperava com um bolo de cenoura com cobertura de chocolate, igual ao que sempre fazia na minha infância. Você nem imagina o sabor daqueles momentos que há tempos eu não vivenciava. Marquei encontro com amigos com os quais não encontrava mais e também foi sensacional. Comecei a resgatar em minha vida principalmente o contato com o campo, e voltei a conviver com animais, natureza e fazendas. Minha família veio junto e com isso nossos laços de união se fortaleceram.

– Espere, Martin, isso me parece bem familiar. Não foi o exercício que fizemos em sua fazenda, logo quando saí do hospital? – questionou Bruce.

– Exatamente! É um exercício de autoconexão que resgata nossa essência e nos leva a nossas raízes, a cavar fundo em nossa psique e nosso mundo interno, por isso provoca mudanças significativas. Tenho uma amiga que trabalha em um hospital, na área de cuidados paliativos. Ela me disse que quando um paciente vai chegando ao fim da vida e recebe essa notícia, ela é chamada para tentar confortá-lo e normalmente pergunta o que gostaria de fazer nos últimos dias. Nenhum deles pede para andar em um carro importado, um barco ou uma poderosa moto, nem jantar em um restaurante cinco estrelas. Todos eles, sem exceção, escolhem as coisas mais simples, pedindo a comida caseira da mãe, passar uma tarde jogando com o filho no jardim, tomar um café com alguém querido, brincar com os cachorros. **Somente as coisas simples podem preencher o vazio que às vezes sentimos por dentro. Novamente reforço o pensamento de que a simplicidade é o resgate do ser, e muitas vezes se resume em tudo aquilo que o dinheiro não compra. É fato. É isso que você deve estar descobrindo. Não deixe que a vida passe e que o faça olhar para trás e dizer que não há mais tempo**.

Ao final da explicação, Bruce tinha os olhos marejados. Revisitou em sua mente a manhã com as vacas, a montaria a cavalo, as galinhas em toda a sua singeleza pondo ovos. Lembrou-se dos arados, da terra que gerava frutos e não pedia nada em troca, apenas respeito e cuidado. Seu pensamento cruzou os muros baixos da clínica, chegou até seus pais, até Marina e sua filha Isadora. Sentiu o amor pulsar dentro de si por cada pequena coisa, cada ser pelo qual nutria os sentimentos mais nobres. Então olhou para seu amigo e agradeceu a ele, dando-lhe um caloroso abraço.

– Obrigado, Martin! É exatamente isso que estou sentindo!

CAPÍTULO 16

Enigmas do amor

Com tantas mudanças e aprendizados, os dias na clínica passavam rápido para Bruce. As atividades o mantinham ocupado, e o jovem cada vez mais provava um sentimento de utilidade e pertencimento que há muito tempo não experimentava. Sua transformação em um rapaz mais ativo e resiliente era notória; as pessoas à sua volta notavam, e ele passou a ser bastante requisitado para os mais diversos tipos de tarefa.

Numa manhã especial, enquanto o Sol se levantava tímido, Martin levou até o quarto do cantor um presente.

– Meu amigo, bom dia! 25 anos! Eu te desejo o melhor da vida. Trago uma lembrança. Espero que goste – disse o aventureiro com um pacote colorido na mão.

– Nossa, Martin, uma semana atrás foi seu aniversário, e estou te devendo um presente. Assim fico com vergonha, mas quando tiver alta compro algo especial para você – falou o rapaz, pegando o embrulho que o amigo lhe ofertava.

– Não se preocupe – tranquilizou-o Blumer. – Sua amizade em si já representa um ótimo presente!

Bruce abriu com pressa a embalagem brilhante. Nesses momentos era quando Blumer enxergava com mais clareza a criança que habitava o jovem. O rapaz viu que era um livro e abriu um sorriso. Quando checou o nome do autor, teve uma surpresa: era um título escrito pelo próprio aventureiro. Espantado, questionou-o: – Martin, você é o autor deste livro?

– Eu e mais tantas pessoas que cruzaram meu caminho. Quando você não tiver nada para fazer, pegue-o e dê uma lida – convidou.

– Agora fiquei curioso. Começarei hoje mesmo – falou Vilanova, animado. – Puxa vida! Como você consegue fazer tantas coisas ao mesmo tempo? Estou impressionado com sua versatilidade.

– Obrigado! Quando nos sentimos aprendizes, estamos sempre prontos para novos desafios e descobertas. Você nos últimos tempos foi um desses. Aprendi muito contigo – revelou o mais velho.

– Comigo? – questionou Bruce, espantado. **– Não tenho nada para ensinar, apenas para aprender!**

Blumer o corrigiu: – Conceitos não escolhem fonte, são dignos de todo ser humano. É importante conhecer seu próprio livro, cada página, cada capítulo, não pular nenhuma parte. Autoconhecimento: essa, sim, será a grande raiz de onde surgirão as melhores experiências e aprendizados. Há pessoas que se prendem em livros destinados a outras pessoas, mas se esquecem do próprio, e quando acordam estão vazias, não adquiriram absolutamente nada. Por isso o autoconhecimento foi um passo importante que você deu.

O jovem coçou a cabeça. – Sim, Martin, sem dúvida! Hoje estou bem mais próximo de mim – concordou.

– Teremos uma festinha hoje à noite para nosso querido artista! Será algo muito simples. Seus pais já estão avisados e se encarregaram de convidar algumas poucas pessoas para estarem conosco – anunciou o aventureiro, contente.

– Acho que poderiam convidar... – Parou para pensar um instante. Então desistiu de falar: – Não, deixe pra lá! Não daria certo!

O aventureiro pareceu não ouvir. – Bem. Deixe eu ir. Vou até a cidade e à noite estarei de volta. – Quando foi se levantar para sair, viu papéis sobre a pequena mesa que ficava no canto do amplo quarto, e perguntou: – O que é isso sobre a mesa? São suas anotações?

O rapaz abriu um sorriso. – Sim! São também algumas cartas que tenho trocado com Marina. Eu as estava relendo. Mas sei lá... Ela está sumida há alguns dias. Acho que nem vai me dar os parabéns – constatou, com o sorriso desaparecendo.

– E as anotações? – insistiu o velho amigo.

Bruce acendeu o abajur sobre o criado-mudo e iluminou uma parte do móvel onde estavam vários papeizinhos colados. – Aqui estão meus lembretes. Todos os dias quando acordo é a primeira coisa que faço: registrar todas as tarefas pendentes. Você me ensinou isso e esse procedimento tem feito toda a diferença durante os dias em que tenho estado aqui. Como são importantes a disciplina e a organização! Consegui manter meu foco onde eu precisava, graças a você – reconheceu o rapaz, agradecido.

Martin olhou atentamente as anotações. Ao final, disse: – Mais uma vez eu posso ter sido sua bússola, mas você é quem percorreu o caminho. Até mais tarde, meu jovem!

O dia transcorreu como todos os outros na clínica: o rapaz se manteve concentrado e conseguiu desenvolver suas atividades de forma ordenada e focada. No momento da meditação, agradeceu por tudo de bom que possuía, principalmente suas virtudes. Também emitiu pensamentos de gratidão por suas fraquezas, com as quais agora conseguia lidar de maneira mais apaziguada. Os pacientes e orientadores da clínica, que eram atentos a datas, deram-lhe um abraço apertado pelo aniversário. Quando a noite caiu, Bruce dirigiu-se ao local da celebração e se deparou com uma agradável surpresa: era uma festa junina! Mas as novidades não acabavam por aí e, quando viu tudo montado, o jovem exclamou: – Nossa! Colocaram palco, tem até som! Não mereço tudo isso!

Helena, que estava perto da porta e o ouvira falar aquilo, logo disse: – Merece muito mais! Durante todos estes dias você fez a diferença na vida de todos nós com seu brilho, sua presença carismática e suas músicas, que embalaram nossos corações em algumas noites. Todos nos encantamos com você, com sua evolução. Como você cresceu! A festa é para comemorar seu aniversário, Bruce, porém alguns hóspedes convidaram suas famílias, você se incomoda?

Feliz, ele abraçou a médica e respondeu: – De jeito nenhum! Será uma linda noite e vamos comemorar todos juntos. Terei o maior prazer em conhecer as pessoas importantes na vida dos meus colegas.

O rapaz observava as bandeirinhas que pendiam do teto, as mesas com toalhas coloridas repletas de docinhos e salgadinhos, os pacientes com roupas caipiras e chapéus de palha na cabeça.

Helena buscou os olhos do cantor e disse: – Apesar de comemorarmos o seu aniversário, a festa terá também uma parte triste...

O jovem ficou sério. – Como assim, Helena? – perguntou.

– Teremos uma despedida – revelou, com a comoção que ela lutava para não deixar transparecer denunciada no brilho dos olhos úmidos.

– Despedida? Quem vai embora? – questionou surpreso.

– Um jovem cantor que se levantou das cinzas e vem provando ser um grande homem. Você vai embora! Você estará de alta amanhã pela manhã – contou a médica, feliz por ver o rapaz no bom caminho, mas também triste por perder sua companhia diária.

Bruce começou a tremer da cabeça aos pés. Então, deu um abraço forte em Helena até levantá-la do chão. Não tinha palavras para agradecer a ela, apenas chorava em seus ombros.

Ao ver a cena, os colegas se aproximaram e disseram quão orgulhosos estavam dele e como o admiravam, entre eles Fred, seu novo amigo. O gaúcho pediu para proferir algumas palavras: – Como tu me ensinaste, meu amigo! No início tivemos tudo para sermos inimigos, e hoje te vejo como um companheiro para todas as horas. Aprendi muito contigo, Bruce! Ficarei alguns dias por aqui ainda, estou me fortalecendo e, confesso, me inspirando muito em ti. Como tu foste forte!

O jovem não esperava que o outro fosse dizer algo tão bonito. Conseguiu responder com a voz embargada: – Grande, grande Fred! Não tenho palavras para agradecer sua amizade, seu companheirismo e sua generosidade em vários momentos comigo. Você nem imagina quanto foi fundamental para minha recuperação. Quando sair daqui me procure, quero continuar vendo você e alimentando nossa amizade!

O gaúcho foi lhe dar a mão, mas Bruce o puxou e os dois se deram um forte abraço.

Bruce não acreditou quando, vindo da outra ponta, foi surpreendido pela presença inusitada de Cesar, seu empresário, que chegou dizendo: – Como está a nossa estrela? Bruce, como é bom te ver!

– Cesar, obrigado por ter vindo! Como você está? Como andam as coisas? – perguntou o jovem, sem saber ao certo como começar a conversa, ou se queria realmente saber como estava o mundo lá fora num instante como aquele, de celebração.

Cesar entendeu a sensibilidade do momento. – Esta é uma noite de comemoração e a conversa é outra! Depois, quando você retornar à cidade, conversaremos sobre os demais assuntos. Iremos ao escritório e, aí sim, colocaremos a vida em dia – disse, compreensivo. – Quero lhe parabenizar por sua recuperação. Já recebi notícias! Você surpreendeu mesmo a todos e a mim também. Um feliz aniversário, meu amigo! Muita saúde para você, conte comigo sempre!

Todos se divertiam, alguns dançando com a música animada que a banda tocava, outros conversando alvoroçadamente, quando Martin chegou de chapéu de palha, acompanhado de Laura e Flora. Bruce correu até eles e os recebeu com um abraço apertado. No princípio as palavras não saíram, ficaram engasgadas, mas então o jovem agarrou a mão do mais velho e a beijou, em sinal de gratidão. O aventureiro devolveu o beijo e abaixou a cabeça, também muito emocionado.

– Parabéns, meu amigo! Você não só se recuperou como surpreendeu a todos, especialmente a mim. Descobriu o gigante que morava dentro de você e que estava, de certa maneira, amortecido. **Os planos da vida algumas vezes são outros e não os mesmos que traçamos. Tudo foi necessário para que você chegasse até aqui.** Mas venha aqui. Tenho mais uma surpresa para você. Veja quem está chegando – disse, enquanto estendia o braço na direção da porta.

Bruce foi até lá e viu sua mãe e seu pai se aproximando do local. Cleusa não se conteve e, já a par de tudo, abraçou o rapaz, parabenizando-o não só pelo aniversário, mas também pelas novas conquistas. – Sempre soube que você seria capaz, meu filho! Estou orgulhosa de você. Sempre acreditei na sua força. Tenho certeza de que agora está no caminho certo. Deus lhe abençoe, sempre. O aniversário é seu, mas somos nós que ganhamos o presente: ver meu filho Bruce de volta à vida!

O pai também fez questão de dedicar algumas palavras especiais ao rapaz: – Bruce, não quero somente parabenizá-lo, mas queria dizer que gostaria de ser forte como você. Você é um grande guerreiro, um grande lutador. Poucos conseguiriam superar o que você superou. Não tenho metade da sua força. Eu te admiro cada vez mais e estarei sempre a seu lado. Agora me dê mais um abraço forte de filho.

A festa seguiu num clima de harmonia e felicidade. Havia quentão, canjica, pastéis, doces, tudo feito sob a batuta mágica de dona Leila, e muita música boa. Todos dançavam quando, de repente, alguns convidados pararam para admirar uma morena exuberante que chegava caminhando suavemente pelo salão com uma linda menina. Lá fora a Lua brilhava pulsante, mas no recinto quem chegou atraindo todas as atenções foi Marina, com sua beleza exótica. Bruce ficou boquiaberto e estarrecido, não acreditava no que via à sua frente. Ele olhou para o amigo mais velho, intrigado.

– Martin, você... – tentou perguntar, porém a voz ficou engasgada.

Blumer sorriu com malícia. Apenas ficou em silêncio e se afastou.

Marina e Isadora se aproximaram de Bruce acanhadamente, desviando das pessoas que chacoalhavam felizes ao som da música. Os olhares do casal se cruzaram nas faíscas que surgiram somente em volta deles. Emocionados, ambos tinham o olhar tomado pelas lágrimas. O jovem então falou:

– Não consigo acreditar no que está acontecendo. Você veio me ver! Está aqui, com minha filha no meu aniversário... depois de tudo o que fiz...

A moça tapou delicadamente a boca de Bruce, dando a entender que ele não precisava dizer nada. – Parabéns, lindo. Você merece tudo de melhor. Feliz aniversário! – Agora ela sorria serena, seus olhos castanhos profundos encarando o rapaz através de sua alma.

A pequena Isadora tirou um presente da sacola. Ofereceu-o ao jovem e o cumprimentou: – Parabéns, papai! – Bruce a ergueu do chão e a envolveu num caloroso abraço, que a filha retribuiu carinhosamente.

– Minha filha, o melhor presente foi vocês terem vindo. Muito obrigado!

Marina o ajudou a abrir o embrulho, enquanto ele segurava a menina. Era uma nova camisa para usar nos shows, que o rapaz agradeceu dando muitos beijos nas duas.

Depois que Bruce foi brincar um pouco com Isadora, Marina foi ao encontro dos pais dele. Os olhares do casal se cruzavam em vários momentos durante a noite. Num dado momento, o jovem cantor não conseguiu se segurar e, num ímpeto representado por um ato de coragem, subiu ao palco. Pegou o violão e começou uma série de homenagens

– Meus amigos, gostaria de agradecer a todos por tantos momentos incríveis que vivenciei aqui. Fiz amizades, me encantei com pessoas, aprendi novas atividades e até virei peão. – Todos riram e ergueram seus copos. – Pai, já sei até tirar leite! Podemos pensar em comprar uma fazenda. – Ermínio, divertindo-se muito, o aplaudiu. – Tenho duas pessoas especiais, entre tantas, às quais gostaria de agradecer profundamente por terem me estendido a mão e me tirado do fundo do poço: Martin e Helena. Obrigado por tudo! Levarei vocês comigo para o resto da vida. Nossa querida dona Leila, a melhor cozinheira do mundo, também merece meu reconhecimento. Aplausos para ela! – Da porta da cozinha, a senhora alegremente acenou com a mão, encabulada. – Fiz grandes amigos! Dadá, senhor Joaquim, obrigado por tantos ensinamentos. Agora já sei como domar um potro e amarrar os pés de uma vaca. – Os presentes foram às gargalhadas. – Fred, meu amigo, estaremos juntos! Existe também outra pessoa muito especial aqui nesta noite: minha filha Isadora. Tenho certeza de que a partir de hoje estaremos mais juntos. Papai quer poder passar a seu lado momentos incríveis desde já. Você é o maior presente que Deus me deu! – O jovem não conseguiu mais falar, em meio às lágrimas. A pequena multidão irrompeu em aplausos calorosos. Depois de enxugar o rosto, o rapaz voltou ao microfone e prosseguiu: – Quero também fazer uma homenagem a uma das pessoas mais importantes da minha vida! – Ele escrutinou o espaço e localizou Marina de braço dado com Cleusa. – Marina, me desculpe por minha imaturidade, por eu não ter enxergado o que você sempre quis me mostrar durante tanto tempo. Sei que para você talvez tudo tenha acabado, mas para mim uma estrela ainda brilha no céu e tenho esperança de poder reconquistá-la. É para você que ofereço esta canção. – O jovem deu início a alguns acordes e tentou cantar "Amor infinito", mas as frases saíram atropeladas, tamanha a sua emoção. Teve de respirar fundo. Já refeito, Bruce soltou a voz. Todos se envolveram no clima romântico que tomou o ambiente, e Bruce e Marina se prenderam num único olhar durante toda a música. Assim que terminou, ele desceu do palco, se aproximou dela e todos pararam para a cena que se faria em seguida. Bruce se aproximou lentamente, sutilmente tocando os longos cabelos de Marina, sussurrando algumas palavras em seus ouvidos, e levemente foi tocando seu rosto com beijos calmos e envolventes. A cena envolveu a todos no local, mas os dois pareciam estar sozinhos entre quatro paredes. Ela, que inicialmente estava um pouco arredia e temerosa, aos poucos se rendia ao novo Bruce que se mostrava mais maduro e fortemente apaixonado novamente por ela. Naquele momento, os dois então se entregavam ardentemente, com beijos e carinhos intensos e envolventes como se nada mais existisse, quando se deram conta de que todos assistiam sensibilizados e emocionados com a cena romântica. Em seguida, pegou o violão e a chamou para irem ao jardim.

Bruce pediu à garota que se acomodasse num banco de madeira. – Marina, por favor, fique parada na minha frente. Deixe que a lua agracie sua beleza – disse. Então pegou o violão e começou a compor uma canção. Seus cabelos pretos, adornados com uma flor branca, eram realçados pela luz azulada que vinha do céu e banhava tudo ao redor. O rapaz se inspirava com o sorriso encantador e o olhar atento e sonhador de Marina.

– Bruce, que música linda! – exclamou ela, abismada. – Tem uma melodia diferente, até o ritmo é novo. Nunca vi você fazer canções assim. O que anda escutando?

Ele sorriu. – Tenho realmente pegado referências diversas e provado de outros temperos musicais. Acho que vai dar uma boa "sopa", não é? – perguntou entusiasmado.

– Com certeza! Estou encantada! Como é intenso e forte o que você fez aqui! – concordou Marina.

Vinda do salão, Isadora aproximou-se e os abordou no meio da canção. – Opa, estou atrapalhando? – perguntou, sem graça.

– Você nunca atrapalha, filha! – respondeu Bruce, amorosamente.

Isadora se jogou nos braços do pai, que colocou de lado o instrumento. A menina então perguntou: – Papai, você gostou mesmo do meu presente?

O jovem fez uma cara de admiração. Respondeu sem titubear: – Sim, filha, adorei! – E deu-lhe um beijo estalado na bochecha.

– Que tal você me retribuir, então? – questionou ela. Seus pais riram, sem entender. Mas Bruce a incentivou a dizer o que queria: – Pode pedir, filha. – Marina estava curiosa para saber o que a menina ia dizer.

– O maior presente que você poderia me dar seria voltar para casa e ficar com a mamãe – revelou a criança, animada e direta.

Marina levou um susto e ficou vermelha. – Isadora, por favor! – recriminou-a, rindo de nervoso.

– Não, não, Marina, calma. Temos muito o que conversar! – Bruce a interrompeu. – Amanhã estarei de alta, como já deve saber. Podemos nos encontrar, se quiser – propôs.

Sem esconder o incômodo, mas também demonstrando o sentimento que ainda nutria pelo ex-marido, ela concordou: – O.k. Bruce, combinado!

O resto da noite foi de alegria e comemoração. O jovem casal dançou todo o tempo que permaneceu na festa. Muitos estavam tristes pela partida de Bruce no dia seguinte, mas não focaram nesse acontecimento e sim no fato de que o cantor estava recuperado e poderia voltar ao convívio de sua família, além de restabelecer sua carreira. Um novo horizonte se delineava para ele.

CAPÍTULO 17

Da retomada ao recomeço

No outro dia pela manhã, Bruce tomou café junto com os colegas e Helena. Novamente, fez questão de expressar sua gratidão a todos que tinham feito parte daquele período de renascimento em sua vida: – Helena, minha querida, vou levar os ensinamentos daqui para o resto dos meus dias. Talvez não tenha, em toda a minha existência, aprendido tantas lições quanto as que aprendi aqui em apenas um mês! Eu me sinto outra pessoa, preparado para voltar à minha rotina normal. Não sei como vai ser o profissional, mas estou bem mais disposto. Ele aproveitava o momento de confraternização para saborear, pela derradeira vez durante sua estadia, o delicioso bolo de fubá de dona Leila.

Helena agradeceu a ele e comentou: – Bruce, a vida é uma estrada contínua. Obstáculos, desafios, altos e baixos fazem parte e você já sabe que a forma de lidar com tudo isso é que faz a diferença. Seus olhos verão o que você muitas vezes não quer ver, seus ouvidos, da mesma maneira, ouvirão o que você não deseja, e, na sua mente, seus pensamentos serão seu filtro. Quando não os usamos, nos intoxicamos. E só cabe a você escolher! Meus parabéns por sua recuperação. Novamente quero dizer que estamos todos orgulhosos da sua conduta.

Terminado o café, o rapaz fez uma peregrinação por todos os setores da clínica. Deu um abraço apertado em dona Leila, que assou outro bolo especialmente para que ele o levasse para casa. Passou pelo curral, acariciou as vacas e os cavalos, agradeceu mentalmente o acolhimento das árvores e plantas da fazenda. Tocou a terra que havia arado no campo, pensou na força que ali havia. Por último, despediu-se de duas pessoas que conhecera ali e com quem desejava manter uma amizade próxima: – Até breve, meus amigos Fred e Paulo. Obrigado por tantos momentos especiais. Aprendi muito com vocês. Logo nos veremos lá fora! – E então, para a médica que cuidara tão bem dele: – Helena, gostaria de voltar aqui algumas vezes. Posso?

A senhora assentiu. – A casa é sua, Bruce. Volte quando você quiser, será ótimo recebê-lo! – disse, colocando a mão gentilmente em seu ombro.

– Mais uma coisa: você foi mais um anjo que apareceu em minha vida e me carregou no colo. Obrigado.

Helena fixa os olhos intensamente em Bruce e diz: – Você nos emociona, que lindo ouvir isso de você. Nós aprendemos muito contigo, Bruce.

Martin, que o levaria de volta para casa, aproximou-se: – Vamos lá, meu querido! Hora de retomar a vida. Estou com pressa, pois tenho alguns compromissos. – O aventureiro despediu-se de todos e já arrumava as malas no carro para pegarem a estrada rumo à cidade. No entanto, virou-se para o rapaz, que já esperava no veículo, e comentou: – Esqueci uma coisa. Vou lá dentro para pegar e já volto. – Deu uma corrida até a sede da fazenda, chamou Helena num canto e a parabenizou: – Ótimo trabalho. Parabéns mais uma vez! Voltarei ainda nesta semana. – E lhe deu um carinhoso abraço.

O caminho de volta foi marcado por certa insegurança e apreensão de Bruce com relação a seu retorno aos palcos. – Ai, Martin, não sei como vai ser isso! Na verdade, pensei muito durante estes dias e estou bastante preocupado com a minha volta, com o que as pessoas vão pensar, meu público, a imprensa... Pela repercussão dos acontecimentos, sei que já me colocaram no chão, mas não sei como serão os shows. Tomara que meu público não tenha me abandonado – lamentou-se, acompanhando a paisagem que corria com pressa pela janela do carro.

O aventureiro tentou tranquilizá-lo. – **Vamos lá, Bruce! Construa o seu agora da melhor forma, mantenha a mente no presente! É a única coisa que podemos construir neste mundo: o hoje. Deixe que o que foge da sua alçada aconteça naturalmente. Muitas vezes sofremos por antecipação, meu amigo. Isso não resolve absolutamente nada.** – O jovem não teve alternativa a não ser concordar. Assim que deixou o rapaz em casa, Blumer seguiu rumo a seus compromissos: – Meu querido, vamos nos falando! Quero que saiba que tenho você como meu amigo, e amigos se veem com frequência. Ainda nesta semana conversaremos. Me dê notícias suas!

Bruce entrou em seu apartamento, deixou a mala e foi em seguida para a casa dos pais. Ao chegar lá todos comemoraram, principalmente o cão Ursus. O rapaz retribuiu os carinhos do animal, e disse: – Quanta falta senti de você, meu querido amigo! – Ambos brincaram no chão alguns minutos para matar a saudade, que era grande.

Cleusa então chamou o filho à mesa, que estava posta. Ela tinha feito a comidinha caseira que seu garoto tanto adorava, que incluía arroz, feijão-preto com toucinho, salada verde e frango com polenta. – Bruce, venha para a mesa! Queremos saber tudo! Agora teremos tempo para conversar sobre sua transformação. Ontem à noite percebemos você diferente, como há muito tempo não víamos. Este é o nosso filho! – celebrou.

– Obrigado. É verdade, meu pai e minha mãe: eu me sinto mesmo outra pessoa. É como se tivesse me reencontrado. Sei lá, é uma sensação estranha lidar com a fama, com o sucesso e com tudo o que estava acontecendo em minha vida nos últimos anos. É como se eu tivesse passado um tempo fora de órbita. Olho para trás e nenhuma lembrança me parece familiar, nada do que eu fazia parecia vir de mim... Não sei explicar... Sabe quando parece que você se tornou uma máquina para cumprir as funções automaticamente, sem a mínima consciência? É assim que vinha agindo! Agora tenho a sensação de ter me tornado outra pessoa, mais centrado e consciente. Acho que estou de volta – revelou numa conversa franca e aberta com os pais.

Ermínio se colocou no lugar dele. – Filho, todos nós passamos por isso. Eu também tive muitas fases complicadas na vida. Acho que isso tudo faz parte e tem grande significado no percurso de cada um, porque nos fortalecemos com os obstáculos, os erros. Vejo que você está bem mais forte e talvez tenha precisado viver esse período de alienação de si mesmo.

– Concordo, pai, é melhor pensar assim! Martin foi um grande professor para mim. **Aprendi coisas incríveis como autoconhecimento, autoconexão, aceitação, disciplina, proatividade, a gerenciar pensamentos e trabalhar com a mente**. Além, claro, de todas as atividades rurais e esportes pelos quais me encantei! **Descobri ainda quanto é importante dar valor às coisas simples.** Está aí: a partir de agora, este será um dos meus objetivos. Quero me desfazer de algumas coisas como a casa de praia, que uso pouquíssimo, e o barco. Tenho três aviões e hoje enxergo que os tenho muito mais por luxo do que por necessidade... Sei lá... Parece que depois do sucesso, sem perceber, passei a dar valor cada vez mais às coisas materiais. Não me sinto completamente pronto, mas percebo que preciso me reorganizar financeira e patrimonialmente. A casa de campo, no interior de São Paulo, também quase não usamos não é, pai? – reconheceu Bruce.

– É verdade, filho! No ano passado não fomos nenhuma vez! E pelo que vejo, a despesa para mantê-la é bem alta, assim como a da casa de praia e do barco – analisou Ermínio.

– Pedi a Cesar que assumisse a responsabilidade com meus funcionários durante esse período, mas nem sei como está essa questão. É algo também que preciso resolver, acho que tem muita gente à minha volta – disse o jovem ídolo. – É tanta coisa que nem sei por onde começar.

Cleusa estava contente com a maturidade do rapaz: – Filho, que bom que você está enxergando com mais lucidez! Todos nós já tínhamos percebido que você estava se deixando levar por riquezas materiais e por coisas supérfluas, mas não tivemos espaço nem liberdade para conversar sobre isso. Você deve, sim, trilhar esse caminho a que se referiu e, se precisar de algo, estamos aqui. Estou certa de que te trará bons frutos. – Então, lembrando-se da ex-nora: – E Marina, meu querido? Como ficará essa história? Você emocionou a todos ontem com a homenagem para ela. Foi muito lindo o que você fez. Sabe que eu e seu pai gostamos muito dela, né? Faço muito gosto se vocês voltarem. Claro, se optarem por isso.

O pai concordou: – É verdade, Cleusa! É uma moça realmente especial.

– Mãe, pai, se dependesse só de mim... Mas depende mais dela, nesse caso. Tenho de resgatar sua confiança novamente, só que essa é outra história. Hoje preciso resolver outras coisas, preciso saber sobre minha carreira, como está a situação na gravadora, quando volto a fazer shows, minha equipe, minhas contas no banco... É tanta coisa, mas vamos lá! Como disse Martin, só podemos construir o agora – ponderou o jovem.

À tarde, como já tinha agendado, ele se dirigiu ao escritório que administrava sua carreira. A empresa era grande e reconhecida no *show business*, e não só cuidava da trajetória artística de Bruce Vilanova, mas também de outros cantores famosos. Ao chegar ao local, um andar inteiro de um prédio envidraçado que tinha vista para o mar, notou que todos os olhares se voltaram para ele. Alguns sorriam, ironicamente. Outros pareciam estar contentes em vê-lo. E ainda havia os que fingiam não notar sua presença. Ele estava acostumado com muito assédio por onde passava e estranhou um pouco. O rapaz não fez distinção e cumprimentou a todos, um por um, até chegar à sala acarpetada de Cesar.

– Boa tarde, amigo, que bom que está de volta! Estávamos todos sentindo sua falta – disse Cesar, dando-lhe a mão.

– Não parece, Cesar. Sei lá, estou me sentindo um peixe fora d'água. Todos me olharam diferente, fazendo caras e bocas. Não estou me sentindo bem, não sei o que acontece. Será que estão todos me julgando? Seria preconceito com relação ao que aconteceu? Sou um ser humano. Sei que errei, mas não precisam agir assim – lamentou-se. Não vou me abater com isso, mas de fato é bem chato.

– Não, Bruce, é impressão sua, não tem nada disso! E, se tiver, você não deve satisfação a ninguém, certo? Logo você volta a fazer shows e ganhar muito dinheiro. Vai ter milhares de pessoas à sua frente e tudo voltará ao normal. E isso é o que mais importa: faturar, meu amigo – respondeu o outro, extremamente sorridente.

O rapaz coçou a cabeça. – Tudo bem. Entendo suas colocações, mas não deveria ser assim. Talvez para você isso seja realmente o mais importante, eu compreendo. Para mim também é muito valioso, só que não é mais prioridade. Já foi, cara, mas deixou de ser. Estou em busca de resgatar outras questões – disse um pouco contemplativo.

– Como assim, Bruce? Não estou entendendo o que você está falando. – Sentado numa imensa cadeira de couro, o homem apoiou os cotovelos na mesa com tampo de vidro. – Você é um cantor famoso! O que tem de fazer é ir à luta, cantar e voltar a brilhar nos palcos. Nosso negócio é bom demais e tem muita gente na fila – afirmou Cesar, tentando trazer o cantor à razão.

– Sim, Cesar, faz sentido. Mas **não quero que volte a ficar tudo bem somente por esses motivos. Isso para mim já não faz tanta diferença. Gostaria de te dizer que estou me transformando em outra pessoa. Gosto do meu trabalho, mas não valorizo mais tanto estes pontos externos** – esclareceu o jovem, olhando o mar ao longe pela janela.

– Como assim? Tem noção do que é ser conhecido e famoso? Conquistamos tudo, qualquer pessoa daria tudo para estar em seu lugar! O que aconteceu com você? O que te fizeram nessa clínica? – perguntou o outro, surpreso.

– Ah, é uma longa história. Não quero ficar entrando em detalhes, mas o lugar onde fiquei um mês não é somente uma clínica de reabilitação para dependentes químicos, é uma fazenda onde existem pessoas com conhecimento e capacidade para ajudar o ser humano em todos os sentidos. São treinamentos pelos quais você passa que são bem diferentes dos que nós já conhecíamos. Você acaba mudando sua forma de enxergar o mundo, priorizando outras coisas, dando um passo além de valores passageiros e superficiais – explicou o rapaz.

– Treinamentos? Me conte melhor isso – pediu Cesar.

– São tantas coisas... Posso dividir com você aos poucos. **Você aprende a lidar com a mente e as emoções para ter mais domínio sobre seu comportamento e suas atitudes. Automaticamente, começa a ter mais equilíbrio interno, paz de espírito. Passa a valorizar as coisas simples da vida**. – O celular do jovem, que estava sobre a mesa, iluminou-se mostrando uma mensagem que fora recebida. Ele pegou o aparelho e o colocou com o visor para baixo, para não se desconcentrar da reunião.

– Nossa, Bruce, nunca ouvi você falar assim, com tanta propriedade. Realmente,vejo que está diferente. Eu já tinha percebido algo diferente ontem à noite, tomara que seja positivo! – exclamou. Então, interrompeu o que dizia para perguntar ao rapaz se ele desejava um cafezinho. Diante do aceno positivo do astro, ele pegou o telefone e pediu à secretária que solicitasse dois cafés para eles. Então, prosseguiu a conversa: – Ah, vi aquele cantor famoso das antigas, o Martin. O que ele estava fazendo por lá? Não vai me dizer que é dependente também.

Bruce endireitou-se na cadeira, levemente incomodado. – Das antigas, não: ainda é atual e é uma pessoa incrível. Tem uma carreira brilhante e estável, não depende de estar o tempo todo nos holofotes da mídia. E ele não é dependente químico, e sim ajuda voluntariamente os pacientes em sua recuperação e a clínica a se manter. Foi ele quem me ajudou muito e me estendeu a mão nesse período – reconheceu.

Cesar afastou-se da mesa, inclinando sua poltrona para trás. – Bem, Bruce, desculpe! Eu também tentei fazer isso logo que saiu do hospital, mas você não queria nem conversar... – justificou-se.

– Claro, Cesar. Fique tranquilo! Sei que faria isso por mim. Mas Martin me indicou a clínica e esteve comigo por vários momentos durante esse processo. Tenho eterna gratidão por ele e por todos lá – comentou, olhando nos olhos do seu interlocutor.

Cesar quis entender o motivo pelo qual o cantor mais velho se aproximara dele, e perguntou: – Qual o envolvimento dele com esse local e quais são os interesses dele em se aproximar de você? Será que é só voluntário mesmo? Ou está se promovendo com isso? Tem muita gente que usa esse tipo de coisa para aparecer. Bruce, você não deve confiar em todo mundo. Olha lá, hein?! Já viu quanto as pessoas são perigosas, especialmente gente que se aproxima de você depois que começou a fazer sucesso.

O rapaz não gostou da insinuação e quis defender o novo amigo. – Você tem razão em seu raciocínio, mas vai ter a oportunidade de conhecer Martin e ver que ele é diferente.

Fez-se uma breve pausa. Então Cesar quis esclarecer seu modo de pensar: – O.k. Bruce, não estou julgando ninguém, até porque não o conheço. Só estou levantando uma interrogação, entendido?

– Claro! Mas vamos lá, vamos ser objetivos – disse o jovem, mas foi interrompido por leves batidas na porta do escritório. Era a copeira, que trazia uma bandeja com um par de xícaras de café, dois copos d'água e um pequeno recipiente com sachês de açúcar e adoçante. Séria, ela os serviu. Cesar praticamente não a viu, mas o jovem ídolo olhou para ela, deu um sorriso e lhe agradeceu calorosamente pelas bebidas. O rosto da senhora iluminou-se e, por essa pequena atitude, o empresário admirou-se da mudança que percebia no artista.

Já colocando açúcar no café, Bruce perguntou: – Bem, retomando do ponto onde eu estava: quando eu volto a fazer shows?

– Humm, cara... – Cesar respirou fundo, passando as mãos na barba rala. – Foram inúmeros shows desmarcados. Você nem imagina o que passamos aqui durante esse período. Não foi nada fácil, viu? Muita pressão. Não sei como será daqui para a frente. Espero que a gente consiga levantar seu nome novamente, mas a realidade precisa ser encarada. No momento, o artista Bruce não vai nada bem. É o que ouço das pessoas. Então, precisamos estabelecer algumas estratégias para que possamos desconstruir essa quantidade de notícias que saiu na mídia sobre você.

– É mesmo, Cesar?! Você acha que meu nome está tão em baixa assim? – perguntou o rapaz, tomando café.

– Não acho, tenho certeza, amigo. Mas o que poderíamos fazer é pensar em marcar alguns programas de televisão com parceiros, para que você possa participar – respondeu Cesar, olhando os sachês sobre a mesa, em dúvida se colocava açúcar ou adoçante em sua xícara.

– Humm, não sei... Será? Tenho dúvida se é o momento certo – questionou Bruce.

– Pensando bem, talvez você tenha razão. Acho que eles vão querer mais a sua presença agora pelo que aconteceu, não por questões artísticas. Vão ficar presos a assuntos sobre a polêmica gerada. Infelizmente, não terá como fugir disso. Mas se você quiser, pode ser bom para os shows e para voltarmos a faturar – falou o empresário, levando a xícara à boca depois de colocar adoçante em sua bebida.

– É... Vamos sentindo, Cesar. Decidiremos isso com calma. As coisas vão acontecer naturalmente, e o que tiver de ser será – decidiu Bruce, depositando sua xícara vazia no pires.

Cesar engoliu o café e também devolveu o recipiente ao pires. – Muito bem! Você parece melhor do que eu imaginava. Isso aí, meu garoto. Veja bem, eu posso estar errado, mas acho que no primeiro show teremos mais propriedade para entender e formar uma opinião mais concreta.

– Quando será? – indagou o jovem, girando o copo d'água sobre a mesa com os dedos.

– Nos preparamos aqui no escritório para que seu retorno acontecesse daqui a um mês. Imaginávamos que você fosse ficar no mínimo dois meses na clínica, se recuperando. Que bom que foi liberado antes. Deixei alguns poucos shows pré-agendados, mas não cem por cento confirmados. Por isso, acredito que, conversando com alguns contratantes mais próximos, eu consiga agendar shows daqui a uns quinze dias. Mas não posso garantir nada. Precisamos também ir até a gravadora e começar a planejar os próximos passos com relação aos novos produtos. Você precisa urgentemente lançar um disco novo – afirmou Cesar, amassando o sachê vazio de adoçante.

– É verdade. Podemos ir amanhã. O que acha? – propôs o cantor, servindo-se de água.

– Vou entrar em contato com o pessoal do marketing e com a direção da gravadora, pois é necessário que todos estejam lá. Outra coisa, Bruce: temos de marcar ensaios com sua equipe e banda. Creio que uma nova turnê será importante. Show novo, repertório novo, cenário novo. Na verdade, tudo novo. Até o próprio Bruce. Precisamos mostrar que você renasceu e está mais forte do que nunca, não é mesmo? Você é o campeão, o fenômeno. – O empresário levantou-se, como se quisesse dar a reunião por encerrada. Foi até o rapaz e disse: – Me dê aqui um abraço, meu parceiro. – Os dois se abraçaram, então o homem prosseguiu: – Quero que saiba que estamos firmes e comprometidos para retomar sua carreira. Sempre acreditamos em você, certo? Aliás, o que você fez ontem com a Marina, ein, amigo, parecia cena de filme! Foi lindo realmente, mas se você soubesse a quantidade de mulheres à sua procura ligando aqui no escritório, é de assustar! Uma mais linda que a outra! Você sabe, né, que se quiser pega uma por noite! Você vai ter muito trabalho! – Ele riu. – Não vai me dizer que vai voltar com esse negocio de casamento de novo! Mas vamos, como eu estava dizendo, nem tudo são flores. – Parecendo se lembrar de que ainda havia algo importante a dizer, voltou a se sentar na sua poltrona, enquanto o jovem permanecia em pé. – Alguns contratos de shows e publicidade foram cancelados, como eu disse antes. Sabe a Silus, nosso principal contrato de publicidade, seu patrocinador oficial? Eles querem cancelar. Por respeito a você esperaram sua recuperação, mas já me enviaram um e-mail dizendo que vão cancelar o contrato.

Bruce desabou na cadeira. – Nossa! Por essa eu não esperava. É a principal marca de carros no país. Daria uma repercussão enorme na mídia. Isso não seria nada bom. Vamos tentar conversar com eles e negociar – sugeriu.

– Sem chance. Quero lhe dizer uma coisa: esteja preparado! Você vai ter de ser forte. Aliás, não será nem um pouco fácil. Faremos o que estiver a nosso alcance, mas não podemos prometer nada! – falou Cesar, levantando as mãos como se estivesse em oração.

Ainda que desanimado, Bruce disse ao homem: – O.k., Cesar, mãos à obra. Eu estou firme e pronto para enfrentar qualquer que seja o desafio. E sobre o que você disse com relação a casamento e mulheres, não estou mais nessa vibe de farra, quero estar mesmo junto de minha família, estou decidido!

– Muito bom isso. Mas tem outras questões. Você sabe que tenho mais artistas para cuidar e muitos compromissos. Meu negócio não é só você, meu jovem. Sinceramente, vejo que depende mais de você do que de nós. Precisa limpar sua imagem. E isso vai custar muito caro também. Vai ter de gastar muito, Bruce – afirmou o empresário, com uma sinceridade desconcertante. – Você sabe, né? Como ficamos parados esse tempo, tem alguns acertos a fazer. As receitas pararam, mas as despesas, não.

Vilanova buscou enxergar o empresário e a vida por outro ângulo, o que de certa forma o confortou em seu abatimento com as colocações de Cesar. – É isso, vamos lá! Espero sua confirmação para irmos até a gravadora amanhã – disse ele, tentando manter sua energia intacta.

– O.k. Estamos conversados. Vamos ajustando as coisas aos poucos... É muito bom tê-lo de volta. – Cesar se despediu do jovem e o conduziu até a porta. Quando estava com a mão na maçaneta, fez uma última pergunta: – Só tenho uma dúvida, e preciso saber a verdade: você realmente está livre das drogas?

Bruce deu de ombros e respirou profundamente. – Cesar, não posso dizer sobre o futuro, mas hoje minha escolha é ficar totalmente longe delas. Tenho plena consciência dos problemas que enfrentei e não os quero de volta, embora saiba o tamanho do obstáculo que tenho pela frente.

– Isso mesmo! Você na verdade é um grande exemplo. Acho que eu era um dos poucos que sabia, né? – questionou o empresário.

– Sim. Quase ninguém sabia do meu envolvimento com drogas. Mas isso é passado – garantiu o rapaz.

– Ótimo! Sinceramente, poucas pessoas superariam o que você superou, ou melhor, o que está superando. Mas vá lá, não precisa ser tão careta assim. Tem de viver a vida. Ser leve. Relaxe. Eu te ligo ainda hoje para te posicionar sobre a reunião na gravadora. – Abriu a porta, mas viu que o rapaz saía com um ar de desilusão. – Ei, cara, levante-se! Vamos lá, bola pra frente! – disse.

Antes de ir embora, Bruce ainda quis saber: – Mais uma pergunta: como estou nas rádios?

Cesar olhou para a mesa. – Posso pegar um relatório mais preciso ainda hoje, mas já lhe digo que não está entre os top 10 no país e isso não acontecia há bastante tempo conosco... Mas calma, isso é ferimento leve. Sabe como funciona, né, meu caro? Nada que uma boa grana de investimento não resolva, tudo gira em torno disso, meu nobre. Claro, tem de ter música boa, mas isso você tem de sobra. Temos tempo para trabalhar e isso sabemos fazer bem – Cesar tentou acalmar o jovem.

Bruce despediu-se e saiu da sala. Logo depois de ele virar o corredor, algumas pessoas foram até o empresário saber sobre o que conversaram.

– Ele está bem? O que aconteceu? Ele parece estar diferente, mais confiante, mais humilde – comentou a secretária que o havia recepcionado.

– Cumprimentou a todos... Ele não era assim. E sobre as drogas? – perguntou uma assistente de marketing cuja baia ficava bem próxima dali.

Cesar respondeu a todos de uma forma neutra: – Pessoal, esta é uma questão particular. O importante para nós aqui são os shows, a carreira, os discos e o faturamento. Como sabem, Bruce não é mais o sucesso que foi. Temos visto isso claramente. Este escritório tem outros artistas, mas vamos fazer o que pudermos por ele.

Cesar Noronha era um empresário bem conhecido no meio artístico. Estava em alta por causa dos atores e cantores que tinha sob sua gestão. A maioria tinha visibilidade na mídia e era recordista de seguidores nas redes sociais. O homem tinha uma vida tumultuada, cheia de compromissos, e seu histórico com Bruce era de sucesso. Apesar da trajetória de êxito que trilharam juntos, o jovem cantor saiu do escritório bastante desanimado e apático: tinha mais essa relação para reconstruir e o caminho não seria fácil.

Quando saiu do escritório, Bruce não conseguiu vencer o desânimo. Parado sobre a calçada de mosaico português, ele olhou para o mar, calmo e azul, a alguns passos de distância. Sentia-se pequeno diante daquela imensidão de água, ele era só um pontinho no meio da costa, admirando as cores do dia. Respirou fundo o ar marítimo e resolveu ligar para Marina. Disse que já estava na cidade e perguntou se podiam se encontrar à noitinha.

– Oi, Bruce! Tudo bem? Hoje não posso, mas amanhã estou tranquila. Que horas nos encontramos? – perguntou ela, dando um pouco da alegria que ele precisava.

– À noite. Pode ser? Durante o dia vou precisar passar no escritório. Tenho de ver como andam as coisas: a construção da casa, meu financeiro, meus funcionários... Enfim, colocar a vida em ordem. Depois poderemos nos encontrar. Acho que lá pelas oito estarei pronto. – Então se corrigiu: – Ah, talvez não, pois vou passar em casa para me exercitar um pouco. Acho que então umas nove. Tudo bem?

Do outro lado da linha, Marina admirou-se. – Olha só, agora temos um cantor atleta! – brincou.

Bruce caiu na gargalhada. – Quase isso – rebateu com o mesmo bom humor.

Ela ficou feliz por saber que ele tinha adotado a prática de atividades físicas, pois também adorava esportes. Ele então questionou se ela tinha com quem deixar a filha, e Marina afirmou que podia deixá-la na casa dos pais. O jovem respondeu: – Ótimo! Podemos passar lá, assim vejo seus pais... Claro, se quiserem me receber. Há tempos não falo com eles.

Marina ficou brava com ele por pensar assim, e disse: – O que é isso, Bruce? Meus pais gostam de você. Só havia um distanciamento... Aliás, não só deles! Você sabe bem do que falo.

O rapaz assentiu, reconhecendo os erros do passado: – Sim, eu sei. Mas estamos combinados. – Terminaram a conversa mandando beijos.

No dia seguinte cedo, o cantor pegou seu carro e partiu em direção a seu escritório particular, onde administrava suas finanças e investimentos. Ficava localizado num pequeno prédio da zona sul, cujos fundos davam para uma imensa rocha cheia de verde, numa das avenidas mais movimentadas da Cidade Maravilhosa. Assim que chegou, encontrou sua assistente pessoal, Beth. Ele a cumprimentou e ela lhe deu calorosas boas-vindas:

– Patrão, até que enfim, que saudade! Só nos falávamos por e-mail e mensagem. Como você faz falta. É bom tê-lo de volta! – disse.

O rapaz retribuiu sua receptividade tão gentil, e então foi falar com o restante de seu pessoal.

A equipe de Vilanova não era tão pequena. Doze pessoas trabalhavam por lá. Junior era o diretor de marketing e coordenava mais duas pessoas em seu departamento. Henrique gerenciava negociações, projetos e empreendimentos pessoais, e contava com três funcionários. Shirley cuidava da parte financeira com mais dois assistentes. Para finalizar, Beth era sua assistente pessoal, e para colocar ordem no fluxo de entrada e saída do escritório lhe auxiliava uma recepcionista. O custo de manutenção dos profissionais era bem alto, mas além disso havia investimentos, construções e despesas extras na vida do ídolo.

Bruce convocou os diretores para uma reunião. Em volta de uma grande mesa antiga de madeira estavam Junior, Henrique, Shirley e Beth. O cantor deu início ao encontro dizendo: – Pessoal, como vocês sabem, passei por um período recluso, mas de grande valia na minha vida. Não quero entrar em detalhes, mas certamente vocês sabem do que falo. Espero que todos por aqui estejam bem. É muito bom estar de volta. Sei que há muitas coisas que precisamos colocar em ordem, não é verdade? Tenho total consciência de minha ausência durante muito tempo, principalmente neste último mês. Estou disposto a mudar esse cenário. Quero estar mais presente aqui no escritório a partir de agora.

Alguns se entreolharam desconfiados, porém todos assentiram meneando a cabeça, concordando com a proposição do astro e dando a entender que aquilo seria positivo. Shirley foi a primeira a se pronunciar.

– Bruce, temos algo urgente para resolver. Como você sabe, a despesa mensal vinha sendo muito alta com os investimentos e custos de funcionários, além das obras. Como tivemos um mês sem entradas, as finanças desandaram. Precisamos resolver muitas questões – explicou, alarmada. O rapaz assentiu, mostrando que era algo que ele já imaginava.

Henrique então acrescentou: – É, tivemos muitos problemas na obra. Fomos obrigados a demitir alguns funcionários. Devo lhe dizer que a maioria dos que cortamos do quadro entrou na justiça contra você. Bruce perguntou por seu advogado, e o diretor de projetos respondeu: – Já o tínhamos contatado para que viesse a esta reunião, mas ele não pôde vir porque está em viagem.

Aproveitando que o tema eram os processos demissionais, Beth colocou outro ponto: – Além desses casos, Bruce, temos problemas de relacionamento aqui dentro, não é, pessoal? Acredito que você precisa resolver isso, porque nós não estamos conseguindo. É um falando do outro, transferindo responsabilidades, enfim, o clima definitivamente não está bom.

Esse comentário deu origem a outros, e todos fizeram suas ponderações para deixar Bruce a par de tudo. Depois de algumas horas por ali, Bruce já estava no limite.

– Nossa, pessoal, me desculpem, mas parece que minha cabeça vai explodir! Acabo de sair de uma reunião e receber várias notícias ruins, uma avalanche de problemas. Venho aqui para outra e o mundo parece cair sobre mim novamente. Não temos novidades boas por aqui? – perguntou. – Bem, vou resolver outras questões e me exercitar um pouco para ver se consigo melhorar meu astral, porque aqui, pelo jeito, vai ser difícil. Semana que vem eu volto.

Henrique pediu uma última opinião, antes da conversa da semana seguinte: – Patrão, temos mais algumas questões para resolver. Um amigo corretor me indicou um imóvel sensacional, que estão acabando de construir. É um excelente investimento. Se fizer uma oferta agora não fica tão pesado para pagar. A procura está grande, mas ainda conseguimos comprar num bom preço e possivelmente teremos retorno. Posso fechar?

O rapaz pôs a mão na cabeça. – É, vejo que vocês estavam mal-acostumados aqui. Você não escutou as colocações da Shirley? Não vê a quantidade de problemas que tenho para resolver? – questionou ele, irritado.

– Calma! Só estou querendo que você faça bons investimentos – justificou-se Henrique. – Afinal de contas, este é meu papel aqui dentro: trazer boas oportunidades.

Junior também quis aportar suas considerações à reunião: – O.k., Bruce! Vejo que está com a cabeça a mil por hora, mas assim que tiver tempo precisamos falar sobre alguns contratos em andamento que precisam ser cancelados. Também é necessário que a gente corra atrás de outras marcas, agende alguns eventos, faça reuniões...

O jovem protestou. – Junior, primeiramente preciso refazer meu nome, depois pensamos nisso! – esbravejou Vilanova. Como resposta, só recebeu um lacônico "entendi" de seu assessor. Então, cansado, pôs fim ao encontro.

– A reunião está encerrada. Agradeço a todos. Na segunda-feira, depois do fim de semana, estarei de volta e conversaremos mais – disse para desespero de todos.

O rapaz foi para casa descansar, mas não conseguiu dormir muito bem pela quantidade de problemas que se amontoavam em seus pensamentos. Recebeu uma mensagem de Cesar no celular, dizendo que a reunião na gravadora aconteceria cedo, no dia seguinte. Dormiu uma noite pesada, sem sonhos. Logo na outra manhã, Bruce se encontrou com Cesar e foram até a gravadora. A empresa ficava no décimo quinto andar de um prédio construído nos anos 1970. No escritório, pôsteres de cantores forravam todas as paredes. Havia um rumor de telefones tocando e gente conversando por todo o andar.

Quando chegaram ao seu destino, cruzaram com Christian, um artista do mesmo gênero de Vilanova, que lá estava.

– Hello, Bruce! Você está vivo? – Esta foi sua tentativa de fazer uma piada. Assim que terminou a frase, percebeu que tinha sido deselegante e se corrigiu. – Olha, fiquei sabendo do ocorrido, e estou torcendo por você. A vida é assim mesmo. Estamos aí! Boa sorte! Espero que você seja forte a partir de agora e consiga se recuperar. – O jovem agradeceu. O outro cantor prosseguiu: – E aí, o que veio fazer na gravadora? Tem projetos novos? Vai gravar um novo disco? E os shows, como estão?

Bruce se limitou a um comentário breve: – Estou me recuperando. Como você sabe, estou passando um período complicado, mas conto com o apoio dos meus amigos e colegas, assim poderei retornar com mais força, não é mesmo?

Christian ainda questionou se Bruce vinha compondo e, diante da resposta negativa do jovem, se ofereceu para ajudá-lo. – Se quiser posso te mandar algumas músicas. Escrevi muitas canções e tenho bastante coisa guardada. Mas você é "o cara" quando se fala em composições, né? Bem, tenho que ir, minha agenda está apertada entre shows e compromissos. Estou muito feliz por você estar de volta. Olha só, irmão: não desanime, não! Se precisar de ajuda, me ligue. Até mais! – finalizou, despedindo-se.

Do papo no *hall* de entrada, o rapaz foi diretamente à sala do presidente da empresa. Uma equipe enorme se encontrava à sua espera. Carlos Magno, o presidente da maior gravadora do país, o recebeu com uma saudação efusiva: – Um bom filho à casa torna! Seja bem-vindo, Bruce! E aí? Conte-nos como você está. Estamos todos curiosos e ansiosos para saber das novidades.

Antes de qualquer coisa, o jovem ídolo agradeceu a hospitalidade. – Bem, pessoal, obrigado por me receberem. Estou feliz em revê-los. Mais uma vez agradeço pela parceria e confiança de sempre. Vocês sempre foram fundamentais em minha carreira. Passei por um período complicado e quase morri, como devem saber. Precisei me recuperar e fiquei durante um mês em uma clínica. Eu me sinto bem melhor agora, mas não sei o que será de minha carreira. A cada dia vejo novos problemas. Apesar disso, estamos aí – falou com humildade.

Miguel Sánchez, o diretor artístico, tomou a palavra. – Bruce, me desculpe. Aqui não será diferente. Não quero ser negativo nem ofensivo, mas precisamos urgentemente levantar seu nome. As vendas caíram muito, bem como os resultados na mídia. Você tem algum produto novo em mente? Tem feito canções? Tem produzido? – perguntou ele, sincero.

– Amigo, você nem imagina pelo que passei. Compus uma canção, mas estava mais preocupado em me reerguer emocionalmente para depois pensar em algo voltado para o trabalho. Não tive tempo para tais projetos – lamentou-se o jovem.

Sánchez procurou confortá-lo. – Calma, Bruce! Só estou perguntando porque, como você sabe, o mercado não para. A competição está cada vez mais forte e aqui dentro temos toda uma programação – disse, justificando-se.

– Estou calmo. E fique tranquilo, as coisas vão se encaixando naturalmente. Só estou com a cabeça a mil por hora – explicou o jovem, usando de toda a sua racionalidade.

O diretor de vendas entrou na conversa. – Miguel tem razão. Não temos quase nenhum pedido dos seus produtos, Bruce! Não quero desanimá-lo, mas um disco novo será fundamental. Se você não o fizer rapidamente, as coisas vão piorar.

Cesar interveio em auxílio do cantor: – Gente, nem tudo são espinhos. Calma, vamos acertar tudo. Bruce apenas precisou de alguns dias e de um tempo para se recuperar. Já está melhor e logo voltará a fazer shows, bem como a produzir e gravar. Temos vários projetos pela frente. Ele voltará a ser o número 1 do país rapidamente e voltaremos a faturar. Garanto a vocês. O meu escritório será fundamental e de grande importância para isso. Pelo menos a nossa parte nós vamos fazer!

O presidente voltou a tomar a palavra: – Bruce, estamos vivendo um momento de crise no mercado fonográfico. Não temos tantas condições para investimento quanto gostaríamos, vai depender realmente muito mais de você. Mas, assim como foi durante os últimos quatro anos, neste quinto e último ano de contrato estaremos aqui. Ficamos todos felizes em vê-lo de volta e o mais importante é que está vivo e com saúde. Siga firme, meu jovem. Acredite em você e conte conosco. Francamente, vejo que tem uma longa carreira pela frente, mesmo que não seja com a nossa companhia, e que esteja passando por momentos difíceis, dias escuros. Tudo na vida passa. Você verá!

O rapaz agradeceu, dizendo que as palavras de Carlos o confortavam e motivavam. A reunião foi encerrada com a proposta de um almoço em conjunto. Todos aceitaram.

À tarde, era importante que o cantor visse como estava a situação global de sua produção artística. Sentou-se então com os profissionais de alguns departamentos da gravadora, como os diretores de áreas específicas, e traçaram planos e metas. No entanto, Bruce estava sem muita paciência, com tantos problemas para resolver. Rapidamente, se despediu no meio dos trabalhos. Virou-se para Cesar e disse: – Por favor, sugiro que você toque isso para mim. Eu preciso refrescar minha cabeça. Depois me mande um e-mail com os pontos importantes. Vocês decidem. Nos vemos em breve. Até mais!

Apesar dos protestos do empresário, o jovem insistiu que precisava mesmo partir. Funcionários da gravadora ainda tentaram persuadi-lo a ficar, até que Flavia, a diretora de marketing do grupo, saiu em sua defesa: – Deem um tempo. Eu compreendo o Bruce. Já se colocaram no lugar dele? Acaba de passar por coisas que talvez nenhum de nós seria capaz de superar. Estou com você, querido. Vá se recuperar, descansar, refletir e volte na semana que vem.

Aliviado, o rapaz agradeceu a intervenção da moça: – Poxa, até que enfim alguém que me entende e me defende. Você sempre foi uma querida comigo, Flavia! Obrigado pelo apoio e pela confiança! – agradeceu, já dando beijos em todos e pegando seus pertences para sair.

CAPÍTULO 18

Resgate familiar

Já passava das cinco da tarde quando Vilanova foi para casa para trocar de roupa e percebeu que ainda estava bastante perturbado por tantos problemas e novos desafios. Então decidiu mudar de rumo: foi para um clube perto da sua casa e caiu na piscina para relaxar. Passou rapidamente pelo corredor e teve de parar para tirar algumas fotos.

– Vai ser complicado vir aqui – disse ao treinador. – Não tenho sossego! – acrescentou.

Ouviu como resposta: – É, Bruce, é o preço da fama.

O rapaz não se contentou com a frase que ouviu e disparou: – Será que as pessoas não veem que estou num momento meu? – perguntou.

Para acalmá-lo, o treinador sugeriu que continuasse os treinos em ambiente aquático. – Calma, dentro da piscina ninguém vai te incomodar. Como estamos no início, comece leve. Você vai nadar hoje dois mil metros, o.k.? Comece com quatro tiros de duzentos metros, só braço por enquanto, depois fazemos um pouco de perna.

Bruce concordou. Quando terminou a natação, apesar de bem cansado, ele comentou que ainda passaria na academia e ia pedalar um pouco. Admirado, o treinador disse: – Aí sim, hein? Não imaginava que você tivesse esse gás todo. – O cantor respondeu que agora tinha novas prioridades na vida. – Parabéns, Bruce! Poucos artistas têm essas características por causa da rotina corrida que levam – elogiou o treinador.

Depois de chegar à academia, o rapaz pedalou mais uma hora. Em seguida, foi solicitado para mais algumas fotos e autógrafos. Mesmo assim, o resultado foi a volta para casa com os pensamentos bem mais tranquilos. **De forma prática, ele percebia cada vez mais os benefícios do esporte para o corpo e para a mente, pensando consigo mesmo que não ficaria nenhum um dia a mais sem isso.** Lembrou-se de quem lhe havia incutido essa ideia e resolveu ligar para Martin. – Ei, meu amigo, como você está? – perguntou assim que o outro atendeu.

– Olá, Bruce! Estou bem. Hoje estou na Bahia fazendo um show num teatro maravilhoso aqui em Salvador. E você, campeão? – perguntou Blumer, feliz por receber uma ligação do rapaz.

– Mais ou menos, Martin. Um bilhão de problemas em todos os lugares que vou. Apenas agora consegui relaxar praticando um pouco de esporte e vou me encontrar com Marina hoje à noite. Mas a situação está complicada aqui. – Esta foi a resposta sincera que deu ao amigo.

Notando a inquietação do cantor, o aventureiro lhe deu uma dica: – Bruce, descanse no fim de semana. É importante retomar sua vida, analisar tudo, observar bem, mas não se abale emocionalmente. Procure ficar neutro a tudo que estiver no externo, conecte-se com você. Se quiser ir para a minha fazenda, ela está à sua disposição. Pegue Marina e sua filha e vá até lá passar o sábado e o domingo. Na segunda-feira retorno e poderemos conversar. Como estão seus treinos de kung fu?

– Tenho praticado, mas sinto falta de treinar com você – disse Bruce de forma franca.

Martin então fez uma proposta: – Segunda-feira podemos treinar bem cedo, antes de conversarmos. Podemos nos encontrar no seu escritório?

– Claro! Fechado! – O jovem adorou a ideia e desligou o telefone mais animado.

Conforme acertado, às nove da noite Bruce foi buscar Marina em sua casa. Ao vê-lo na porta no horário exato, ela se surpreendeu com a pontualidade do rapaz, já que no passado ele se atrasava sempre. Quando ela comentou a respeito, ele se justificou:

– São apenas algumas mudanças. Como diz meu amigo Martin, a vida é cíclica. – E para mostrar ainda mais sua transformação, pediu que ela escolhesse o restaurante onde jantariam. Enquanto pensavam nas opções, Isadora chegou de seu quarto. – Oi, filha! – disse abaixando-se para cumprimentá-la com um abraço apertado. – Vou sair só com a mamãe hoje à noite, mas no fim de semana estarei livre. Que tal irmos a uma fazenda? – A menina ficou radiante com a possibilidade. – Nossa, adorei! Podemos ir, mamãe? – Marina ficou um pouco indecisa a princípio, mas acabou cedendo.

– Uma fazenda... Não estou muito habituada, mas tudo bem, vamos lá! É bom que conheceremos um pouco deste novo Bruce pelo qual já estou me encantando – concluiu com um sorriso tímido.

Depois de deixarem Isadora na casa dos pais de Marina, o casal seguiu para o jantar. Ele a levou a um restaurante japonês que tinha um lago com carpas na entrada e um jardim com pequenas casas orientais de madeira na área externa. Quando o garçom se aproximou perguntando o que iam querer de bebida, Bruce propôs que bebessem um suco.

– Olha só. Até nisso está mudado? – perguntou Marina, novamente surpresa.

– Não, não é isso. Não quero ser radical. Se preferir, podemos tomar um saquê. – Sugestão prontamente acatada pela moça.

A noite foi deliciosa, regada a muito romantismo. Do restaurante seguiram para a casa do jovem, onde ele cantou um pouco e falou da nova composição que estava fazendo para ela.

– Sim, Bruce, eu me lembro dessa música. Você começou a fazer quando estava comigo lá na clínica. Mas ainda estava bem no início, não é? – perguntou Marina, atenta à letra que ele lhe mostrava.

– Exatamente. Ela fala de anjos, mas ainda não está pronta – disse o cantor, fechando o caderno em que registrava suas composições.

– Ah, me mostra tudo, vai? – pediu ela, curiosa.

– Não, meu anjo! Ainda não. No momento certo eu a cantarei para você – respondeu o rapaz, conclusivo. – Mas vou cantar essa que você sabe, foi feita pra você há muitos anos e ainda vive forte aqui dentro de mim!

Amor infinito

Lobos internos me devoram
Mastigando sonhos, fome de amor!
No escuro, caminhando sem chão
Um caminho pra dois corações!

E nessa estrada bem distante
Se arrastam minhas emoções!
Não aprenderam a dizer não!
O amor vem na mesma direção!
Uma nova jornada adiante!
Eu não me refiro a ilusões!
A luta é por você e com você!
Pra então o dia nascer bonito
Num toque de mágica,
Num amor infinito!
Amor infinito

Me agarro apenas em sonhos!
Seria real em nosso mundo?
Eu não deixaria você partir!
Minha felicidade iria junto!

E nessa estrada bem distante
Se arrastam minhas emoções!
Não aprenderam a dizer não!

O amor vem na mesma direção!
Uma nova jornada adiante!
Eu não me refiro a ilusões!
A luta é por você e com você!
Pra então o dia nascer bonito
Num toque de mágica,
Num amor infinito!
Amor infinito

Bruce se mostrava bem mais envolvente e sedutor. Sentou-se ao lado dela no imenso sofá de couro que tinha na sala de estar. Olharam-se profunda e demoradamente e, como sempre havia sido desde os tempos de adolescência, sentiram arrepios percorrer seus corpos. Ele se acercou a ela, beijou carinhosamente seu pescoço. Marina retribuiu a carícia. Enfiou os dedos nos cabelos levemente cacheados do rapaz e trouxe a boca dele para perto da sua. Um sentiu o hálito do outro, e o beijo foi inevitável. Colaram-se no sofá até que Bruce a carregou para a cama, onde se renderam a uma noite de prazer como há muito tempo não desfrutavam.

No outro dia pela manhã, Bruce acordou cedo e despertou Marina com uma bandeja com café, frutas, suco de laranja e bolo. A garota se espantou: – Você acordando cedo e me trazendo café da manhã na cama? Não acredito!

– Pois é, Marina. Tenho muito para te contar sobre minhas mudanças. Como vamos passar o fim de semana na fazenda de Martin, lá eu te conto tudo. Ele já deixou os funcionários avisados. Enquanto você toma o café tranquila, vou tomar uma ducha e seguimos para lá, o.k.? – propôs o jovem, já caminhando em direção ao banheiro.

– Sim! Vamos pegar Isadora e seguimos para a fazenda – concordou ela.

Depois de passar na casa de Marina e separar algumas roupas para a estadia no campo, dirigiram-se à casa dos pais da moça. Quando lá chegaram, foram recebidos com alegria pelo casal. Augusto e Marta ficaram felizes em rever o jovem e perguntaram como tinha sido a recuperação na clínica. Quando ele tocou no nome de Martin Blumer e perguntou se eles o conheciam, Augusto apressou-se a dizer:

– Adoro as canções de Martin. São autênticas e têm bastante conteúdo.

Bruce entendeu como uma indireta, mas não se abalou. – É, verdade! Tenho aprendido muito com ele e até pegado novas influências musicais. Já estou me arriscando a compor coisas diferentes e uma hora gostaria de lhes mostrar – disse humildemente.

– Que boa notícia! Isso é amadurecimento, meu jovem. Fico muito feliz – reconheceu Augusto. – Peço que tenha muito cuidado com Isadora e Marina. São nossas grandes riquezas aqui em casa.

– Tenho muito respeito pelos sentimentos de vocês por elas, senhor Augusto e dona Marta. Podem ficar tranquilos: não sou mais o mesmo Bruce de antes. Passei por mudanças incríveis. Uma hora conto com mais tempo – explicou o rapaz.

– Que bom! Marina, você deve estar bem feliz com essas notícias, não? Assim como Isadora – disse otimista Marta.

Marina assentiu levemente com a cabeça, ainda um pouco incerta.

– Bem, pessoal, vamos lá. Temos um belo fim de semana pela frente – disse o cantor, despedindo-se deles.

Bruce, Marina e Isadora passaram então dois dias na fazenda de Martin, onde se deliciaram com a natureza. Praticaram esportes, andaram a cavalo, divertiram-se e começaram a resgatar aquilo que há tempos estava apagado: o clima de família. Isadora nunca esteve tão sorridente e em vários momentos agradeceu a seu pai. Em uma das ocasiões, na beira do lago pescando traíras, a menina aproximou-se do ouvido do pai e disse: – Estou tão feliz que nem acredito no que está acontecendo!

– Filha, temos muitas surpresas ainda pela frente. Olha só, a primeira está aí: pegamos um peixe! Puxa, puxa! – disse enquanto a ajudava a empunhar a vara de pesca. – Você o pegou, Isadora, parabéns! Calma, calma, sem afobação. Agora deixe eu tirá-lo do anzol porque ele tem dentes. Me dê aqui. Isso! É dos grandes! – E ambos comemoraram o pequeno acontecimento na vida da menina.

– Vamos comer essa traíra ou soltá-la de volta na água, papai? – perguntou Isadora, com um pouco de pena do animalzinho.

– Não, esta aqui será nosso jantar – disse Bruce, animado. – Aprendi com Martin a fazer traíra sem espinhas. Vou limpá-la e dona Zumira a fritará para nós.

– Adorei a dona Zumira, papai. Aliás, adorei todos por aqui. Por que você não compra uma fazenda para a gente? – questionou a menina, feliz em meio ao verde.

– Você tem uma bola de cristal, meu amor? Esta era uma das surpresas que eu queria fazer para vocês. Mas tudo no seu tempo – ponderou o cantor. – Antes, preciso acertar alguns detalhes.

– Mas, papai... Você e mamãe não estão juntos de novo? – A pergunta da criança pegou Bruce desprevenido, mas ele preferiu dizer-lhe a verdade.

– Filha, eu diria que estamos quase juntos. Estamos reconstruindo nossa relação. **Nunca deixei de amar sua mãe, mas estava tão distante de mim, da minha essência, que é como se o papai tivesse ficado cego durante muito tempo, por uma série de motivos. Agora que recuperei meus olhos, só vejo sua mãe** – confessou, de forma apaixonada.

Isadora ficou exultante: – Se vocês voltarem realmente vai ser um grande presente. Mas vou querer outro melhor ainda.

O rapaz caiu na gargalhada. – Pode pedir – falou, em meio ao riso.

– Quero um irmão, papai! Sei que Patrick está junto do Papai do Céu e está bem. Mas sinto falta de um irmãozinho para brincar comigo. – A menina agora encarava o pai com olhinhos brilhantes.

Bruce sentiu os braços amolecerem e as lágrimas virem depressa aos olhos. Ficou ainda mais emocionado quando percebeu que Marina estava logo atrás dos dois. Ela também tinha o rosto molhado. Os três se abraçaram e se sentiram mais juntos que nunca.

Naquela noite, os pensamentos ficaram rondando a cabeça de Bruce. Ele então se dirigiu a Marina, tão logo Isadora adormecera. – Minha linda, venho pensando cá comigo... Acho que poderíamos tentar novamente... Você poderia me dar este voto de confiança? – perguntou, enquanto afagava os cabelos dela. – Eu me sinto preparado para viver com você e Isadora novamente.

– Bruce, ainda tenho muito medo. Será que você suportará as ilusões e os desafios quando retomar sua carreira? Passamos por tanta coisa que não sei o que devemos fazer – respondeu, não sem certo peso na voz.

– Meu amor, faremos o que você decidir, mas te peço que tente escutar sua voz interior. Sem pensar em mais nada, respire fundo. Saia do passado e do futuro. Encontrará a resposta no seu mais íntimo mundo – Bruce conduziu a jovem à mesma experiência que Martin tinha lhe proporcionado.

Passados alguns minutos e com a sensibilidade aflorada, Marina admitiu: – Nossa, que intenso! Fiz uma viagem como há muito tempo não fazia. Essa viagem tem endereço, e o destino é você! Estou com medo porque já vivemos tantas coisas... Mas acho que podemos tentar sim. – Emocionados, os dois se abraçaram e passaram juntos mais uma linda noite de amor.

Na volta para casa, Isadora estava animada. – Nossa, papai, você virou um verdadeiro peão e me ensinou tudo sobre fazenda. Aprendi até a tirar leite! Pesquei, andei a cavalo... Mamãe, eu disse ao papai que quero uma fazenda. Agora não fico mais sem isso.

– Filha, calma, vamos devagar! – Marina tentou conter um pouco o entusiasmo da garota. Mas então, virando-se para o cantor, comentou: – Eu também devo admitir que gostei deste novo Bruce mais rústico, com pegada de peão... O.k., não vou entrar em detalhes... – Os dois riram, enquanto Isadora brincava no banco de trás do carro. Marina voltou a ficar séria e concluiu seu pensamento sorrindo: – Uma fazenda, no momento certo, seria algo muito bom. Eu também não tive muito contato com o campo durante a minha vida, mas estou encantada com este universo rural. Já vou comprar botas amanhã mesmo. – Bruce caiu na gargalhada. – Isadora, acho que temos uma *cowgirl* na família! – brincou. A menina riu e abraçou o banco da frente, onde sua mãe estava. A jovem acariciou as mãozinhas da criança.

Aproveitando a boa energia que circulava no veículo, Vilanova resolveu fazer um comunicado à filha: – Isadora, temos uma surpresa!

– O que é, papai? – perguntou ela, curiosa.

– Eu e sua mãe voltaremos a viver juntos – disse o pai, muito feliz. – Nesta semana mesmo me mudarei para a casa de vocês.

Isadora chorou de alegria ao escutar as palavras de Bruce. – Não posso nem acreditar! Era o meu grande sonho! Estou mesmo acordada? – perguntou.

– Sim, meu amor! – respondeu Marina, exultante. – Papai virá para nosso apartamento.

Bruce comemorou, olhando o rosto da filha pelo retrovisor: – Estou muito feliz em voltar para a minha família.

– Nós também, papai! – celebrou Isadora, agarrando o banco onde estava o rapaz.

Aquela novidade era o impulso positivo que faltava para a retomada do cantor. Agora que conseguia escutar sua essência e estava mais próximo das pessoas que amava, acreditava que não se deixaria abalar tanto pelo mundo das aparências e da fama.

CAPÍTULO 19

A importância da administração

Na segunda-feira, Bruce estava de volta à cidade, descansado e revigorado pelos dias no campo com a família. As boas notícias também serviram como uma injeção de ânimo ao cantor. Comendo salada de frutas com granola, ele acabava de tomar o café da manhã, quando, bem cedo, recebeu a ligação de Martin dizendo que em seguida passaria em sua casa para buscá-lo, para terem a conversa que haviam combinado na sexta-feira. Quando o carro do amigo estacionou na garagem de seu condomínio, os dois se deram um abraço apertado, e de lá rumaram para a academia que Blumer costumava frequentar. Eram sete horas quando pisaram no tatame e se juntaram a mais cinco praticantes de artes marciais, entre eles um mestre chinês que havia ensinado kung fu ao aventureiro.

O mestre era um homem franzino, com os cabelos muito brancos e o rosto bem marcado por finas rugas. Quando olhou os dois que se aproximavam, abriu um sorriso amistoso.

– Mestre, este é Bruce, um querido amigo que em alguns momentos treinou comigo durante o mês passado – disse Martin, apresentando Vilanova ao senhor chinês.

Como estava acostumado a ver nos filmes, o rapaz fez um gesto de cumprimento no modo oriental: curvou o tronco em direção ao velhinho, com as mãos juntas. Depois viu que ele lhe estendeu a mão e os dois se deram um aperto de mãos como em nossa cultura.

– É, de fato eu me encantei com o kung fu e gostaria de continuar com o aprendizado.

– Qual é seu objetivo, meu jovem? – perguntou o mestre, com o semblante sério.

Sem saber muito bem o que explicar, Bruce se limitou a dizer: – Eu me apaixonei por esportes e o kung fu me parece bastante atraente.

– O kung fu é muito mais do que simplesmente lutar: é uma filosofia, uma arte milenar. Você terá a oportunidade de aprender ensinamentos que poderá levar para a sua vida e colocá-los no dia a dia. Mas é uma atividade que exige muito, é preciso ter muita disciplina, força de vontade e resistência. De cada dez alunos, nove saem e apenas um continua. Está mesmo disposto a levar a sério? – perguntou o chinês, sem rodeios. Os pensamentos começaram a borbulhar na cabeça de Vilanova, que agora se mostrava um pouco indeciso.

Martin saiu em defesa do amigo: – Mestre, ele é guerreiro! Não o teria trazido até aqui se não tivesse essa certeza.

O rapaz chamou o aventureiro de lado. – Quanto vou ter de pagar por mês pelas aulas? – perguntou, falando rente à orelha do amigo.

– O mestre não trabalha aqui. Ele não tem muitos alunos de kung fu, apenas alguns. Há tempos não dava aula. Está abrindo uma exceção – falou Blumer, um pouco bravo com a pergunta esdrúxula.

Tendo escutado a conversa paralela dos dois homens, o mestre tomou a palavra: – Qualquer dinheiro que você me oferecesse não pagaria, certamente, os fundamentos e recursos que vai adquirir com a arte do kung fu, meu jovem. Não ensino por dinheiro. Aqui você treinará conduta, comportamento, mente e corpo com uma filosofia baseada em valores morais e em bons princípios. – O senhor mantinha sua expressão fechada, porém serena.

Bruce respirou fundo. – Ótimo. Tive a oportunidade de conhecer um pouquinho com Martin – acrescentou, mais disposto a dar continuidade aos treinos.

O mestre então os conduziu a um lugar no tatame e deu início ao treinamento. – Vamos lá! Primeiro vamos praticar a meditação, depois disso vamos alongar – orientou com sua voz macia e contida.

A princípio, o jovem ídolo ficou um pouco envergonhado de meditar ali, no meio de alunos que não conhecia, mas quando abriu a porta que o conduzia para dentro de si, relaxou. A atmosfera criada pelo chinês também ajudava para que se sentisse mais seguro, como que se tivesse sido transportado para outro lugar. Os dois fizeram vários tipos de exercícios, incluindo alguns que não estavam acostumados a praticar na clínica e, terminado o treinamento, cada um passou em sua casa.

O relógio marcava dez horas e Blumer já estava à espera do amigo quando ele chegou ao escritório e o conduziu para sua sala. Bruce fechou a porta e pediu a Beth que não o interrompessem, pois queria conversar com tranquilidade. Cada um se sentou em uma poltrona.

– Vamos lá! Você me falou sobre problemas e mais problemas. Em que posso te ajudar? – perguntou o aventureiro, plácido como de costume.

– Martin, é estranho! Meu nome parece estar lá embaixo, mas por onde vou pessoas me assediam, me dizem palavras de conforto, falam que estão comigo de qualquer forma, enquanto outras me olham com um ligeiro desprezo e preconceito. Noto ainda que há um pouco de exagero por parte de algumas pessoas – tentou explicar o jovem ídolo.

– Bruce, não tenha expectativa com relação a quem convive com você ou cruza seu caminho. Não espere nada de ninguém nunca, pois será o primeiro passo para se frustrar. Ofereça sempre o que puder sem esperar retorno. Quando nos prendemos ao que vem, não nos concentramos no que poderá sair de nós. É melhor que nos prendamos nesta segunda parte. O que você faz, sua conduta, seu comportamento, seus pensamentos, sua atitude como um todo, é bem mais importante do que o que pensam e o que falam de você.

– Sim, Martin, compreendo. Mas tem outra questão: estou mal! – lamentou-se. Contudo, o jovem se recordou de algo positivo e seu semblante se iluminou. – Bem, na verdade, hoje um pouco melhor porque passei um fim de semana maravilhoso. Marina e eu estamos juntos, decidimos voltar – comentou em tom festivo.

Bruce contou para Martin como tinham passado o fim de semana na fazenda e o aventureiro o abraçou, orgulhoso, dizendo: – Meu garoto, você me surpreende a cada dia. Que evolução! Estou impressionado com sua capacidade e seu crescimento. Eu lhe asseguro que poucos homens teriam uma atitude tão coerente e grandiosa como a sua. Isso se chama honra! E é uma palavra que está bastante esquecida nos dias de hoje, como já lhe falei outras vezes.

– Sim, estou muito feliz por reatarmos. Bem, mas como estava falando, apesar de estar melhor agora... – E para prosseguir baixou a voz – ... Só de pensar em vir até aqui, ir à gravadora e ao meu escritório de shows, já fico mal. Minha vontade é não olhar para a cara de ninguém aqui dentro, pois é só problema que me trazem. São pessoas reclamando, funcionários me processando e com outros tenho a sensação de estar sendo enganado. É só confusão! Minha cabeça vira um turbilhão. Não sei se suportarei isso. Tem hora que penso em largar tudo e partir para outro ramo. Sei lá, me sinto fraco. Não sei como proceder e como lidar com tantos obstáculos. E mais, ganhei muito dinheiro, mas estou no vermelho. São tantas despesas e gastos que, sei lá, a situação está difícil – relatou o jovem coçando a cabeça.

– É sério isso? – perguntou Martin, incrédulo ao saber que as finanças do rapaz iam mal.

Bruce levou as mãos ao rosto e esfregou vigorosamente os olhos em sinal de fastio. Depois, disse: – Sim, tenho empreendimentos. Estou construindo uma casa, há parcelas caras a saldar, além de muitos funcionários cujos salários são de minha responsabilidade. Meu custo de vida é altíssimo! Se continuar assim perderei tudo.

– Meu caro, há bastante tempo, logo que comecei a fazer sucesso, ganhei muito dinheiro. Comprava carros importados, casa, queria tudo de uma vez. E o pior, com o tempo, você vai percebendo que nada do que você conquistou te realiza, e passa a desejar sempre mais, já falamos sobre isso. Quando me dei conta, estava com uma enorme quantidade de problemas, assim como você, e não sabia como lidar com tudo isso. Então buscava refúgio, queria fugir da realidade através de uma diversão que eu sempre gostei muito, mas acabou virando um vício, uma fuga: lidar com cavalos. Passava o dia inteiro, viajava para shows, tinha problemas, chegava ao escritório, mais problemas. Somente quando eu estava no haras, mexendo com meus cavalos, montando, é que eu estava feliz. Foi aí que entendi algo que mudou minha vida: percebi que a felicidade não precisaria ser eventual. Aprendi com algumas coisas e estudos que ela poderia ser inteligente – comentou o mais velho.

– Como assim? – questionou Bruce, confuso.

– Exatamente assim! Entendi que eu poderia projetá-la onde quisesse. Eu apenas precisaria treinar em minha mente, direcionando minha vida para a superação de obstáculos, desafios e a resolução de problemas. **Eu estava jogando minha felicidade apenas para o lazer e isso estava dificultando as coisas, entende? Quem não aprende a encontrar e a projetar o seu bem-estar diante dos desafios, dos problemas, das dificuldades, não consegue ser feliz. E aqui entra a ferramenta principal: saber administrar.** Você pode administrar tudo à sua volta, as pessoas, os problemas, até as sensações, pois seu equilíbrio não está ligado ao episódio que vivencia ou aos acontecimentos que a vida nos propõe: está ligado com a maneira como você lida com isso tudo. Vou te dar um exemplo: posso ser ansioso, mas a diferença está em como lido com a minha ansiedade. O que quero dizer é que você não deve ser refém do externo, das coisas que acontecem ou até de algumas tendências suas, pois você pode administrar tudo isso. Dentro de sua mente você põe e tira o que quiser, você já tem consciência disso. Administre as pessoas a seu redor, caso contrário vai se frustrar e se decepcionar frequentemente. **Saiba gerir também seus momentos de alegria e de tristeza, pois a felicidade não estará presa a eles e sim a seu estado de espírito** – explicou.

– Hum, Martin, acho que não entendi muito bem – disse Bruce, sem graça.

– Euforia, alegria, êxtase e arrebatamento não significam necessariamente felicidade. Assim como tristeza, angústia e introspecção não se traduzem como infelicidade. Você pode lidar com tudo isso de maneira equilibrada, com seu estado de espírito preservado, e encontrar a alegria mesmo diante de obstáculos, problemas, dificuldades, crises e até quedas. Compreendeu, amigo? – questionou o astro.

Embora Blumer estivesse olhando fixamente para ele, Vilanova tinha o olhar perdido, mas atento a tudo o que o outro dizia. – Sim, acho que agora entendi. Lembro-me de ter lido algo neste sentido em seu livro – respondeu.

O aventureiro fez um movimento com a mão e tirou o amigo de seu transe, trazendo a atenção dele para si. – Bruce, existe um conceito importante que quero que conheça. Chama-se inteligência intrapessoal, e ela tem a ver com habitar seu mundo interno, querido, relacionar-se com você mesmo. Podemos passar por situações complicadas financeiramente e estar em dívida com os outros, mas a pior delas será com a nossa própria consciência. Esta será impagável. Viva o agora da sua melhor forma. Se você se concentrar no presente descobrirá que cada minuto guardará belas descobertas na vida. Projete positividade a cada instante, encontre sempre a luz na escuridão, se automotive a cada momento, esteja sempre com as rédeas na mão. Não entregue a direção ao que a vida e ao que os outros lhe propõem, pois assim você será apenas um espectador. Assistirá da poltrona a vida passar, sem construir, sem descobrir. Muitos nos dias atuais vivem assim. Busque ser regente e ativo, administrando cada situação que tiver à frente. Quem não tem habilidade para enfrentar quedas jamais terá para receber vitórias. Quem não conhece seus dias nublados não conhecerá seus dias de Sol. Isso é ter liberdade, é ser livre. É entender que você pode se recriar a cada instante, especialmente diante dos obstáculos, meu caro. Transferir sua felicidade para os momentos em que está tudo bem é o mesmo que se acovardar, e covarde nós já sabemos que você não é, certo?

– Certo. Agora entendo perfeitamente o que quer dizer. Não somos vítimas de nada, podemos nos levantar sempre. E é isso mesmo o que vou fazer! – exclamou o jovem, decidido.

A conversa ainda não tinha acabado, mas o telefone de Bruce tocou. Ele olhou o visor e viu que era uma chamada de Fred. Embora Martin obviamente não tivesse visto de quem se tratava, fez um sinal de positivo, de que não se importaria se ele atendesse. O rapaz pediu licença ao mais velho, deslizou o polegar para a direita pela tela do aparelho e fez uma saudação.

Do outro lado, a voz respondeu: – Olá, Bruce! Lembra-se de mim?

– Fred, como você está, meu amigo? Que bom ouvir sua voz. – disse o astro. Blumer deu um sorriso ao saber quem era o interlocutor no celular.

– Bruce, amanhã estarei de alta. Estou ligando para te agradecer, pois tu foste fundamental para que eu me recuperasse. Na verdade, eu me inspirei em ti e tu sabes disso – confessou Fred, animado. – Tua recuperação me deu forças e me fez acreditar que eu também poderia vencer – acrescentou.

– Que notícia maravilhosa, meu amigo! Ganhei meu dia! Chegando aqui na cidade me ligue, pois quero te encontrar – festejou. Como Blumer de sua poltrona fizera um gesto como se abraçasse o ar, o rapaz acrescentou: – Ah! Martin está aqui comigo e te manda um abraço.

– Fechado, amigo! Mande outro abraço para ele, e um grande pra ti. Diga ao nosso professor que sou muito grato por tudo o que também fez por mim – finalizou Fred animadamente.

Assim que o jovem depositou o celular de volta na mesa, o aventureiro frisou: – Este cara é muito bom, Bruce. Já o conheço há bastante tempo, antes mesmo do envolvimento dele com as drogas. – Então pensou que o telefonema tinha sido feito em momento oportuno. – Você me disse estar com problemas de gestão no seu escritório.

Talvez ele possa te ajudar a solucioná-los. A vida às vezes nos dá os sinais, meu caro, cabe a nós enxergá-los ou não. Este pode ser mais um deles.

– Hum... Boa ideia! Realmente preciso de uma pessoa no escritório que possa me substituir em certas ocasiões, e tem de ser alguém com muita experiência – considerou o rapaz.

Martin o ajudou a ponderar: – Não tem como ter certeza, só experimentando, mas pelo que conheço de Fred, se ele se preservar com relação às drogas, terá tudo para desempenhar um bom papel neste cargo.

Bruce agora pensava seriamente sobre a possível contratação do ex-companheiro de internação. E o aventureiro continuou: – Tem outra coisa que queria comentar contigo. Eu hoje faço shows mais porque gosto, não consigo viver sem a música. Imagino que esteja num bom escritório pelo sucesso que adquiriu. Cesar me pareceu ser uma boa pessoa, mas não o conheço. Queria dizer também que estou num escritório muito bom, com pessoas do bem e uma gestão bastante eficaz. Se quiser conhecer, estou à sua disposição e posso apresentá-lo à equipe de lá – ofereceu.

– Obrigado por suas dicas, Martin. Nosso papo, como sempre, foi maravilhoso, representou mais uma aula para mim. Sobre o escritório, qualquer coisa eu te falo, sim – agradeceu o rapaz, enquanto o mais velho já se levantava, indicando que precisava ir embora. Então, antes de deixar o amigo partir para cuidar da vida, questionou: – Mas espere aí. Se você não ganha dinheiro com shows, com o que ganha? Como se sustenta? Afinal você tem fazendas, ajuda a manter a clínica...

Já em pé, Blumer desconversou: – Meu querido, já te disse: Não me prendo ao que tenho, mas sim ao que posso ser. – Bruce então o conduziu até o carro.

Quando saíram do escritório, todos espiaram e ficaram curiosos para saber o que eles tinham conversado durante o tempo em que ficaram trancafiados na sala, mas o chefe não revelou nada. Ele estava focado era na incógnita que ficava em sua cabeça quando falava sobre essas questões com Martin. Antes de saírem, Martin surpreende Bruce.

– Amigo, fiz uma canção durante esse período em que nos conhecemos. Gostaria de te mostrar.

– Que legal! Claro! Por favor! – respondeu Vilanova.

Blumer pega um violão e começa a cantar suavemente a "Valsa do vento":

Valsa do vento

Ruas frias de madrugada
Muitos dormem sem saber que jamais vão acordar

A voz do tempo não diz nada
Pra quem tem medo de ouvir o que o medo faz sentir

Destrua seus castelos
Dance a valsa do vento, se deixe levar
Que a lua aponta
O segredo de na escuridão brilhar

Aprendi que a vida passa
Feito fogo em mato seco
É inútil fugir do que tem que ser
Na coragem da incerteza
É um rio que viaja
Ao encontro do oceano sem saber.

– Parceiro! Que coisa linda! Você já gravou? – questionou Bruce enxugando as lágrimas nos olhos.

– Esta é pra você, se quiser, é claro, amigo.

– Sério??? Fechado, então. Podemos produzi-la juntos.

– Sim – responde Martin. Após o almoço, Bruce se reuniu com a equipe. Seu astral já estava completamente diferente. O jovem mostrava-se mais positivo, sorridente e brincalhão, parecia ter pegado a frequência que o aventureiro queria lhe passar. Assim, impôs um clima leve já de início na reunião para depois se pronunciar com mais firmeza.

– Tenho novidades! – começou. Logo perguntaram se eram boas, e ele explicou: – Acredito que sim. Estou disposto e decidido a vender a casa de praia, a casa de campo, o barco, minha casa que está em construção, e preciso também vender dois dos meus aviões, além de mais três carros. – Bruce também colecionava carros caros e importados, um hobby do qual gostava muito. – É hora de colocar a casa em ordem. Henrique, você e Junior já podem começar a fazer contatos para que possamos negociar esses bens – orientou os assistentes. – Quero resumir minha vida a menos coisas.

Henrique teve dificuldades de lidar com a nova postura do patrão. – Precisamos ter calma, pois para conseguir um bom valor nesses bens não podemos vendê-los apressadamente – disse contrariado.

Bruce, no entanto, pediu pressa e falou: – Tudo bem, mas gostaria que agíssemos o quanto antes com relação a isso.

Shirley apoiou o patrão. – Não poderia ter notícia melhor. Estou até emocionada em ouvir isso. Tudo o que você ganhava estava gastando para manter suas despesas e custos pessoais. O valor não era pouco. Mas mesmo com toda a entrada, ficamos no vermelho nestes últimos tempos. Não podíamos continuar assim – afirmou enfática.

– É exatamente por isso, Shirley, que vamos fazer esses ajustes aqui dentro. Temos de alinhar vários pontos e recomeçar. Conto com vocês – pediu Bruce.

– É, até compreendo o que querem dizer, mas será que é a melhor solução? Temos tantas coisas em andamento! – Junior considerou. – São tantos negócios amarrados, não dá para sair assim de uma hora para outra.

Bruce continuou firme. – Junior, eu preciso de urgência. A maioria dos contratos de publicidade foi encerrada e não sei como serão os shows.

Alguns contratantes já cancelaram apresentações marcadas. Não sei como vai ser daqui para a frente e precisamos nos resguardar – alertou.

Henrique concordava com Junior. Os dois se olharam e um disse ao outro: – É, vamos ter de ver. Analisar com mais calma.

O cantor ficou irritado e esbravejou: – Pessoal, isso não é um pedido: é uma decisão. – Teve novamente o apoio de Shirley. – Acho mesmo que você está certo, patrão. Estou de acordo! – declarou ela, juntando os papéis que estavam sobre a mesa e demonstravam os gastos.

Os colegas dela protestaram. – Como assim? Você não está por dentro das negociações. Não participa das reuniões de contrato. Apenas eu e Junior estamos por dentro e sabemos o que acontece na realidade e estamos à frente dessas questões! – engrossou Henrique, dirigindo-se à mulher.

Ela não se calou: – Sim, mas eu sei bem o que entra e sai no caixa, e o ponto da questão está aí.

O diretor de projetos fez ouvidos moucos com relação a ela e disse: – É, vamos analisando.

Bruce notou que havia algo de errado no entrosamento de sua equipe. Virou-se para a diretora financeira e disse: – Shirley, preciso de mais alguns minutinhos somente com você.

Junior olhou desconfiado para os dois. Perguntou se não seria melhor participar do papo. O cantor reforçou que era só com ela. Henrique também quis fazer parte e ouviu a mesma resposta: – Preciso falar somente com a Shirley para acertar alguns detalhes importantes. Henrique insistiu mais uma vez, porém o chefe foi taxativo: – Não há necessidade da sua presença, Henrique! Muito obrigado por sua disponibilidade!

Contrariados, todos os que não foram convocados para a próxima reunião saíram. Vilanova foi direto ao ponto com a diretora financeira:

– Shirley, preciso saber exatamente o que acontece aqui dentro. Você me passa bastante confiança. Como você sabe, eu não estive ausente somente este mês que passei na clínica de reabilitação, mas também nos últimos anos. Praticamente não acompanhei minha vida financeira, meus negócios. Por isso não tive e não tenho controle. Por favor, conte-me tudo o que sabe.

A mulher começou sem jeito. – Ai, patrão, é estranho porque sempre entrou muito dinheiro. Mas sempre saiu mais do que entrou. Por isso, estamos no vermelho! Não sei como poderemos fazer. A situação não é nada boa. Não quero falar de ninguém, mas não sei o que acontece fora daqui, nas negociações e nas parcerias de marketing – contou ressabiada.

Bruce coçou o queixo. – É bom nem procurar saber, eu já imagino! – disse. – Senti um clima estranho aqui na reunião. Sinceramente, acho que vou contratar outras pessoas para fazerem parte do grupo. Vejo que as mudanças se fazem necessárias. Quero imprimir uma nova digital na empresa, uma de felicidade, bom astral, positividade e eficácia. Precisamos reorganizar nossas estratégias, planejar mais nossas próximas ações, e estou disposto a mudar o cenário que temos para melhor. Conto com você, Shirley, mas infelizmente não poderei mais contar com alguns dos que aqui estão.

– Tenho de concordar. Não quero citar nomes, mas vejo que, se você puder acompanhar mais o que acontece em seus empreendimentos, negócios e construções, terá mais condições de saber exatamente o que se passa – alertou Shirley.

– Não, nem quero saber para não me decepcionar tanto. Já sei que preciso trocar algumas pessoas do nosso time – concluiu o cantor.

A diretora assentiu, mas ressaltou: – Sim , é importante, patrão, mas se você colocar outras pessoas e não estiver acompanhando, administrando suas coisas, vai dar no mesmo.

– Verdade – concordou Bruce.

Foi o começo para que, em apenas algumas reuniões, ele se decidisse por trocar Henrique e Junior, bem como suas respectivas equipes.

– Shirley, amanhã conheceremos uma nova pessoa com quem convivi na clínica. Ele poderá vir a trabalhar conosco – anunciou Bruce.

– Acho que precisamos mesmo de pessoas novas aqui dentro – concordou ela. – Você precisa de um administrador, um gestor que possa substituí-lo aqui no escritório durante suas viagens. Parabéns por ter enxergado isso a tempo. Mas se esse rapaz estava com você na clínica, ele era um... Você pretende trazer um...

A diretora não terminou a frase. Ficou pensativa, e o chefe a interrompeu. – Shirley, qualquer ser humano tem seu lado obscuro, até você mesma. Eu tenho, todos nós temos. Isso não é motivo para não acreditarmos e darmos um voto de confiança a quem quer que seja. Não temos certeza de nada até experimentarmos. Fred passou pelo que eu passei, mas já está recuperado assim como eu – justificou de forma ponderada.

A mulher abaixou a cabeça, envergonhada. – Tem razão, patrão. Me perdoe. Ela percebeu o amadurecimento de Bruce em suas colocações e o elogiou com veemência: – É impressionante sua mudança, você parece outro homem. Suas colocações estão mais pertinentes, assim como seu raciocínio e sua conduta. Estou deslumbrada com o que vejo!

Ele agradeceu a funcionária: – Obrigado, querida, mas me sinto apenas um aprendiz!

Terminada a reunião, o rapaz foi para casa refletindo sobre o que dialogara com Martin e sobre suas novas decisões. Conversou com Marina, dividiu as novas ideias e aprendizados. Marina se mostrou bastante receptiva com as mudanças sugeridas por Bruce. Faltava só um passo em direção a essa nova mudança: falar com Fred. Então, ligou para o amigo e agendou um papo para dali a dois dias em seu escritório. Este seria o início de uma gestão empresarial mais positiva em sua trajetória.

CAPÍTULO 20

Mudando com metas e execução

– Bom dia, Fred! Seja bem-vindo! – disse Bruce, abrindo a porta de sua sala para o amigo que acabava de chegar. Ofereceu-lhe uma poltrona. – Primeiro gostaria de te parabenizar por sua força e resiliência. Você é mais um que entra para o time das pessoas que não se acovardaram diante das crises. Que bom que estamos juntos nesta jornada e seguiremos firmes, não é mesmo? – falou com alegria.

– Bom dia, Bruce! Pois é! Como te disse, recebi alta dois dias atrás e matei um pouco da saudade da família e dos amigos. Finalmente me sinto preparado para construir uma nova história. Depois de ir à lona, entendemos que o que resta a fazer é se levantar e caminhar, não é, amigo? – refletiu Fred.

– Exatamente! Mas sem uma mão para nos orientar e dar uma força não teríamos conseguido – falou o cantor, reconhecendo o trabalho das pessoas que se dedicavam à clínica.

– Verdade! – concordou Fred. Então olhou ao redor, respirou fundo e perguntou: – Bem, o que deseja comigo? Tem algo em que possa te ajudar?

– É o que veremos agora. Você me contou um pouco sobre sua vida profissional, queria que me contasse melhor sobre sua carreira – pediu Bruce com um sorriso. – Tem alguma experiência no ramo artístico?

Fred ajeitou-se na poltrona. – Muito pouca. No passado, quando tive dinheiro, tentei investir num cantor iniciante e aprendi algumas coisas, mas acabei perdendo toda a grana investida justamente por não ter experiência. Aliás, foi apenas o que ganhei: experiência. Mas até agora não serviu para nada – lamentou-se.

– Engana-se você, Fred! Nunca é tarde para se usar aquilo que a vida nos traz – argumentou Bruce. – Quero ser bem objetivo e direto com você.

O cantor explicou então como funcionava a empresa, falou sobre os negócios e, por fim, perguntou: – Você acha que tem competência para assumir um cargo de gestão em meu escritório? Eu viajo muito e preciso de alguém aqui dentro em quem possa confiar. Hoje somos amigos, mas acredito que poderemos separar bem isso. Sinto que com seu histórico profissional você poderá se encaixar bem nessa função, pois além de ser um cara mais vivido, me parece ser uma pessoa com espírito de liderança. Estou certo?

Um pouco surpreso, Fred foi tentando se expressar: – Bem, meu amigo, nesta vida entendo que sempre seremos aprendizes, mas posso te garantir que vindo trabalhar na tua empresa me esforçarei ao máximo em todos os sentidos. Pode esperar de mim comprometimento, honestidade, empenho e muita dedicação. Não tenho medo de trabalhar. – Fez então uma pausa e, antes que o jovem pudesse dizer algo, falou: – Se quiser também posso te ensinar a tirar leite. – Os dois caíram na gargalhada.

Bruce foi rápido na resposta. – Ah, amigo! Isso você já me ensinou e muito bem! – E novas risadas ecoaram na sala. – Vamos travar uma nova disputa qualquer hora. Vou te dar literalmente um banho de leite! – ele brincou com o gaúcho.

– Vamos lá, Bruce... O que mais tu esperas de mim? – questionou Fred.

O jovem então contou um pouco da nova visão da empresa e dos projetos que tinha em mente. Em seguida, fizeram um pequeno *tour* por todas as mesas e o cantor apresentou o novo funcionário a todos os colaboradores. Acertou os últimos detalhes e a nova parceria enfim se estabeleceu. No fim do dia, Vilanova se dirigiu a Fred: – Você já percebeu que temos algumas mudanças a fazer, não é?

– Calma, Bruce. Vou precisar de um pouco mais de tempo para isso. Tomar decisões sem total diligência e propriedade sobre o cenário de uma empresa pode não ser positivo. Tu estás indo embora? – perguntou ao amigo. O rapaz afirmou que sim, pois tinha de comparecer a uma festa de aniversário com Marina e Isadora. – O.k., Bruce, boa festa. Tenho alguns detalhes ainda para conversar e ficarei até mais tarde. Durante a semana sentaremos para resolver sobre as questões que colocou na mesa. Com mais propriedade poderemos tomar decisões mais acertadas – concluiu o novo funcionário.

– Concordo. Até mais, então! Amanhã terei alguns compromissos; nos próximos três dias, ensaios, possivelmente não poderei vir até aqui. Espero que até lá você tenha feito um apanhado geral sobre a empresa e as possíveis mudanças que teremos de executar – pediu Bruce.

– Que bom, amigo! Tu vais voltar a ensaiar? Em breve teremos show? – perguntou Fred, animado.

– Sim, no fim de semana terei meu primeiro show após o afastamento. Na verdade, estou bastante apreensivo. Cesar me disse que as vendas não estão indo bem... Por sinal, estão muito mal. O contratante quis até desmarcar, mas acabou dando certo e tenho de voltar. É mais um leão que terei de enfrentar, mas como já sei que ele faz parte da selva e estou no meio dela, estou pronto! – declarou o jovem, esperançoso.

– Isso, guri, força! Tu és guerreiro! Vai dar tudo certo. Estaremos juntos! – o gaúcho deu-lhe ânimo.

– Obrigado! Então, até breve. – Ao partir, o cantor despediu-se animadamente de todos no escritório e demonstrou que se sentia otimista e positivo em relação aos novos rumos da empresa. Pegou o carro e foi ao encontro de Marina e Isadora. No dia seguinte, pela manhã manteve sua rotina de treinos esportivos. Os novos aprendizados no kung fu o tornavam mais concentrado e certeiro. Depois almoçou tranquilamente com a família e seguiu para o esperado ensaio.

Quando atravessou as portas com isolamento acústico do estúdio, os músicos já o esperavam afinando os instrumentos. Richard, seu diretor musical, um homem alto e corpulento que vestia calças jeans e camisa branca, o recebeu com alegria. – Poxa, Bruce, até que enfim! Já não aguentava mais ficar de férias. Seja bem-vindo à música! – disse, dando-lhe um abraço apertado. Então se virou para o cantor e perguntou: – Como você sabe, bem, temos dois novos integrantes na banda. O escritório deve ter lhe avisado, não é mesmo?

O rapaz olhou para as duas pessoas que não conhecia. – Não, não fui avisado de nada – comentou, levemente irritado.

– É que em virtude da pausa que tivemos – claro, nós entendemos perfeitamente o motivo – o guitarrista e o tecladista preferiram tomar novos rumos. Temos mudanças também na equipe de montagem e de produção. Entenda, Bruce, é uma consequência natural. Nesse ramo você sabe bem que todo mundo quer trabalhar, muito mais do que estar com este ou aquele artista – justificou Richard.

– É... Depende! – rebateu Vilanova, pouco convencido da justificativa que ouvia. Mas decidiu que não se aborreceria com isso e falou, decidido: – Podemos construir uma nova história e este é meu objetivo.

Antes de começar o ensaio, o cantor convocou a equipe inteira para uma reunião e contou-lhes sobre suas novas experiências, vivências e metas. Falou também sobre suas novas referências musicais, sugerindo a inclusão de outras canções no repertório dos shows. Sentados no chão com as pernas cruzadas ou acomodados em banquinhos, os membros da equipe se dividiram. Alguns ficaram duvidosos enquanto outros concordaram. Em meio ao bate-papo, os comentários foram abundantes:

– Esta música não é tão popular, não tem nada a ver!

– Esta canção é tão desanimada que a galera vai dormir.

– Cara, este hit vai levantar a massa, mas talvez esteja muito batido.

– O povo não quer ouvir isso.

– Esta outra não é conhecida!

E por aí foi. No geral, havia certa resistência em mudar o repertório. Por fim, um integrante da banda levantou a bandeira da novidade, dizendo: – Pera aí, pessoal! Vai ser legal fazer algo novo!

Vilanova aproveitou essa brecha na energia negativa para também convencê-los de suas ideias. – Amigos, as mudanças são necessárias. A vida é cíclica. Se vocês pararem para pensar, o que achavam ontem não acham mais hoje e possivelmente não acharão amanhã. As opiniões passam por mutações. Eu preciso ser verdadeiro com o que sinto e hoje não sou o mesmo Bruce. Preciso estar confortável na minha pele em cima do palco. Tenho ouvido outros estilos musicais, mas considerarei as colocações de todos vocês. O ideal é que consigamos ser flexíveis, achar o meio-termo, entendido? Mas gostaria de contar com a boa vontade geral para conseguirmos fazer mudanças significativas e positivas no show. Tenho certeza de que trará bons frutos para todos nós – alegou, em tom amistoso.

A própria postura do artista, que já se mostrava mais tolerante e aberto, fez com que todos em seguida acenassem positivamente sobre as colocações. Então começaram o ensaio do novo show experimentando mudanças na luz, no cenário e, sobretudo, no repertório. Passaram a tarde dialogando com um novo Bruce. O astral parecia ser outro. O atual nível de concentração e conexão do jovem cantor deixava os músicos admirados. No final, tomaram um bom lanche em conjunto e o rapaz se despediu. Assim que deixou o estúdio, os comentários positivos foram unânimes:

– Como o chefe está diferente. É outro homem!

– Estou impressionado: está até cantando melhor.

Claro que houve os que não enxergassem o lado bom.

– Calma, pessoal, nem tudo são flores neste jardim! Todos nós sabemos que o nome dele não está nada bem – disse um integrante.

– Ouvi notícias do escritório de que os ingressos para o show de sábado não estão vendendo bem – juntou-se ao coro mais outro.

– Sabemos bem como é o histórico de pessoas que se envolvem com o que o patrão se envolveu e isso não é novidade para ninguém.

Não está nada garantido. Eu quero ver onde isso vai dar – disse outro, do fundo da sala.

O novo guitarrista Pedro, um jovem baixinho e magro, de cabelos rastafári, foi quem rompeu a corrente de negatividade. – Tudo bem, pessoal, todas as coisas têm seu lado positivo. Bruce parece ter aprendido com o que aconteceu. Não o conheço a fundo, mas tive uma ótima impressão dele! – exclamou.

O tecladista concordou: – Também acho. Isso faz parte. Vamos dar a volta por cima!

Durante a semana, o cantor participou de mais alguns ensaios, além de outras reuniões na gravadora e no escritório de Cesar. Só pôde retornar ao próprio escritório quando já era sexta-feira. Encontrou Fred sentado na mesa dele, com a calculadora financeira sobre uma pilha de relatórios e a tela do computador com uma imensa planilha aberta. Mal chegou e já foi perguntando:

– Olá, Fred, como foi a semana? Tem boas notícias?

O gaúcho tirou os óculos de leitura para olhar para o jovem.

– Olá, amigo! – cumprimentou rindo. – Independentemente do que seja vai acabar sendo bom! Tenho importantes colocações. Tu tens medo de mudanças? Acho que não, né, pelo que já percebi.

– Não! Não só não tenho mais medo de mudanças, como preciso delas! Agora meu vício são as mudanças – declarou Bruce às gargalhadas.

Os dois se fecharam na sala do chefe. Fred mostrou relatórios e cálculos que tinha feito durante toda a semana, com base na depreciação de imóveis e veículos, além de um levantamento dos encargos trabalhistas que tinha com o quadro atual de membros da equipe. Apontou algumas mudanças que poderiam ser feitas na gestão dos empreendimentos. O cantor fez colocações sobre suas percepções com relação a Henrique, Junior e suas equipes. Os dois pareciam estar olhando para o mesmo norte. Falaram sobre planejamento, objetivos e metas. Ao final, bateram o martelo, e o cantor autorizou o novo funcionário a executar as novas medidas, bem como ir em frente com relação à demissão de alguns colaboradores.

Decidiram também sobre a venda de ativos, como o rapaz já desejava. O novo administrador concordou e se disse extremamente esperançoso com as novas perspectivas, a partir da implementação das ações definidas.

Quando deram por terminada a reunião, Bruce fez um convite a Fred. – Amigo, gostaria de convidá-lo para ir ao show comigo amanhã. Você também foi um dos caras que me incentivou a ouvir outros tipos de canções – disse o jovem, agradecido.

O gaúcho aceitou prontamente e mostrou-se animado a assistir ao espetáculo. Assim, no outro dia o artista decolou com destino ao interior do Paraná, numa festa de exposição agropecuária. Estava um pouco ansioso e apreensivo quando chegou à cidade e se deparou com alguns fãs gritando para conseguirem um autógrafo e uma foto. Em meio à multidão, se surpreendeu com protestos e críticas.

– Nossa cidade não quer drogados! – disse um.

Seguido por: – Aqui não é seu lugar!

Mais gente engrossava o coro: – Ei, seu demente, volte para sua cidade! O que faz aqui em meio a nossas crianças e jovens?

Desapontado e desconcertado, Bruce tentou não dar ouvidos a eles e atendeu somente alguns adolescentes que traziam cartazes de apoio. Rapidamente se dirigiu ao veículo que o esperava e, como se estivesse fugindo, foi para o hotel.

Ao chegar lá, deparou-se com mais fãs, entre eles outros protestos e chacotas com tom de sarcasmo. Novamente incomodado, correu apressadamente para o quarto. A porta se fechou deixando para trás a turbulência, mas sua mente estava tomada por pensamentos destruidores. Ele parecia não se controlar diante das acusações. Quando pegou o celular, nas redes sociais havia inúmeras mensagens de protestos e rejeição à sua visita na cidade. Seus fiéis fãs o defendiam a unhas e dentes diante da chuva de críticas! Mas ele estava mais preparado mentalmente. Então se lembrou das ferramentas e dos recursos que Martin ensinara a ele e os repassou mentalmente. **"Vamos lá, Bruce, tente gerenciar seus pensamentos; apegue-se às rosas, esqueça os espinhos; seja forte, você não**

precisa agradar ninguém; bloqueie expectativas, não importa o que vem, apenas o que sai de você; ofereça seu melhor sem esperar nada", dizia a si mesmo, tentando fazer com que sua voz interior fosse maior que a recordação dos gritos que ouvira no aeroporto e na rua.

Lentamente, foi se acalmando e, ao se deitar, escutou mais protestos em coro que chegavam da calçada:

– É marmelada, é marmelada! Roubalheira na prefeitura! Hoje à noite não percam o show de um drogado, revoltado!

– O espetáculo vai ser de babar, comprem os ingressos para assistir ao show de mais um cantorzinho chapado.

Também escutava vozes que soavam como alento:

– Vocês não sabem de nada, Bruce Vilanova é o melhor e sempre foi!

– Parem de julgar, vocês não conhecem a vida dele.

O rapaz tentou dormir, mas aquelas palavras eram como uma melodia triste e cruel. Então, sabiamente ele pegou um livro e mergulhou na leitura, até que seu segurança B.O., um homem negro muito alto e forte, cuja cara para os outros era uma carranca de tão fechada, mas cujo coração enorme o jovem conhecia muito bem, bateu à porta: – Bruce, meu querido! Em trinta minutos temos de descer!

Ele abriu a porta e perguntou ao amigo: – B.O., você ouviu os gritos, os protestos, a algazarra que está lá embaixo?

O homem o sossegou. – Patrão, fique tranquilo, já está tudo organizado. Não se preocupe com esse povo que não sabe o que fala: eles não te conhecem – disse, dando a injeção de ânimo de que o ídolo precisava. – Faça um show de arrebentar e ficará tudo certo. Tenho certeza de que quando você soltar sua voz ninguém vai falar mais nada.

O cantor olhou para ele, profundamente agradecido. Diante do clima tenso deu mais uma passada no celular e viu inúmeras mensagens de alguns amigos e familiares, bem como de pessoas com vínculo profissional, que enviavam mensagens de motivação e apoio para o dia de seu retorno. – Isso aí, B.O.! Obrigado! Em trinta minutos estou pronto – disse, e entrou para se trocar e fazer o melhor espetáculo de sua vida.

CAPÍTULO 21

Declínio nos palcos

O show começaria às dez. Quinze minutos antes, Bruce saiu do hotel acompanhado de sua equipe: B.O., o produtor Marquinhos e sua assessora Chris. Ele estava extremamente ansioso por causa de sua retomada aos palcos. Na van que os conduziria ao local do espetáculo, começou a perguntar a seus colegas se as vendas tinham sido boas, se a imprensa estava pedindo entrevistas e se os jornais tinham divulgado bastante a apresentação, mas as respostas vinham lacônicas. Todos pareciam não querer compartilhar muito as informações.

– Bruce, vai dar tudo certo! – tentava tranquilizá-lo Marquinhos. – Você já tem anos de carreira. Sabe lidar com qualquer situação. É seu retorno! É importante que você esteja bem tranquilo e deixe que nós cuidemos do resto – pediu.

Então foi a vez de Chris dizer algo: – Há vários pedidos de imprensa, mas conversando com o Cesar e o pessoal da gravadora entendemos que, no momento, é melhor te preservar. Não sabemos como pode reverberar uma entrevista nesse momento. Pode haver perguntas maldosas, bem como insinuações polêmicas. Você não concorda? – questionou cautelosa.

O rapaz estava apreensivo, mas também apaziguado. – Sim, faz sentido, mas não me importo de ter de falar sobre o assunto. Este não é mais um monstro para mim. É algo que já está resolvido aqui dentro, portanto, se quiser que atenda alguns jornalistas, estarei à disposição.

Chris ponderou e achou que podiam abrir uma brecha para que ele se pronunciasse, se fosse o caso. – Ótimo! Vamos fazer uma filtragem e então atenderemos os que acreditarmos ser convenientes para melhorar sua imagem – disse ela, checando as mensagens no celular. Bruce concordou.

Quando estavam bem próximos e B.O. indicou o local exato, viu que estava tudo muito tranquilo e parado.

– Mas pessoal, pera aí, e o trânsito? – questionou o cantor. – O que está acontecendo? Estão me escondendo algo? Estou acostumado com engarrafamentos no entorno dos shows – estranhou ele, bastante apreensivo.

Marquinhos tentou tranquilizá-lo: – Calma, ainda não chegamos. Vai dar tudo certo! – disse, olhando pela janela. – Fique tranquilo e concentre-se no show!

Bruce encostou no assento do carro e respirou profundamente. – Tudo bem, tudo bem! – exclamou, levando a mão à boca e quase roendo a unha.

O semáforo ficou verde, a van andou mais alguns metros e eles chegaram à quadra onde ficava o local da apresentação. Perceberam que não havia tumulto como de costume, somente uns poucos fãs na entrada com faixas e celulares na mão, pedindo autógrafos e fotos. Outros, apenas curiosos, olhavam todos os veículos que se aproximavam com janelas com insulfilme. A iluminação da fachada do lugar do evento era ruim. O jovem astro abriu uma fresta na janela do assento onde estava, mas foi o suficiente para que o descobrissem. Assim que pôs o pé para fora do carro, um jornalista magrelo furou o bloqueio dos seguranças e, já com o microfone em punho, perguntou: – Bruce, o que tem a declarar a respeito das drogas? O que tem para dizer aos nossos jovens?

Marquinhos e B.O. imediatamente intervieram, tentando conter o jornalista com os braços: – Por favor, espere até o atendimento. Espere! Espere! Não faça isso!

No entanto, um rapaz com uma câmera em punho já se posicionava atrás do repórter, filmando toda a cena.

Bruce respirou fundo e respondeu: – Está tudo bem, amigo! Faço questão de recebê-lo e responder a sua pergunta. Deixe-me só entrar no camarim antes e já te chamo.

Assim que pôs os pés na área reservada para ele, acomodou seus pertences e foi direto para a mesa. No camarim havia pães, frutas, sucos variados, água, castanhas, salgados e outras bebidas como cerveja, uísque e refrigerante. Chamou Richard num canto e perguntou: – Passaram o som? Como estão as coisas no palco?

Um fio de suor escorria da testa do diretor musical. – Bruce, está tudo bem. Quer dizer, mais ou menos... Como estávamos parados, existem alguns pontos para acertarmos e corrigirmos, mas aos poucos vamos organizando – respondeu, limpando o rosto molhado com um lenço.

– Beleza. Como está de público? Vocês estiveram no palco? Como está lá na frente? – questionou o cantor.

A resposta que recebeu foi sintética. – Hum, calma, vai dar tudo certo. Vamos fazer o show. Hoje está um pouco frio e durante a semana parece que choveu. Mas o que importa é que estamos aqui para fazer a apresentação – falou o diretor, tentando tranquilizá-lo. Vilanova se mostrava pensativo e um pouco ansioso. Tentando se controlar, descontraiu o ambiente com algumas palavras positivas e brincadeiras. Então, pediu uma dose de uísque a seu camareiro: – Ai, preciso relaxar! Capricha aí pra mim, Frank!

O funcionário entrou no tom dele, dizendo: – O.k., patrão, deixa comigo! Neste friozinho vai bem, hein?

Alguns integrantes da equipe que estavam no camarim se entreolharam, com ar de preocupação. Richard também reparou no copo de bebida e o olhou, ressabiado. Não resistiu e questionou Bruce: – Está tudo bem? Você está ciente do que está fazendo? Eu me preocupo com o que houve... Será que é uma boa mesmo você ingerir bebida alcoólica depois de tudo o que aconteceu?

O jovem levantou as mãos como se quisesse mostrar que não tinha nada a esconder. – Estou tranquilo, estou seguro! Não darei um passo a mais que esse, mas sinceramente preciso me soltar e relaxar – justificou-se, sincero.

Richard respirou fundo, buscou se tranquilizar. – Tudo bem, então – disse, relaxando os ombros.

Cesar chegou ao camarim acompanhado de mais duas pessoas e logo as apresentou ao astro: – Este é o prefeito da cidade, Julio Andrade, e este é o deputado federal Marcílio. São os responsáveis por você estar aqui esta noite.

Os homens se deram as mãos e um leve tapinha no ombro.

– Olá, Bruce, como você está? Já está recuperado? – perguntou o prefeito. – Soubemos do ocorrido e sentimos muito com tudo o que aconteceu. Chegamos até a pensar em desmarcar o evento, pois o intuito era preservar você para que não tivesse de passar por isso – disse, desconcertado.

O jovem astro não se intimidou. – Mas passar pelo quê? Está tudo bem! – respondeu, tentando parecer o mais tranquilo possível.

– É que, infelizmente, o público não é o que esperávamos. No último ano, no aniversário da cidade, tivemos vinte e cinco mil pessoas e não era um artista com tanta expressão como você. Mas sabe como é... O público e a mídia não perdoam... Então não temos tanta gente dessa vez. Mas desejamos um ótimo show e estamos felizes com sua presença – justificou-se o prefeito, o mais franco possível.

Um pouco desanimado e constrangido, o astro agradeceu: – Vou fazer o meu melhor, podem ter certeza! É um prazer conhecer a cidade de vocês. Obrigado pela confiança e pela oportunidade!

– Temos pessoas da família e amigos para tirar fotos – continuou o prefeito. – Depois, a imprensa e mais algumas pulseiras para convidados importantes.

O rapaz não pareceu se importar. – Tudo bem – respondeu. – Veja com o Cesar e o Marquinhos. Estou à disposição de vocês. – E apontou para os dois rapazes que estavam a seu lado.

– Podemos trazê-los? – Marquinhos perguntou para Cesar.

O outro disse: – Vamos aguardar só um pouquinho lá fora e organizaremos a entrada. Mas tudo bem, vamos atender a todos.

Breno, o contratante, chegou à sala bastante animado por causa do histórico de espetáculos feitos com Bruce.

– Até que enfim nosso fenômeno voltou! Fico muito feliz que tenha se recuperado. Todos tomamos um susto enorme com o ocorrido, sentimos muito. Tentamos visitá-lo, mas Cesar me disse que a situação não era tão agradável, então decidimos esperar sua recuperação. Torcemos muito para que tudo voltasse ao normal. Teremos mais alguns shows neste ano, mas tenho de ser honesto: a coisa não está fácil. Há bastante rejeição no mercado. É importante que você lance logo um novo trabalho, bem como promova ações de mídia, na TV e no rádio, para que possamos voltar a ter grandes públicos.

– É verdade, Breno! – concordou Bruce. – O importante para mim daqui para a frente é poder fazer o meu melhor em cima dos palcos, assim como produzir boas canções com mensagens positivas. Foram muitas mudanças, especialmente nas referências musicais. Até no show você vai perceber que tenho outras canções que acabei incluindo.

O contratante mostrou-se animado com a resposta. – Muito bom, Bruce! Mas você sabe, né? O povo quer dançar e se divertir. Você não pode abandonar seus grandes hits – aconselhou, dando um tapinha nas costas do jovem.

– Não, não, Breno, jamais os abandonarei. Apenas estou incluindo novas músicas no show e também teremos novidades quanto a novos trabalhos, arranjos, letras e conteúdo musical – explicou o astro.

Do canto da sala, Cesar ouvira a conversa e interveio: – É, depois conversamos sobre isso. Temos de tomar um pouco de cuidado. O público já conhece você de um jeito. É perigoso mudar tudo de uma vez.

Breno engrossou o coro: – É verdade!

– Mas vamos nos concentrar no espetáculo e na noite de hoje – Cesar retomou a palavra. – Um excelente show para você e daqui a pouco conversamos – desejou, então saiu da sala para ver como estava o público.

O contratante aproveitou a deixa para fazer uma pergunta: – Opa, amigos, tenho alguns familiares e amigos para atender. Posso trazê-los?

Bruce o orientou novamente: – Veja, por favor, com Marquinhos, meu produtor. Breno, agradeço muito sua parceria e confiança!

Breno despediu-se: – Bom show, Bruce. Arrebenta! – E foi falar com o produtor.

Sentindo que as pessoas estavam estranhas no camarim, o cantor perguntou a Frank, encarando-o profundamente: – Frank, me responda uma coisa: por que tanto suspense? Diga-me a verdade: como está na frente do palco?

O rapaz tentou sair pela tangente. – Patrão, somos orientados pelo escritório...

Bruce o interrompeu: – Frank, por favor, sou eu quem estou perguntando... Quero que me fale. Não precisa me esconder nada.

O clima estava tenso e o funcionário acabou contando indiretamente que, naquela noite, ele teria um grande desafio pela frente. – Acho que tem pouca gente, mas ainda está cedo. Vão chegar mais pessoas. Vou conferir novamente o público e te falo.

No entanto, Bruce entendeu o recado e se preparou para uma noite de imprevistos, para o pior. Atendeu algumas pessoas, inclusive o repórter que o abordara na entrada, mas havia um pouco de desorganização no camarim por causa da curiosidade geral em relação ao episódio da overdose. Marquinhos e B.O. tentavam filtrar a imprensa, no entanto a confusão fora dali era generalizada. O astro tentou manter o equilíbrio e sua conexão com o show ouvindo músicas em seu fone de ouvido. Várias pessoas saíram frustradas por não conseguirem entrar no camarim. Ele acabou diminuindo o número de pessoas para o atendimento. A gritaria era enorme e alguns aproveitavam para insultá-lo por causa da polêmica ocorrida nos últimos dias.

Cesar voltou ao camarim: – É, Bruce, não está fácil! É impressionante como as coisas mudam rapidamente. Estou assustado! Podemos conversar na semana que vem e decidir o que fazer, mas continuar dessa forma será complicado.

O rapaz só conseguiu responder, desanimado e deprimido: – O.k., Cesar, vamos marcar.

O empresário notou que tinha pegado um pouco pesado naquele momento e se corrigiu. – Vamos lá, olhe para a frente! Faça um ótimo show! Vou sair no meio porque tenho outros compromissos. Tenho um espetáculo aqui perto da Dora, vou ter de passar por lá, pois tenho algumas questões para resolver. Nesta semana nos falamos. Sucesso! Até mais! – despediu-se ele, já saindo.

Desanimado, o jovem pediu outra dose de uísque. Atendeu mais algumas pessoas, respirou fundo e começou a se aquecer para o show.

Quando o cantor subiu ao palco ouviu algumas vaias. Então olhou de frente para o público e se deparou com apenas algumas centenas de pessoas à frente. Há alguns anos ele não lidava com situações como essa. No entanto, foi o passado – quando cantava em bares experimentando o gosto amargo de um público pequeno – que o ajudou a se manter de certa forma mais tranquilo. Apesar de resgatar essa memória reconfortante, a tensão ainda era enorme. Havia cartazes de protesto e parte das pessoas que o assistiam diziam insultos. Por outro lado, a maioria, que eram fãs, gritava em coro:

– Bruce! Bruce! Bruce!

Outros pôsteres serviam de consolo para o jovem, que tentava sorrir e se divertir como sempre havia feito com sua equipe e banda.

Contra todos seus esforços, naquela noite não houve sequer uma luz em meio à escuridão. Do meio para a frente do espetáculo, alguns curiosos que tinham ido apenas conferir como seria sua volta deixaram o local. Ele via a pequena multidão saindo pelas laterais e ficava em dúvida se era só gente interessada em lhe aporrinhar ou se eram espectadores que tinham se decepcionado com sua performance. No fim do show, restavam apenas cerca de oitenta pessoas assistindo.

Ele saiu do palco com lágrimas nos olhos. A equipe tentou confortá-lo, mas ele estava desconsolado e decepcionado. Tentou de várias formas controlar suas emoções, mas naquela noite nada funcionava. Após o show, atendeu mais algumas poucas pessoas com o ânimo baixíssimo e ouviu palavras de consolo de Marquinhos, B.O., Richard e sua banda.

– Estamos com você, tudo isso vai passar! Seja forte!

Mesmo assim, a sensação de fracasso era enorme.

– É, pessoal, estou tentando, mas sinto que não tenho mais forças para isso – disse com a voz embargada. – Deixo vocês à vontade caso queiram seguir outro caminho. Vocês são excelentes no que fazem e não precisam passar por isso. Tenho de assumir essa bronca sozinho.

Marquinhos, o produtor, foi obrigado a admitir: – É, temos dois ou três na equipe que, de fato, já demonstram querer partir para outra... Mas este assunto é para depois!

– Para completar a noite, né? – perguntou Bruce, prostrado.

B.O. levantou o cantor e o abraçou, balançando o rapaz no ar: – Vamos lá, bola pra frente! Você é mais forte que tudo isso, acredite. Tudo vai passar!

No entanto, diante de tanta coisa, o jovem não teve reação. Transtornado, pegou o carro de volta ao hotel. Ao chegar lá, disse: – Quero ir para o Rio hoje. Não vou dormir aqui.

Surpreso, B.O. respondeu: – Mas patrão, não foi programado! Tenho de saber dos pilotos se conseguimos decolar. Eles estão dormindo agora.

– Desculpe, B.O. Não conseguirei dormir longe de casa esta noite. Quero voltar para Marina e Isadora. Quero estar lá o mais rápido possível, não importa a hora – insistiu o ídolo.

Bruce estava desconsolado, assim como sua equipe. Só conseguiu decolar de madrugada para o Rio de Janeiro. Já estava amanhecendo e o Sol começava a refletir no mar quando pegou o carro com destino à sua casa. Aquele voo tinha sido o mais difícil de sua carreira. Ao chegar, Marina e Isadora ainda estavam dormindo. Ele não queria acordá-las e chegou em silêncio. Jogou-se na cama como se não quisesse estar acordado, tentando sair de um pesadelo real para se atirar em seus sonhos. Estes certamente seriam mais animadores.

CAPÍTULO 22

Reerguendo-se com perseverança e fé – A busca para ser uma marca

Pela manhã, com o fuso trocado, Bruce se levantou ao escutar barulhos na cozinha. Feito um zumbi, levantou-se, foi ao banheiro e lavou longamente o rosto. Então, seguiu o som que ouvia e descobriu Isadora brincando, enquanto tomava seu café da manhã. Logo que a viu, recebeu um sorriso: – Oi, papai, bom dia!

Com grandes olheiras arroxeadas sob os olhos semiabertos, ele retribuiu de forma carinhosa: – Olá, meu amor! Bom dia!

Marina em seguida também veio vê-lo. – Nem vi você chegando. Está cansado, né, meu amor? – perguntou. – Como foi?

– Bom dia, amor! – respondeu ele sucintamente, tentando se animar.

– Você dormiu pouco! Quando acordei percebi que estava bem agitado, mas não quis te despertar. Como você está? Como foi o show? – perguntou ela, ansiosa.

– Ai, parece que tudo voltou. Nuvens carregadas me cercam. Me desculpem, mas parece que estou de volta ao inferno – desabafou o cantor, esfregando vigorosamente as mãos no rosto, como se quisesse despertar de um pesadelo.

Isadora ficou horrorizada. – Ai, papai, não fale assim!

O rapaz ergueu a cabeça e deu um suspiro. – É, filha, o show de ontem não foi nada bom: público muito pequeno, não consegui me conectar. Acho que nem subi ao palco, não era eu! Estava irreconhecível, nem sei por que, aliás... Bem, deixe pra lá – desabafou enquanto esfregava os dedos nas têmporas. – Não consigo me imaginar novamente de pé nessa carreira. Parece que minha missão é mesmo a superação. Quando penso que as coisas estão andando, vem outra bomba. Sei lá. Estou sem perspectiva nenhuma. Acho que o melhor a fazer é parar, dar um tempo. Sabe quando você se sente um peixe fora d'água? É exatamente como me senti ontem. Esta semana me reunirei com Cesar e minha equipe. Estou decidido a abandonar tudo – declarou, desanimado, para Marina.

– Calma, Bruce! Decisões precipitadas podem te trazer mais problemas. Você terá mais tempo para pensar, mas conte com a gente. Estamos aqui do seu lado, sempre – consolou-o com um beijo.

Sem o recurso ilusório das drogas, Bruce percebeu que as dificuldades pareciam ainda maiores, mas preferiu não revelar o pensamento à família. Apenas ficou num canto, amuado, enquanto as duas o olhavam, tristes.

– Vem aqui, meu amor. Deite no sofá. Vou te fazer uma massagem para você relaxar um pouco enquanto a Cida prepara uma omelete bem gostosa – disse a esposa.

O rosto do jovem se iluminou. – Humm! Agora o dia vai começar a ficar bom!

Marina massageou Bruce suavemente, dizendo palavras de conforto. Isadora a acompanhou, fazendo carinho nos cabelos do pai. No esforço coletivo, as duas o energizaram. Terminado o momento de descontração, elas o encheram de beijos. O astro retribuiu os afagos, levantou-se, trocou de roupa e partiu para o movimento. O esporte tinha entrado diariamente na sua vida como algo revigorante. Havia se tornado um hábito, necessário principalmente quando ele se sentia sem forças para reagir. **"Não posso ficar refém disso. Vamos, Bruce, pense no agora e construa-o da melhor maneira."** Ele se levanta, recordando recursos aprendidos com o aventureiro. – Mas é sério, meus amores, não quero mais essa vida – de novo ele se lamentou.

Quando seu momento de descompressão terminou, almoçou com a família e em seguida ligou para Martin.

– Oi, meu amigo! Como está? – perguntou mais animado.

– Bem, e você? Vim almoçar na casa da minha irmã Lucia. Ontem fiz show, mas hoje estou por aqui. Está na cidade? – O aventureiro tinha a voz tranquila e consoladora de sempre.

– Sim! Será que poderíamos bater um papo? – propôs Bruce, desejoso de trocar ideias com o amigo.

Curioso, Blumer quis saber sobre a noite anterior. – Como foi seu show? Como foi seu retorno? Depois de ter ficado algum tempo longe dos palcos deve ter estranhado um pouco, não?

Vilanova deu um longo suspiro. – Martin, foi um desastre e estou buscando respostas até agora.

– Tenho um tempo à tarde, se quiser bater um papo pessoalmente. Podemos tomar um café. Que tal? – propôs o aventureiro.

– Ótimo! Você se importa se for aqui em casa? – perguntou o rapaz, sem muita vontade de sair.

– Claro que não! Será um prazer! Logo mais passo aí –, concordou o mais velho.

Por volta de quatro da tarde, o interfone tocou. Assim que Martin apareceu no batente da porta, recebeu um abraço apertado do cantor, que parecia angustiado. Bruce conhecia bem o abraço de Martin e este parecia ter um sabor de consolo e conforto.

– Que bom te ver, meu amigo! Eu precisava tanto disso! – suspirou o jovem.

– Eu também, campeão! É sempre bom rever você – retribuiu o aventureiro. Então cumprimentou as mulheres da casa: – Olá, Isadora! Oi, Marina! Como estão?

– Olá, Martin, seja bem-vindo! Lucia está preparando um bolinho como vocês gostam e o cafezinho também sai logo mais – anunciou a garota com um sorriso. Então mãe e filha se recolheram, deixando os dois amigos sozinhos para conversar.

O dono da casa conduziu o amigo até o sofá. Da janela de frente de onde estavam dava para ver que o Sol começava a querer se esconder atrás da linha do horizonte.

– Bruce, vamos lá. Agora me conte tudo – pediu Blumer, sentando-se no sofá com uma perna dobrada por baixo da outra.

– Ah, Martin, na verdade nem sei o que te contar. Já chorei todas as lágrimas que tinha pra chorar, agora o que preciso mesmo é tomar decisões – disse o jovem, esfregando a testa com a ponta dos dedos. – O show foi um desastre. Você viu na internet? Já está em todos os meios de comunicação. Estão falando que minha carreira acabou e eu sou obrigado a concordar. Estou literalmente no chão. Compreendo que emocionalmente estou melhor, mais forte, mais lúcido, mas... – Bruce começou a chorar desconsolado. Então tomou um pouco de ar e continuou o desabafo: – Não posso mais levar isso para a frente; não consigo! Honestamente falando, foi bom enquanto durou, mas não me sinto mais preparado para subir aos palcos. Não tenho ânimo nem motivação. O público não me aceita mais, apenas algumas pessoas me apoiam. São aqueles que sempre me acompanharam. Esses eu sabia que estariam comigo a qualquer hora, a qualquer momento. Aqueles fãs que viajam longas distâncias só pra te ver, sabe? Foi a única parte boa da noite. Tem também um lado curioso: parei para refletir como em alguns momentos eu não valorizava tanto esses fãs, justamente por serem repetitivos. Mas são nessas horas que percebo quanto são importantes e verdadeiros comigo. O restante, nem te falo. Pessoas curiosas apareceram somente para ver como seria o vexame que eu passei. Outros protestaram, me ironizaram, levaram faixas insultantes... Ai, nem consigo descrever... Tentei sorrir em vários momentos em cima do palco, mas tive de ser muito falso e mesmo assim acho que não consegui... Em alguns momentos até me senti bem, cantando as músicas novas, mostrando as novidades no cenário e na luz, mas foram apenas picos de prazer. Em seguida, estavam lá na minha frente, novamente, os fantasmas e o terror com os quais não consegui lidar nem quero. Você me ensinou a dominar os monstros, mas confesso que estes não estou conseguindo.

Marina interrompeu o papo ao chegar com o bolo e o cafezinho fresco. Inteligentemente, Martin puxou outros assuntos relacionados à família. Pediu que contasse outras novidades, mudando um pouco a frequência do ambiente. Quando percebeu o jovem em outra atmosfera, viu que era o momento certo de se pronunciar:

– Bruce, **diante das quedas e crises só existem dois caminhos: o conformismo ou a resiliência**. Já falamos um pouco sobre isso, lembra?

– Hum, lembro sim – falou o jovem, ainda desanimado.

Apesar de, em teoria, o amigo conhecer o assunto, Blumer retomou o tema: – **O conformismo é o grande vilão da resiliência. Ele nos encarcera e nos inibe diante dos obstáculos. Quando acontece isso, há um quadro de vitimismo. Nessas horas, o conformista acha que tudo é obra do destino, que era pra ser assim.** Já ouviu isso?

Bruce assentiu com a cabeça. – Já, Martin. Muitas vezes.

– Então. **O ativista, que caminha de mãos dadas com a resiliência, enxerga no agora, diante das dificuldades e das crises, a grande oportunidade de construir seu destino da melhor forma. O conformista põe dificuldade em tudo, para não ter de enfrentar nada, agarrado ao medo de fracassar. Já o resiliente usa a dificuldade para poder alcançar seus objetivos, ou sair do buraco.** Permita-me te contar uma história. Há muitos anos fui morar em Curitiba, no Paraná. Eu saí de uma cidade do interior, pequenininha, já cantando. Mas ao chegar lá tudo foi muito complicado. Eu já tinha alguns anos de carreira, a minha banda, um ônibus, uma equipe e até uma graninha. Porém, com o intuito de crescer profissionalmente, encarei o desafio de ir para uma grande cidade, para a capital. Chegando lá, só me deparei com portas fechadas! Então a sorte virou e encontrei a oportunidade de cantar num barzinho pequeno chamado Boca da Música, onde cabiam, no máximo, umas trezentas pessoas. Foi a oportunidade que eu tive. O cachê? Nem te conto! Dava para pagar a banda e olhe lá, mas era o que eu tinha no momento. Fiquei lá por quatro meses e, por ter um estilo musical inovador, original, a maioria das pessoas não absorvia e não entendia o que eu fazia. Busquei fundo na minha perseverança e, por mais difíceis que as coisas estivessem, não desisti. Perdi tudo o que eu tinha, até meu carro tive de vender. Conseguia fazer um showzinho ou outro além das apresentações no Boca da Música. O público foi diminuindo e havia noites em que eu não cantava para ninguém. À minha frente estavam somente os garçons. Nesses momentos, eu também não conseguia sorrir, mas alguma voz interna me dizia para continuar. Estava tudo muito difícil. Alguns músicos me largaram. Na verdade, a maioria deles. Aí ficamos eu e mais dois e as coisas só pioraram. O dono do bar então resolveu me despedir. Você nem imagina o que passei naquela noite! Eu havia largado minha família, deixado tudo para trás, uma estrutura já conquistada na carreira para enfrentar novos desafios. E ali percebi que não fui capaz. O dono da casa me disse que eu era muito bom, com canções lindas, recheadas de belas mensagens, que eu cantava muito bem, tinha carisma, mas infelizmente não conseguiria mais me manter se não entrasse algum dinheiro. Pediu que eu o compreendesse e me deu apenas uma semana para encontrar outro lugar para cantar. Fui para casa desconsolado, desanimado. Bruce, naquele dia eu realmente havia decidido parar.

O jovem o observava sem piscar, atento. O aventureiro continuou.

– Lembro-me de ter chorado a noite inteira por ter percorrido tantos caminhos e no final chegar em frente ao nada na minha carreira. Era exatamente isso: eu não tinha mais nada. Naquela época eu fazia alguns bicos e um amigo, Rogerio, me convidou para ir até uma senhora. Eu perguntei quem ela era. Meu amigo me falou que era uma pessoa incrível, uma psicóloga amiga dele e uma mulher muito religiosa. Ele me disse que ela tinha mudado a vida dele durante um período em que esteve doente, com crises emocionais. Foi ela quem conseguiu ajudá-lo. Então, no fim das contas, eu topei. Pegamos o carro e fomos. Fiquei algumas horas conversando com ela e percebi realmente que era uma pessoa diferente.

Falava de coisas que eu jamais havia escutado, ferramentas e recursos que não tive acesso durante a minha vida, mas a principal foi a perseverança, a fé. Ela me deu uma injeção de fé. Jamais eu vi uma pessoa pensar daquela maneira. Eu chorava minhas angústias e ela sorria como se tudo estivesse resolvido, me injetando um combustível de que nunca vou me esquecer: acreditar, independentemente da situação. Buscar em mim a fé. Não desistir. Ser perseverante. Perguntou se eu amava cantar e pediu que eu continuasse por amor, pelas pessoas, e não por sucesso. Disse que a minha música seria o combustível para algumas almas, se eu acreditasse e tivesse fé. Só dependia de mim. Aquelas palavras mexeram comigo! Não sei te dizer, mas eu saí de lá diferente.

Curioso, Bruce não se conteve, e perguntou: – Quem era essa mulher, Martin?

Com os olhos marejados, Blumer parou, tomou um ar. Então revelou: – É a Helena.

O rapaz deu um pulo no sofá. – Helena? Da clínica? – questionou, estupefato.

– Ela mesma. Foi ela quem me estendeu as mãos e me levantou da lona – confirmou o amigo. Ao voltar para casa, eu comecei simplesmente a acreditar. Não pensava em mais nada: somente deixava que a fé estivesse presente em minha mente. Segui os conselhos de Helena. Fui então fazer um último show no Boca da Música. Ao chegar, o dono me abordou na entrada e disse que um conhecido dele faria uma festa na casa naquela noite e era uma pessoa bastante respeitada na cidade. Meu amigo Rogerio estava lá e viu a casa lotada. No meio do show ele me dizia que sabia que as coisas mudariam! Eu não podia acreditar que aquilo estava acontecendo, mas não imaginava o que viria pela frente. O dono da casa me deu mais uma semana de trabalho, depois mais uma, e aquele público que havia lotado aquela noite começou a se multiplicar. Após algumas semanas fui contratado para mais dois dias por semana na casa, todas as vezes com bastante gente. Então, mais três estabelecimentos me contrataram e o público me acompanhava por onde eu ia. Em apenas alguns meses, eu estava tocando todos os dias da semana na noite de Curitiba. Continuei sendo fiel à minha musicalidade, buscando oferecer o que eu possuía, acreditando na missão que eu tinha para com o público. Mudei a minha visão em cima do palco: eu agora cantava para engrandecer a plateia, para emocionar as pessoas. A rejeição inicial com as minhas canções foi passando e, depois de algum tempo, todos sabiam cantar minhas músicas. Aí sim, Bruce, eu consegui me tornar uma marca.

O termo deixou o rapaz confuso. – Uma marca?

– Você entra numa loja e se depara com muitos produtos expostos, mas apenas alguns deles representam uma marca. **No nosso meio é a mesma coisa: temos muitas canções e muitos artistas, mas poucos são marcas. Uma marca deixa rastro, influência, perpetua-se, tem originalidade e identidade. Você se torna uma quando cria um registro na vida das pessoas.** Vou te dar um exemplo: quando você canta apenas para um tipo de público ou faixa etária, você está à mercê de tendências musicais. Mas quando você consegue atingir o coração das pessoas, independentemente da idade; quando você canta para o pai, o filho, o avô, aí você está próximo de conquistar o título de marca. Você tem tudo para conseguir, basta acreditar, ser perseverante e se levantar! Não há nada que não possa ser reconstruído. É exatamente isso que quero te dizer: não desista do que você ama. A vida passa num piscar de olhos, meu amigo. Se passamos o tempo duvidando, o desperdiçamos. Levante-se enquanto tem saúde. Tenha fé, busque ser uma marca na vida das pessoas com sua música, com sua essência. Como te disse, o segredo da vida não está em encontrar endereços diante de caminhos limpos, e sim encontrá-los em meio a labirintos.

Aquelas palavras entraram no coração de Bruce como estímulo e motivação para continuar firme. Ele olhou emocionado para Martin e agradeceu: – É impressionante como você me levanta. Eu precisava ouvir isso!

– Meu rapaz, você já estava de pé, apenas não enxergava – disse o aventureiro. – **As armadilhas mentais nos aprisionam. Lembre-se de gerenciar seus pensamentos e nutrir sua mente com positividade.**

– É verdade, meu amigo. Vou em frente! – disse o jovem, animado. – Meu foco agora é me tornar uma marca. Nunca tinha pensado nisso! Sem me preocupar com este lado de deixar um legado musical, enxergo agora que minha preocupação maior era o mercado, o lado comercial, não me importava com mais nada.

– Tudo bem, é a maneira como sua carreira foi administrada – compreendeu o amigo. – É o que você tinha para dar. A emoção é cíclica, as coisas mudam.

– É! Tem outra questão me incomodando muito. Cesar sempre foi muito importante para meu trabalho, mas ultimamente não venho tendo uma boa percepção sobre nossa parceria. Sinto que depois do ocorrido nos afastamos muito. Neste último show ele nem ficou até o final. Por ter sido minha volta, ele poderia ter ficado para, pelo menos, me apoiar – lamentou-se Bruce, magoado.

Martin buscou compreender o empresário. – Talvez ele tenha tido compromissos, né? No entanto, normalmente as pessoas agem por conveniência. Não dá para esperar nada de ninguém. Não existe certo ou errado, cada um faz suas escolhas, assim como você tem liberdade para fazer as suas, caso entenda que não é mais saudável sua parceria com o escritório de Cesar. Os conflitos geram consciência. Os problemas acontecem quando damos um passo à frente e entramos em confronto. Reflita e pense com calma sobre o que fazer, Bruce. E se precisar de mim, estarei à sua disposição. Como disse, você tem um longo caminho de construção pela frente e, acredito eu, bons frutos o esperam.

Aquela foi a injeção de ânimo de que Bruce necessitava. Não que o papo com Martin tivesse clareado todos os pontos de dúvida que existiam em sua cabeça, mas, como sempre, o amigo tinha lhe auxiliado a encontrar um norte. O rapaz entendeu que amizades assim eram como bússolas em momentos de desespero, e ficou extremamente agradecido por isso.

CAPÍTULO 23

Em busca de novos rumos

Martin passou mais algumas horas na casa de Bruce para aproveitar também a companhia de Marina e da pequena Isadora. À noite saíram para comer uma pizza. O clima era sempre muito bom quando se encontravam. O aventureiro percebia cada vez mais quanto o jovem cantor estava mais maduro e vinha se transformando. No fim da noite os quatro se despediram e seguiram para suas respectivas casas.

Sob a luz suave do abajur de cabeceira, Bruce conversou com Marina sobre suas dúvidas profissionais e revelou seus sentimentos com relação a Cesar. Enquanto passava hidratante no rosto antes de ir se deitar, a garota revelou sua opinião sobre o fim da parceria entre eles. – É uma decisão difícil, depois de tantos anos trabalhando juntos... Ao mesmo tempo, creio que, após esse episódio, se existe um momento certo para que você possa enfrentar grandes mudanças no que diz respeito às suas parcerias empresariais, este é agora – disse enquanto devolvia o pote de creme ao armário.

Encostado na cabeceira da cama, Bruce coçou o queixo. – É verdade. Vou pensar um pouco mais, mas acredito que este será o caminho a seguir. Acho que vou tomar um novo rumo – disse decidido.

No outro dia, o rapaz acordou cedo para suas atividades habituais e em seguida partiu rumo ao escritório. Lá encontrou-se com Fred, com quem tinha uma reunião.

– E aí, meu amigo? Como andam as coisas por aqui? Obrigado por me prestigiar no show. Você sabe como é a correria antes dos espetáculos, com atendimentos e outros compromissos de imprensa – disse o cantor.

– Fique tranquilo. Fui para assistir ao show e preferi ficar mesmo mais recolhido. Me diverti muito, embora tenha percebido os acontecimentos – comentou Fred, encabulado.

Bruce reconheceu que algo tinha mudado: – É, não sei o que acontece. Estou passando por mudanças internas e não me sinto seguro em cima do palco.

– Eu te percebi um pouco travado mesmo, embora tu encantes da mesma forma as pessoas com teu carisma e tua voz. Não tem de ficar te preocupando muito. Talvez seja um engano. As pessoas adoram te ver cantar. Mas acredito que tu tenhas algumas questões para resolver – avaliou Fred. – Um artista do teu nome, com tantas músicas de sucesso, não merece subir ao palco daquela forma, mesmo com o ocorrido.

– O que você quer dizer? – perguntou Bruce, confuso.

– Ora, se houvesse um acompanhamento de perto, uma preocupação em fazer o espetáculo acontecer, não teria meia dúzia de pessoas na tua frente no último show, não acha? Existem trabalhos de divulgação em mídia que podem ser feitos. Não conheço muito desse meio, mas acho que é assim que funciona – declarou o gaúcho.

– Pois é! É sobre isso que quero pegar uma opinião contigo. Também senti que a sinergia não está boa com relação a Cesar e ao escritório dele. Passei lá na semana passada e não me senti bem – afirmou o jovem.

– Percebi que ele foi embora no meio do show. Ele conversou comigo no camarote dizendo que "teria de sair" – contou Fred. – Eu apenas disse que te conhecia, mas não falei que estava trabalhando contigo. Ele me falou que iria para outro compromisso. Sinceramente, não entendi essa atitude. Ou ele está contigo ou não está. Quem está junto de verdade permanece no frio e no calor, nas vitórias e nas derrotas, não?

– Certíssimo, é isso mesmo! – concordou Bruce. – Mas o que faremos? Não tenho muitos contatos neste meio. Acabei sendo muito blindado nesse período e não tive oportunidade de conhecer tanta gente – lamentou-se o jovem, de certa forma reconhecendo um erro.

– É natural, mas o escritório que administra a carreira de Martin parece ser muito bom. Tive a oportunidade de visitá-los uma vez, alguns anos atrás, pois conheço o Martin há bastante tempo, inclusive da época em que fui o empresário de um artista, tu te lembras que te contei? – perguntou Fred, mostrando uma luz no fim do túnel.

– Sim, me lembro. – O cantor deu um estalo com os dedos: – Boa ideia! Vou ligar pra ele. Aliás, você não quer ligar por mim? Fico um pouco sem graça de ficar abusando.

– Posso ligar, sim. Vamos ligar juntos? Que tal? – propôs o gaúcho.

Depois que o telefone tocou e Blumer atendeu do outro lado da linha, Fred contou a novidade: agora estava trabalhando no escritório de Vilanova. O ídolo o cumprimentou, pois sabia do potencial do amigo e que ele seria um grande ganho na carreira de seu mais recente amigo. Então, o homem lhe comentou do ocorrido com Cesar:

– Eu e Bruce estamos conversando sobre a atual gestão da carreira dele. Sentimos que será necessário tomar outros rumos. Tu vês alguma possibilidade de apresentá-lo para o pessoal que administra tua carreira? – perguntou, esperançoso. – Como chama mesmo teu empresário? – Martin disse que o nome dele era Marcelo. Fred, então, prosseguiu a conversa. – Hum, deve ser uma pessoa bastante eficaz e experiente, não é? Pois tu já estás há muitos anos neste mercado e te mantém muito bem, com uma trajetória estável e bem gerida.

O aventureiro deu mais detalhes. – Sim, mas depende muito de mim também. Contudo, o pessoal tem competência. Posso falar de Bruce e apresentá-lo. Ficarei no escritório até o fim do dia. Se quiserem dar uma passada aqui hoje, estarei esperando.

– Opa, ótima notícia. Eu te aviso. Vou falar com Bruce e em seguida entro em contato. Até mais, amigo, obrigado pela atenção! – disse ele já desligando. Então, virando-se para o chefe, perguntou: – Bruce, ele se mostrou animado. Não abriu tanto, mas podemos dar um pulo até lá e conhecer melhor. O que tu achas? – O jovem concordou, mas propôs que almoçassem antes. – Combinado. Vamos até o restaurante de um amigo meu. A comida é excelente. Até pouco tempo ele também era dependente químico e, por ser um grande amigo, gostaria de tentar ajudá-lo, indicando a clínica em que fomos tratados.

O restaurante era um local simples, mobiliado com grandes mesas forradas com toalhas xadrez. Nas paredes viam-se quadros de natureza-morta e fotos artísticas de comidas naturais. Assim que lá chegaram, Fred apresentou Bruce a Silas, o dono do estabelecimento. O homem ficou surpreso com a visita ilustre: – Olha só, que privilégio receber um fenômeno da música brasileira! Posso registrar este momento? Tudo bem se eu tirar uma foto? – perguntou animado.

Vilanova recebeu o pedido de forma amistosa. – Claro, fique à vontade – respondeu.

– Pode ser com o logotipo do restaurante atrás? Assim já fazemos uma propaganda – pediu Silas, sorrindo.

Fred deu um tapinha nas costas do amigo. – Ei, Silas, não folgue tanto, vai! O Bruce veio somente para comer. Vê se não abusa! – recriminou o gaúcho. O cantor o tranquilizou e a foto foi feita.

Enquanto Silas retornava para a cozinha para aprontar os pratos, os amigos se acomodaram em uma mesa. Então o jovem foi abordado por um conhecido de outros tempos. Era um homem que costumava vender drogas para ele. Fred também o conhecia.

– E aí, meus velhos? Vieram buscar o produto? – perguntou o rapaz, com um sorriso malicioso.

Os dois responderam em uníssono, como se tivessem ensaiado: – Hoje não, meu caro! – Então, se entreolharam. Bruce continuou: – Não estamos mais nessa!

O cara das drogas fez pouco caso deles. – Ih, olha só, entraram para a igreja! Que caretice é essa? Vamos lá, eu faço um desconto especial para vocês, e hoje tenho do bom.

Vilanova moveu negativamente a cabeça, com uma expressão fechada.

– Amigo, se tu nos permite, queremos almoçar. Tu poderias nos dar licença? – pediu o gaúcho educadamente.

– Vixe, só porque agora está junto com artista está se sentindo? O que acontece? Tu és dos meus, esqueceu? – apelou o outro.

– Era! – disse Fred de forma incisiva. – Eu também estou limpo.

O rapaz os olhou surpreendido. – Vocês estão limpos de verdade? – questionou.

Ambos assentiram.

– Poxa, parabéns para vocês. Se preferem assim, têm meu apoio, então. Até neste meio existem alguns protocolos: quem consegue sair e não deixa rastros ou vínculos financeiros tem o respeito por parte dos traficantes – contou o rapaz.

Quando Silas se aproximava com as refeições, o elemento se afastou da mesa. – Eita, o cara já veio em cima de vocês? Ele não dá mole, né? Vocês compraram? – perguntou enquanto servia os dois amigos.

– Não, Silas. Na verdade, viemos aqui para saber como tu estás, além de almoçar, claro – comentou o gaúcho.

– Estou ótimo, melhor do que nunca! Cheio de gatinhas e uma boa onda – respondeu. O dono do restaurante era jovem, mas cada vez mais se envolvia no universo das drogas. Apesar do movimento intenso àquela hora, sentou-se à mesa para papear um pouco com os dois.

– Veja, conheci o Bruce numa clínica. Tu deves ter ficado sabendo do ocorrido, saiu em todas as mídias – disse, enquanto colocava azeite na salada. O jovem empresário respondeu: – Ah, sim! Quem não ficou sabendo? O cara teve overdose. – Então, virando-se para o cantor com um sorriso sarcástico: – Você pegou pesado, hein?!

Vilanova ficou acanhado. – É verdade – respondeu, depois de dar uma garfada no filé de frango que tinha pedido. – Mas Silas, esse lugar ao qual Fred se refere é incrível. Se você quiser, podemos levá-lo até lá.

O rapaz deu um tapinha no ar. – Não, não! Estou em outra – e terminou a frase com uma piscadinha para os dois.

– Meu amigo, o tempo passa e a vida é curta. Se você soubesse quanto pode ser feliz deixando para trás esse meio em que está envolvido, você não continuaria nem mais um dia. É como nascer de novo – declarou Bruce, sincero.

– Ah, para, vai! Daqui a pouco vocês estarão nessa de novo. Vocês voltarão – disse Silas, dando uma risadinha.

Fred balançou vigorosa e negativamente a cabeça. – Não, não! Não podemos dizer nunca, mas acho difícil cairmos novamente – afirmou enquanto espetava seu bife à parmegiana com o garfo.

Bruce o apoiou, dando seu testemunho: – Esse lugar é diferente. A equipe de apoio é formada por pessoas extremamente preparadas, com conhecimento suficiente para mudar sua visão de mundo, treinar sua mente e lhe motivar a sair das drogas. O tratamento é apenas um detalhe. **As ferramentas e os recursos de inteligência emocional acabam lhe ajudando em outros aspectos da vida** – explicou animado.

– Oi? O que você disse? Inteligência emocional? O que é isso? – questionou Silas com um olho ao redor para ver se os demais clientes estavam sendo bem atendidos e o outro neles, visivelmente interessado.

– É aprender a gerenciar teus pensamentos, tuas emoções e, sobretudo, tua conduta contigo e com as pessoas à tua volta – falou Fred, apontando o dedo para sua cabeça.

– Interessante... Nunca tinha ouvido falar disso – confessou Silas.

– Bem, meu amigo, a comida estava uma delícia como sempre. Estamos satisfeitos – disse o gaúcho, depositando o garfo no prato vazio. – Se quiser conhecer a clínica, uma fazenda maravilhosa, é só me ligar. Tem meu telefone. Obrigado pelo almoço e até breve – Fred despediu-se, já se levantando da mesa.

Bruce o acompanhou. – A comida é muito boa e você parece ser um cara bacana. Acredite em você – disse, amassando o guardanapo de papel que tinha usado. **– Existe um mundo maravilhoso aí dentro para ser descoberto. É só você querer. Ficamos com os olhos fechados, parecemos cegos quando estamos envolvidos. É como se estivéssemos no**

meio da fogueira e, enquanto estamos nos queimando, não sentimos dor. Mas quando conseguimos sair do fogo, mesmo durante pouco tempo, adquirindo consciência e autoconexão, sentimos na pele as marcas das queimaduras.

Silas coçou o queixo. – Hum, interessante. Isso dá até uma música. Gostei do que vocês disseram. Qualquer coisa entro em contato. Venham almoçar mais vezes e desculpem qualquer coisa – disse, dando a mão aos rapazes.

De lá, os dois seguiram para o compromisso da tarde: conhecer o escritório que gerenciava a carreira musical de Martin Blumer. Quando chegaram, perceberam logo que era mais modesto que o que cuidava da trajetória de Vilanova. Os profissionais que trabalhavam ficavam mais unidos, em baias acolhedoras repletas de plantas sobre as mesas, num clima mais silencioso e harmônico. Foram muito bem recebidos por uma moça jovem e simpática, que os conduziu até a sala onde o aventureiro estava. Ele os levou até o gerente Marcelo, e fez as devidas apresentações: – Este é Bruce. Você já deve tê-lo visto cantar, não?

– Quem ainda não viu este talento cantar? – perguntou ele, amigável. – Seja bem-vindo à Fenix Music Business. É um privilégio receber um artista do seu padrão aqui em nossa empresa – falou dando-lhe a mão.

– Obrigado, Marcelo, o prazer é todo meu – Bruce lhe respondeu com cordialidade.

Então, Blumer o apresentou ao gaúcho: – Este é Fred, meu amigo, que trabalha com Bruce em seu escritório particular. – Ambos se cumprimentaram com um aperto de mão vigoroso.

Marcelo estranhou a informação. – Ah é, Bruce? Você tem um escritório particular? Não estava com Cesar? – questionou.

Não, não! Este é um escritório onde administro meus negócios particulares, não relacionados com a música. Eu ainda estou no escritório dele, mas estou em busca de novos horizontes. Cesar é espetacular, temos um histórico vencedor, mas acredito que o nosso ciclo está chegando ao fim – informou o jovem.

– Muito bem – Blumer se pronunciou. – Gosto da forma como coloca as coisas, com ética e respeito. Afinal de contas, foram anos de muito sucesso e um bom trabalho sendo executado.

Vilanova balançou afirmativamente a cabeça. – É verdade, amigos. Temos muito mais vitórias do que derrotas, mas é tempo de mudanças. Sinto que preciso realmente procurar um novo rumo. E meu intuito aqui é conhecer o Marcelo, para saber se podemos percorrer um caminho juntos ou não – reconheceu ele.

– Hum... Tem contrato com eles, Bruce? – o empresário perguntou. O cantor disse que sim. – Precisamos então fazer uma análise mais detalhada dessas questões. Em seguida, podemos sentar para conversar, mas já lhe adianto que temos interesse – Marcelo lhe assegurou.

Os quatro se sentaram para conversar numa sala pequena, que dava para um pequeno jardim nos fundos de um prédio. Marcelo e Martin apresentaram os profissionais que faziam parte da equipe do escritório. Bruce e Fred ficaram encantados e a sintonia, a princípio, foi perfeita. Terminada a reunião, o aventureiro chamou o amigo até uma sala ao lado de onde estavam. Pegou o violão e disse ao jovem:

– Se me permite, gostaria de mostrar uma canção que fiz para Laura alguns anos atrás. Ela se chama "Um sonho de nós dois". Vou cantá-la para você:

Venho percebendo você, vejo que se parece comigo
E o que é que eu vou fazer? A gente corre perigo
Hoje toco uma canção, sabe lá eu se estarei contigo?
Então me dá sua mão, vamos seguir o destino
Só sei que nesta noite, não tenho o que dizer
Além de que meu mundo precisa de você
E hoje eu quero viver um sonho de nós dois
Sei que desta noite eu vou lembrar depois
Mesmo que esteja longe e tudo já se foi
Mas hoje eu quero viver um sonho de nós dois.

De cara, Bruce ficou encantado. – Nossa, que coisa linda! Quando você a fez? – perguntou ao amigo com curiosidade.

– Esta é uma longa história. Há muitos anos, quando eu conheci Laura, ela era apenas um sonho que eu ainda não podia viver. Então fiz essa canção. Hoje o sonho se tornou realidade – contou Martin, abrindo um sorriso luminoso. Bruce questionou se ele já a havia gravado. – Não, ainda não a gravei. Guardo essa canção comigo – respondeu o aventureiro.

– Você se importaria se eu a gravasse? – pediu o jovem cantor, animado.

Blumer fez uma piada com o amigo. – Deixe-me ver, vamos ver como se comporta. Se você merecer, poderá viver este sonho – propôs, enigmático.

Depois de acertarem alguns últimos detalhes, Bruce e Fred deixaram o local prometendo rever Martin e Marcelo em breve. Este último disse: – O.k., Bruce, nos vemos daqui a dois dias. Viajarei amanhã, mas retorno à noite e depois podemos nos encontrar.

Quando os dois já tinham embarcado no carro e acenavam do interior do veículo, Blumer comentou com o empresário que estava favorável à nova parceria. – Vai ser preciso um trabalho em conjunto, Marcelo, para que possamos levantar o nome de Bruce. Acho que é uma boa estratégia, concorda?

– É exatamente o que estava pensando. Se conseguirmos, durante esse período de baixa, promover eventos de parceria entre ele e você e Sabrina, teremos chance de, em pouco tempo, levantar o nome de Bruce. Juntos poderemos produzir um novo trabalho – propôs ele, já cogitando as possibilidades.

Blumer de saída adorou a ideia. – Tem meu aval, vamos em frente! Obrigado pela recepção – concluiu, apertando a mão do empresário. Antes de partir, Martin se despediu dizendo a todos:

– Mais tarde nos encontraremos. Como sabem é meu aniversário e comemorarei naquele 'japa' que adoro. Estarei com toda a família e conto com a presença também de alguns amigos especiais como vocês.

Bruce também era convidado naquela noite. Todos passaram horas agradabilíssimas degustando comida japonesa num restaurante tradicional, regadas a um bom papo. Ali começava a nascer, além da parceria comercial, uma amizade com o pessoal do escritório de Marcelo. Àquela primeira reunião seguiram-se outras com a equipe da Fênix. Fred participou de todas, tocando as negociações.

As coisas caminhavam bem e o desfecho com o escritório de Cesar aconteceu com algumas complicações. Algumas semanas se passaram até que Bruce e Fred, com a ajuda de Martin, conseguiram negociar a resolução com Cesar. Este acabou ainda levando uma boa grana na desvinculação. Como as mudanças eram urgentes, Bruce acabou cedendo mais rápido às exigências de Cesar, acreditando que, com os novos parceiros, rapidamente poderia se recuperar. O risco existia e não era pequeno, pois sempre fora representado e administrado pelo escritório de Cesar. Mas ele entendia que era hora de arriscar, ser audacioso e seguir firme. Reunido com seu novo time, Vilanova começou a desenhar um modelo de contrato de parceria. Em poucos dias eles dariam início aos novos trabalhos.

Antes disso, no entanto, o jovem artista ficou mais um período sem shows, aproveitando para renovar funções em sua equipe, montando assim um quadro de colaboradores com algumas novas peças. Foram necessárias reuniões durante esse tempo para traçar metas e objetivos novos. Continuou a compor canções com influências e referências musicais distintas das quais estava acostumado. Estava decidido a construir uma nova identidade para se tornar efetivamente uma marca no mercado do show business, tomando consciência de que era apenas mais um *player* inserido num segmento com constante "sobe e desce" de artistas novos, a maioria apenas com sucessos momentâneos.

Um dia Vilanova cruzou com Blumer nos corredores da Fênix. O ídolo mais velho perguntou: – E aí? Como estão os treinos? Temos nos encontrado poucas vezes no clube, mas vejo que está num bom ritmo. Continua firme?

– Sim, Martin, minhas médias estão cada vez melhores. Que tal treinarmos um dia juntos para você ver? – convidou o jovem artista. – Sinto que me fortaleci bem na natação, que era meu fraco.

– Que bom! E como estão a corrida e a bike? – questionou o aventureiro.

Ele encheu o peito de orgulho. – Já estou com excelentes tempos... Acredito que posso amarrar uma cordinha para te puxar – brincou com o amigo, sorrindo.

Martin deu uma boa gargalhada e aproveitou o gancho para fazer uma proposta ao rapaz: – Meu amigo, tenho uma prova daqui a duas semanas. Trata-se da maior competição de *ironman* no Brasil. Que tal você participar comigo?

Bruce ficou inseguro. – Será que consigo? – perguntou.

– Ah, você já fez um simulado de triátlon comigo. Sua evolução é nítida e você deve ter aumentado suas distâncias como combinamos, não?

– Sim, mas não imaginei que pudesse fazer uma prova de *ironman* tão rápido assim – confessou Vilanova, com a mão no queixo.

– Vamos lá! Supere os seus limites! Você já ultrapassou tantos – incentivou o aventureiro, dando-lhe um tapinha no ombro.

O jovem riu. – Você sabe, né? Não me desafie, porque aí fica mais fácil de me convencer.

– É exatamente isso, amigo: estou lhe desafiando. Vamos nessa! Sua categoria é diferente da minha, mas podemos cumprir a prova em parceria – sugeriu Blumer, bastante animado.

Bruce resolveu encarar o teste. Nos dias seguintes, intensificou o treino com alguns parceiros e amigos. Já tinha plena consciência de que o esporte o ajudava e o estimulava a superar seus limites pessoais em vários âmbitos, especialmente o triátlon, que era uma modalidade que propunha a superação de grandes dificuldades e obstáculos. No dia anterior à disputa, voou para Florianópolis com Martin e alguns amigos. Aproveitando que não estava em turnê, o jovem teve a oportunidade de viver um dos momentos únicos de sua vida. Nadou quase quatro quilômetros, pedalou outros cento e oitenta e correu mais quarenta e dois. Participou da prova com uma enorme dificuldade, mas conseguiu terminá-la em dez horas e quarenta e seis minutos, uma média relativamente boa para amadores. Blumer, por sua vez, concluiu sua sexta prova com tempo abaixo de dez horas. Ao completarem o percurso, o aventureiro, emocionado, elogiou o amigo: – Bruce, que orgulho tenho de você! **Impressionante seu salto e sua recuperação! Cada vez mais vejo que já tinha o espírito de guerreiro e de vencedor, só não o utilizava**.

O jovem retribuiu o carinho, dizendo: – Obrigado! Aprendi a segurar na sua cordinha! Você foi o meu mestre e me trouxe até aqui!

Os dois comemoraram a superação e a vitória pessoal de cada um com um longo abraço. Aquela seria apenas a primeira prova de tantas que ambos fariam juntos.

CAPÍTULO 24

No colo dos anjos

Com um delicioso bolo e salgados variados, o clima festivo marcou a tarde de segunda-feira em que Bruce Vilanova assinou seu contrato com a companhia Fênix Music Business. Estavam todos reunidos: o cantor com toda a sua família, incluindo os pais dele, a esposa e a filha; a equipe do escritório do ídolo, capitaneada por Fred; Martin e Sabrina, dois dos artistas da nova empresa que davam as boas-vindas ao jovem, em nome de todos os outros; e Marcelo, que agora cuidaria da nova gestão artística de Bruce. A sintonia era bastante positiva e alegre. Todos vislumbravam ótimas perspectivas para o novo contratado da empresa. A certa altura da comemoração, depois que o contrato já estava assinado e todas as formalidades cumpridas, Bruce foi surpreendido por Marina, que resolveu fazer um pequeno discurso, logo depois de ser apresentada por Blumer:

– Pessoal, um minuto por favor. Esta linda mulher, esposa de Bruce, gostaria de um minuto de sua atenção.

Todas as atenções se voltaram para ela e a jovem ficou vermelha como um pimentão com o anúncio. Respirou fundo e tomou a palavra. – Ai, Martin, assim fico com vergonha – falou, constrangida. No entanto, buscou coragem e falou: – Gostaria de aproveitar o momento festivo para revelar uma notícia maravilhosa a meu marido. Alguns anos atrás perdemos um lindo anjo, que foi nosso filho Patrick, e depois disso nossa vida virou de ponta-cabeça. – Assim que terminou a frase, sua respiração estava diferente, entrecortada. Bruce, Isadora e Martin também se mostravam emocionados com a menção ao nome do garoto. Ela renovou o fôlego e continuou: – Mas como tudo na vida vai e volta, Deus é bom e agora nos envia um novo anjo. Esperei a confirmação do sexo para revelar, e há pouco saí do médico. Meu amor, você será novamente pai de um menino. – Diante da revelação, todos se entreolharam, exultantes e maravilhados com a notícia inesperada. Isadora era a mais empolgada: dançava, cantava e pulava como ninguém, de tanta felicidade. Ela parecia não acreditar que seu melhor presente estava a caminho.

Todos celebraram a novidade cumprimentando a moça. Marcelo pediu que trouxessem mais uma garrafa de champanhe, e um brinde coletivo ao novo rebento fez as taças se encontrarem no ar. O jovem deu um beijo demorado em Marina, enquanto os pais da jovem se abraçavam. Assim que a euforia da novidade diminuiu, Bruce virou-se para todos e disse: – Bem, pessoal, nem preciso dizer que estou muito feliz! Fui pego de surpresa e as palavras até me fogem diante dessa notícia. **Parece que estou vivendo um sonho e não mais um pesadelo. Nos últimos meses passei por experiências terríveis em minha vida, mas por meio delas encontrei minha própria luz. Foi a maior queda que sofri, porém certamente meu mais alto voo com direção ao crescimento pessoal.** Durante o processo, em alguns momentos, pensei em tirar a própria vida e não tenho vergonha em dividir com vocês tudo o que passei nesse âmbito, pois eu me envergonharia, sim, se ainda estivesse cego, funcionando como uma múmia, como estive durante anos. Confesso que cheguei a desistir de tudo. – De repente, interrompeu o discurso para tomar ar e controlar a emoção. – Este homem à minha direita me estendeu as mãos. Até hoje não sei por quê, já que eu não merecia tanto! Meu amigo, muito obrigado por ter me trazido de volta à vida! – ele finalizou o discurso abraçando Martin com força, e foi aplaudido com animação por todos os presentes.

Blumer a princípio só conseguiu aplaudir, também tomado por forte emoção. Em seguida, profundamente orgulhoso do jovem, retribuiu as palavras: – Você é impressionante, sempre me surpreende. Vai se descobrir cada vez mais e revelar os segredos de um grande aventureiro que mora aí dentro de você.

Depois foi a vez de Marcelo fazer um pequeno pronunciamento sobre a nova parceria que tinha início naquela festa. De forma sucinta, ele agradeceu a confiança de Bruce. – Faremos o que estiver ao nosso alcance por este grande artista brasileiro. É uma honra tê-lo em nosso time – declarou, muito entusiasmado. A equipe atrás dele aplaudiu, uns gritavam o nome do cantor e outros assobiavam, felizes.

Depois da associação com o escritório que também representava Martin, aconteceram mais mudanças positivas na carreira de Bruce. Ele encerrou o contrato que tinha com a antiga gravadora e assinou outro, com uma nova empresa, também comemorado com uma grande festa. Nela estavam presentes alguns integrantes que o homenagearam e se mostraram felizes com o novo acordo. O presidente lhe dedicou algumas palavras no momento de assinar o documento:

– Bruce, a gravadora Astral Sound Music está convicta de que essa parceria renderá bons frutos para todos. Você é a nossa nova galinha de ovos de ouro e vamos nos dedicar ao máximo para honrá-lo com esta parceria. Vamos em frente, garoto!

Na ocasião, perguntado pelo diretor artístico se ele tinha alguma ideia para um trabalho novo, o cantor respondeu, contente: – Ah, sim, claro! – Então, dirigindo-se para seu colega gaúcho, pediu: – Fred, por favor, você poderia pegar meu violão no carro? – Enquanto o amigo não retornava, Bruce aproveitou para contar uma história: – Durante muito tempo eu amei uma pessoa, e a amo cada vez mais. Entretanto, por uma série de acontecimentos, não enxergava quanto ela fazia a diferença em minha vida, e assim eu não soube lhe dar valor. Andei desorientado em vários aspectos da minha vida, mesmo com todo o sucesso. Eu apenas rastejava por onde passava e sorria artificialmente. Buscava fugas diversas, me enganando cada vez mais e me afundando. Hoje tenho plena consciência de que esta mulher na minha frente sempre foi meu porto seguro, e nos momentos mais difíceis esteve comigo. Mesmo separados, ela suportou as dificuldades. Ela e minha querida filha Isadora. Depois de tudo o que aconteceu, ela ainda foi capaz de me perdoar e me aceitar de volta... – O cantor olhou para a porta e viu Fred chegando. O homem entregou o violão para Bruce. Com o instrumento na mão, ele olhou para a esposa.

– Marina, comecei a compor esta canção no dia em que saí da clínica. Ainda não te mostrei a música pronta, na verdade não mostrei a ninguém. Depois que você me aceitou de volta eu me sinto literalmente "no colo dos anjos". Este será o título do meu novo álbum, e esta música que dá nome a ele eu ofereço a você, meu amor:

Sinto por você, meu anjo.
Algo muito forte, isso vai além do horizonte.
Muito do que eu preciso vive em você.
Sabe, não consigo entender, amor

Porque hoje meu bem eu sei
Estou no colo dos anjos
Acho que você foi a minha grande sorte
Sem nenhum porquê, não sei dizer!

Se a gente faz amor eu sei
Estou no colo dos anjos
Eu não sou ninguém, sem o seu olhar me amando
Um mundo de prazer, me faz viver, você.

Na estrada quase sempre eu sigo
Longe de você, eu sigo o meu caminho, difícil entender.
Queria te levar comigo, ou te raptar pra ver o seu sorriso
Em qualquer lugar, amor.
Porque hoje meu bem eu sei

Estou no colo dos anjos
Acho que você foi a minha grande sorte
Sem nenhum porquê, não sei dizer!

Se a gente faz amor eu sei
Estou no colo dos anjos
Eu não sou ninguém, sem o seu olhar me amando
Um mundo de prazer me faz viver você.

Diante de tantas novidades positivas, que certamente ajudariam a trabalhar a imagem de Bruce de modo que refletisse seu novo estilo de vida, o artista se via renovado, cheio de entusiasmo e estímulo para seguir firme rumo ao que amava fazer. Agora, ciente de sua debilidade com relação às drogas e de que devia se manter a uma distância segura delas, ele contava com a ajuda de seus familiares e amigos queridos. Esse suporte tornava o caminho mais ameno e florido, embora a tensão ainda existisse quando o assunto era subir ao palco para fazer shows. O último show deixara marcas e traumas no jovem cantor.

CAPÍTULO 25

Escravidão emocional

Os meses seguintes foram de dedicação de Bruce a seu novo álbum, antes do retorno aos shows. Ele aproveitou o período para ensaiar o máximo que conseguiu. Fez inúmeras reuniões de planejamento com sua nova equipe de gestão na Fênix e promoveu mudanças também em seu visual: encurtou um pouco os cabelos e adotou trajes ligeiramente mais sóbrios, refletindo sua nova fase, mais madura e consciente. A ideia, em conjunto com a gravadora e o escritório, era de repaginar o artista.

O disco também ganhava uma personalidade mais responsável, com letras de conteúdo sofisticado e arranjos arrojados. Ele mostrava a adição de outras influências artísticas no trabalho e flertava com gêneros que não eram o seu de origem, o que agradava bastante aos diretores da gravadora Astral Sound Music. Embora a equipe estivesse empolgada com todo o repertório do álbum, a canção "No colo dos anjos" era a preferida de todos. Com o objetivo de marcar a data de lançamento da nova música e definir a estratégia de marketing a ser adotada, reuniram-se numa tarde na sede da empresa. Foram horas de discussão e *brainstorm*, mas no final traçaram um plano que certamente daria bons frutos.

Chegado o grande dia, Bruce deu início a um período de divulgação nas rádios por diversas regiões do país. Em uma semana, percorreu quilômetros e mais quilômetros visitando as estações mais importantes do cenário musical. A aceitação foi enorme e o artista começava a sentir novamente o cheiro de sucesso, mesmo sem fazer shows. Os planos para a sua volta aos palcos foram mantidos em torno da ideia de se fazerem espetáculos em parceria com outros artistas. Ele faria algumas apresentações com Sabrina Simões, a jovem cantora que também fazia parte do *casting* da gravadora, e outros com Martin, mas sua estreia seria num evento que contaria com a presença dos três na mesma noite.

Em meio a esse turbilhão, Bruce seguia com as gravações e sua dedicação ao álbum *No colo dos anjos*. Ele se mostrava cada vez mais empolgado com as letras e os arranjos que compunha, motivando a equipe diariamente.

Conforme o trabalho de divulgação de sua nova canção foi chegando ao público, "No colo dos anjos" subiu posições no *ranking* de músicas mais executadas e o *hit* já estava entre os dez mais tocados no país. Vilanova parecia não acreditar e se assustava com a força com a qual uma melodia conseguia entrar no coração da grande massa. Os jornais voltavam a falar de maneira positiva sobre sua arte de compor. O clima de expectativas surgiu naturalmente em volta da estreia do novo Bruce. Um site de sucesso anunciava a manchete, em grandes letras, intitulada "O retorno de Bruce Vilanova ao estrelato", mas seus novos colaboradores o alertavam e com frequência o colocavam com os pés no chão, dizendo: – Calma. Ainda estamos longe de conseguir de volta a força que teve seu nome. Aos poucos estamos conquistando mais espaço, mas ainda levará tempo.

Martin, por sua vez, também seguia com sua agenda de shows. Chegado o dia em que ele se encontraria com Bruce e Sabrina para dividirem o mesmo palco, a expectativa era grande. O aventureiro abriria a noite cantando seus maiores sucessos. Vilanova viria em seguida, e a apresentação seria encerrada por Sabrina, com seus 33 anos, no auge da carreira. Todos a aguardavam ansiosamente. O show era em São Paulo, numa renomada casa de espetáculos, e a plateia era enorme. Seria uma noite especial. A casa estava cheia e os ingressos, esgotados.

O jovem ídolo encostou seu carro no estacionamento do local quando se deparou com uma multidão de fãs e jornalistas. Ele parou no intuito de sentir aquele momento que pensou que não voltaria nunca mais. Olhou as pessoas se acotovelando em busca de um autógrafo, gente segurando cartazes com seu nome, e se emocionou. Enfim, sentia que, aos poucos, estava de volta ao ninho das celebridades, mas agora aprendendo a voar com responsabilidade.

Ele subiu até o lado do palco para assistir a um pedaço do show de Martin e encantou-se ao ver seu amigo e mestre na arte de se apresentar empunhando com destreza o microfone, embalando a multidão. Ouviu algumas canções e voltou ao camarim para se preparar e aquecer a voz. Entretanto, Bruce ainda tinha pesadelos relacionados ao último show e sua mente não conseguia se libertar daquela prisão. Vendo a performance de Blumer, seu carisma, recordou-se de suas dificuldades em se soltar no último espetáculo. Ficou apreensivo e incomodado. Virou para seu produtor, que arrumava crachás para distribuir a alguns fãs especiais quando terminasse o evento, e disse: – Não sei como vou fazer. O Martin encanta a plateia de maneira acentuada e exorbitante. Como um cara com mais de 50 anos que não bebe, não usa nada, principalmente drogas, consegue ser tão solto? Depois do show dele vai ser difícil para mim. Como vou subir no palco com a plateia na *vibe* do cara?

Marquinhos tentou tranquilizá-lo. – Calma, patrão! Você sempre soube lidar com isso! – afirmou, tentando relembrar Bruce de outros tempos.

– É, mas naquela época eu tinha outros recursos – confessou o jovem.

Num breve intervalo na apresentação de Blumer, ele saiu do palco feliz e entrou de surpresa no camarim, – Bruce, a plateia está contagiante. O público é maravilhoso. Tenha a certeza de que você voltará com chave de ouro! – felicitou o amigo, enxugando o suor do rosto com uma toalha. O rapaz se limitou a dar um sorriso amarelo. Então, quando deu por encerrada sua participação, voltou e incentivou o outro a fazer uma entrada triunfante. – Vamos lá, meu querido, vai com tudo! O público está doido para ver você! – Inseguro, o jovem respondeu: – Eu te agradeço, Martin, mas as pessoas estão aqui por você e Sabrina. Você sabe do que estou falando – disse ligeiramente desconcertado.

O aventureiro o recriminou, pegando uma garrafa d'água para se hidratar – Não, não! Parece que sua nova canção está na boca do povo e você poderá ver e sentir o que estou dizendo. Nesse momento, os dois se surpreendem com algumas vaias na plateia, que acabara de ouvir o anúncio da subida de Bruce ao palco. Quando notou a expressão de apreensão no semblante do jovem, perguntou: – Tudo bem? Você está bem, tranquilo, gostou do show?

Um pouco contido, Bruce apenas disse: – Sim, meus parabéns! Estou impressionado.

Blumer praticamente o empurrou para a saída. – Vá lá! Agora é sua vez! Confie em você e faça o que sempre soube fazer: concentre-se aí dentro, não saia de você por nada que venha do externo, cante e encante! – estimulou-o animadamente.

Bruce estava definitivamente com o emocional à flor da pele, incômodo e inseguro. Subiu ao palco tentando se empolgar. A plateia foi receptiva, mas em algumas canções uns e outros ainda levantaram faixas de protesto e outros poucos o ironizaram. Algo o importunava: sua mente estava fervilhando. A tensão era nítida. Seu pensamento parecia estar ancorado nos fantasmas e monstros criados por ele mesmo no último show. Não conseguia se conectar, parecia que faltava alguma coisa. Então Bruce recorreu ao álcool outra vez. Entre uma música e outra, ingeriu pequenas doses de uísque em busca de relaxamento. Ao perceber quanto ainda era escravo e refém de outros recursos para se soltar no palco, terminou o show novamente frustrado e insatisfeito.

Ao deixar o tablado, Pedro, seu guitarrista, notou o ar de insatisfação do cantor. – O que foi? – perguntou, sem entender. – Parece não estar feliz. O show foi maravilhoso, cantaram em peso a música nova, temos que comemorar! – afirmou, empolgado.

Bruce balançava negativamente a cabeça. – É, deve ser coisa minha! Eu me sinto travado, não consigo ficar à vontade e fico "encanado", achando que o público não estará a meu favor. Sei lá! Sabe o que acontece? Muitas vezes os aplausos não me satisfazem. Cansei de chegar ao hotel, depois de sair debaixo de uma imensidão de aplausos, e ficar com a mesma frustração. Não sei de onde vem isso. Tem algo estranho comigo – confessou com o mesmo olhar perdido de outros tempos.

Pedro tentou buscar respostas. – Relaxe, Bruce, você está há muito tempo fora do palco. Aos poucos vai retomando o controle – falou, compreensivo.

No entanto, o cantor estava ávido para entender o que acontecia com ele nesses momentos. Essa atitude mostrava que ele tinha adquirido a capacidade da aceitação, assumindo as próprias dificuldades e incertezas. Isso o fortalecia e o motivava, e ele então continuava caminhando em direção à solução de seus problemas internos. A maior prova disso era a busca por ajuda.

Após o show, Blumer parabenizou o jovem nos corredores da estrutura montada para o evento. – Bruce, sensacional! Parabéns! Já sabia que era bom, mas você me surpreendeu – disse, dando um abraço no amigo.

– Ah, Martin, pare com isso! Sei que fui um fracasso! – reclamou ele, afastando-se um pouco. – Quer dizer, desculpe-me... **Talvez eu esteja me sentindo um fracasso e precise gerenciar meus pensamentos, não é mesmo?** – retificou, confuso e envergonhado.

– Exatamente isso, meu caro, mas no calor das emoções é bom que possamos refletir com tranquilidade para não tirarmos conclusões precipitadas. Nos falamos amanhã – sugeriu o mais velho, já apanhando suas coisas para se retirar.

Bruce voltou ao camarim e escutou em seguida a multidão cantar em coro com Sabrina. Aquela multiplicidade de vozes novamente suscitou nele pensamentos destruidores, provavelmente porque ele já tinha vivido momentos como aquele, que pareciam não ter data certa para retornar. Ele pegou o carro e deixou o local sem atender mais ninguém.

Chegando ao hotel, foi para o quarto e atirou-se na cama. Alguns minutos depois, o telefone do criado-mudo tocou. Reticente, ele o atendeu. Era Pâmela, uma loura curvilínea de olhos verdes intensos, com quem no passado ele tivera relações esporádicas depois dos shows. – Oi, meu amor – falou ela com seu tom sussurrante. – Quanta saudade! Não tenho conseguido falar contigo. Enviei mensagens e até te liguei, mas você não me retornou. Quando soube que estaria neste hotel, resolvi fazer uma reserva para passarmos a noite juntos e matarmos a saudade.

Bruce a princípio ficou mudo, ainda atormentado pelos pensamentos surgidos na apresentação.

– ... É... Bem... Eu, na verdade... Bem, se você quiser podemos conversar. Mas vai ser só papo, o.k.? – propôs ele, relutando com o desejo, mas deixando-se levar pela confusão mental.

Pâmela desligou o telefone e subiu até o quarto dele. Tocou a campainha, ele abriu a porta terminando de ver uma mensagem de Marina no seu celular, perguntando sobre o show. Ela entrou já o agarrando. O rapaz a surpreendeu, livrando-se de seus braços: – Espere, por favor! Eu disse que a gente só ia conversar!

A mulher jogou os cabelos loiros para trás, rindo.

– Ah, para! Você também deve estar com saudade! Não vai resistir, não é? Pare de ser chato! Você está sozinho. Ninguém nem vai saber – insistiu ela, já passando as unhas compridas pintadas de vermelho no peito dele.

Bruce recuou. – Você sabe muito bem que eu estava separado naquela época... – alegou, dando espaço para ela passar e entrar no quarto.

A garota fechou a porta e se sentou na cama. – Relaxe, vai! Vamos tomar um vinho... Afinal de contas você precisa comemorar! Foi a sua volta, o seu retorno, todos sentimos falta de seus shows. Vamos, pelo menos, festejar. Vou abrir um vinho, posso? – perguntou já buscando uma garrafa no frigobar.

– Tudo bem, mas só uma garrafa – cedeu Bruce, acreditando que beber algo com ela seria educado de sua parte.

Com Pâmela sentada na cama e o rapaz na poltrona perto de uma mesinha que havia no quarto, os dois começaram a beber vinho e colocar as novidades em dia. Bruce contou sobre o acontecido em sua vida e como ela estava mudando para melhor.

A garota ouvia tudo com atenção e disse ter ficado realmente preocupada com a situação do rapaz. – É, eu vi nos noticiários. Tentei saber sobre seu estado. Estive no hospital no outro dia, depois que foi internado, eu e muitas outras fãs, mas ninguém teve acesso, aquilo foi uma loucura... – lamentou ela com as bochechas já se tingindo de rosa por causa da bebida.

– Sim, fiquei sabendo que foi uma doideira, que a recepção do hospital estava inacessível. Eu estava em coma. Estava em outro mundo, mas ainda vivo por aqui, felizmente – Bruce suspirou aliviado. Então, abaixou a cabeça, as imagens retornando à sua mente como um rodamoinho. Pâmela notou sua consternação. Levantou-se da cama e ajoelhou-se diante da poltrona onde ele estava, acariciou seus cabelos. Os olhos deles se encontraram, ele sentindo o relaxamento tomar conta do corpo todo. Com ela ali toda cheirosa, tão disponível e presente, ele se viu numa situação constrangedora e perigosa. Tentou de todas as formas controlar seus impulsos, seus instintos, mas ela lentamente foi se aproximando e envolvendo-o com seu toque e suas carícias. Bruce não resistiu, deixou que os lábios dela encontrassem os seus. Ambos se fundiram num beijo caloroso e ele, já solto pelo efeito do álcool, a levou para a cama. Naquela noite ele se rendeu aos encantos da jovem. Uma noite com muitos conflitos, regada a bebida, música e prazer. Por fim, lágrimas escorreram em seus olhos ao se virar para tentar dormir. Tentativa frustrada, a madrugada seguia com pesadelos e momentos de insônia.

No outro dia bem cedo, depois de tomar uma ducha com a garota e liberá-la, Bruce foi ao encontro de Martin e Sabrina no restaurante do hotel para tomar o café da manhã. Alguns fãs, também hospedados ali, se aproximaram e pediram fotos e autógrafos. Bruce, preso em memórias do passado, pareceu de novo um pouco perdido com relação ao assédio, e de forma repulsiva se negou a retribuir o carinho das pessoas, esquivando-se do contato com elas. Como um raio, terminada a refeição, ele subiu ao quarto e logo escutou Blumer bater à sua porta.

– Sou eu, deixe-me entrar – disse. O rapaz abriu a porta, permitiu que o amigo entrasse e desabou na cama, aborrecido. O aventureiro tentou animá-lo. – Vim novamente parabenizá-lo pelo show de ontem. Você foi sensacional, brilhante, estamos todos orgulhosos! De fato, é um privilégio ter um colega de escritório do seu nível. Fiquei admirado de vê-lo arrasar no palco. Parabéns!

O jovem estava de cabeça baixa. – Não, Martin, engano seu. Bondade sua, na verdade. Acho que você está sendo muito generoso. Não consegui me conectar, não sei o que acontece. Parece que meus monstros internos me devoram e me controlam novamente. Não consigo me controlar nem com o assédio dos fãs, é como se tudo voltasse a ser como era antes, sabe? Sinto medo e me perco com minhas emoções, me desculpe. Há muitos conflitos dentro de mim – confessou desesperançado, como se a apresentação da noite anterior tivesse sido uma pá de cal na sua trajetória artística, e tudo à sua volta estivesse fora de controle.

Blumer sentou-se ao pé da cama com as pernas cruzadas. **– Nossa mente é como um computador: os conteúdos que vão sendo despejados, as experiências, as vivências, constroem nossa memória interna. Tudo é arquivado. Se você deixar seus pensamentos se ancorarem nos problemas pelos quais já passou, tudo volta a ser imediatamente como era antes. É como se encarcerasse sua mente na frequência dos problemas. Uma verdadeira escravidão, meu amigo** – falou o mais velho, buscando os olhos de Vilanova.

– Interessante, Martin. O que falou serve como uma carapuça para mim. Pensando aqui comigo, todos esses conflitos aos quais me referi de certa forma me remetem ao passado. – Ele agora perscrutava a parede do quarto para não ter de encarar o aventureiro.

– Quais conflitos? Você poderia dividir comigo? Tem algo a mais que queira dividir, além do que falou? Fique à vontade. Não quero ser intrometido, mas pode confiar em mim – pediu Blumer, tentando deixar o jovem confortável.

– Confio, sim! São muitas coisas. Tive vários problemas no espetáculo de ontem. Em alguns momentos eu tentei gerenciar meus pensamentos, me conectar comigo... Mas não consegui e terminei a noite extremamente chateado. Aliás, terminei a noite de forma vergonhosa, mas deixa para lá – falou ele, com a voz chorosa.

– O que foi? Se não quiser falar não tem problema, mas muitas vezes guardamos pequenos ciscos dentro da gente que acabam virando grandes lixeiras. – Martin buscava fazer com que o amigo se abrisse para entender qual era o conflito que perturbava o rapaz justamente naquele momento de retorno, de ter de lidar com a nova realidade.

Bruce sentou na cama e se endireitou. – Bem, eu vou te contar, mas essa é outra questão. Primeiro, quero falar sobre o que aconteceu no show. Na última apresentação que fiz no interior do Paraná, quando ainda estava com Cesar, eu me senti preso, bloqueado, não consegui me soltar. Tinha a sensação de que alguma coisa me segurava, pensando que as pessoas não estavam gostando do que eu fazia ou que não estava sendo aprovado por elas. O.k., a plateia era muito pequena, mas o problema era comigo mesmo, não tinha a ver com o público. Eu não me sentia seguro e, na verdade, nunca tive essa experiência – comentou, enquanto buscava identificar e definir em sua mente o que sentia de estranho.

Blumer adorou a iniciativa dele e serviu de luz para que analisasse o motivo de sua insatisfação. – Vamos lá, vamos acessar seus recursos internos. Por que acha que não se sentia seguro, o que te fazia sentir seguro antes? Quais eram seus recursos? – questionou, sincero.

– Humm. Acho que sei o que você quer dizer... Você se refere às drogas? – indagou o jovem.

– Não sei, estou te perguntando. É um questionamento. É importante que você identifique essas perturbações, então quero que você me responda refletindo – esclareceu o aventureiro. – De onde tirava força para fazer suas apresentações e encarar eventos públicos no passado? Era de recursos externos ou eram atributos relacionados a você?

Vilanova chacoalhou a cabeça, sem querer aceitar a resposta que brilhava em sua mente. – É, penso que você tem razão! – concordou.

Blumer levantou as mãos como se não pudesse tocar nos objetos. – Não, eu não estou afirmando nada. É você quem está dizendo, estou apenas perguntando – disse, olhando o amigo com firmeza, mas com um tom compreensivo na voz.

– Não, tudo bem, Martin. Eu tenho de aceitar. Eram as drogas, sim. – Bruce agora tinha os olhos úmidos.

– Isso! **Veja como temos a tendência da não aceitação. E aí tentamos arrumar justificativas variadas para as nossas questões. É como você mesmo disse, meu jovem: não devemos transferir as responsabilidades para nada externo.** Bruce, se me permite vou colocar minha visão: as drogas ou até a bebida ingerida em excesso são recursos externos para quem na verdade não consegue se enxergar, não se vê capaz, compreende? É como se você se enganasse, buscando sensações advindas das reações do álcool e das drogas, mas que não representam intrinsecamente a realidade. Essa fuga encarcera a mente humana. E quando você cai na realidade, tem sentimentos como esses que te invadiram ontem: se sentiu inseguro, incapaz, com baixa autoestima. Já viu adolescentes que precisam beber para criar coragem de se declarar para a gata desejada? É quase o mesmo contexto. Acertei no meu raciocínio, meu querido? – finalizou o aventureiro, na iniciativa empática de entender o que seu jovem amigo sentia.

Bruce abaixou a cabeça. Ele era um jovem bonito, com olhos castanho-claros, cabelos cheios levemente encaracolados, moreno, alto e extremamente atraente. Era contraditório ter de assumir e admitir suas inseguranças, seus complexos e sua falta de confiança, levando em consideração seu físico privilegiado. Com o recurso das drogas e da bebida, ele sempre se apresentava com uma máscara de autoestima e autoconfiança elevadas. Porém, tirando as máscaras e o apoio ilusório dos entorpecentes, se viu sozinho de frente para o espelho.

– Martin, você me descreveu! É estranho, porque nunca percebi nada disso em mim e também nunca ouvi de quase ninguém o que estou ouvindo de você. As pessoas sempre se dirigiram a mim como se eu fosse a "última bolacha do pacote", o animal mais belo sobre a Terra – confessou, de certa forma aliviado por chegar à conclusão sobre a dependência que carregava antes de Blumer entrar em sua vida.

– É. A tendência é que as pessoas a seu lado massageiem cada vez mais seu ego sempre com falsos elogios, mas raramente com franqueza e honestidade. Não deixa de ser o ônus de quem convive com a fama e o dinheiro abundantes – avaliou o aventureiro.

– Eu entendo. **Possivelmente, a bebida e as drogas foram minhas fugas e a ponte ilusória para que eu me sentisse "o cara"** – analisou Bruce, soltando uma risada de nervoso. – Quanta ilusão! Não sou nada disso! Percebi isso ontem vendo você e Sabrina cantar. Sabe, eu em alguns momentos senti inveja de vocês. É mais uma coisa que tenho de admitir. Eu me incomodei com o sucesso da Sabrina no palco, o público nas mãos dela, sua performance. Talvez por não estar me achando capaz, por estar inseguro – disse o jovem, escondendo o rosto.

Blumer levantou-se da cama e caminhou em direção à janela. Deu uma espiada no movimento da rua, então se virou e encarou novamente o amigo que estava na cama, ainda se recompondo da confissão.

– Este é o ponto: o problema não são os outros. Ele está dentro de nós. No jardim, tudo tem sua função e sua importância – o girassol, a margarida, a grama, até as pedras que desenham os caminhos. Elas não têm vida como a grama e as flores, mas têm sua utilidade, pois sem elas não caminharíamos sem sujar os pés. As pedras, assim como a grama e as flores, têm sua função nesse cenário a que me refiro, já que todos são importantes. A margarida não é melhor que a pedra e vice-versa. Se você tirar qualquer um dos elementos, o jardim perderá sua harmonia. Entende a metáfora, meu amigo? **Se você se preocupar em**

ser melhor ou pior, perderá seu tempo. Somos o que somos, e quando tentamos ser além disso, vestindo personas, deixamos de oferecer o melhor, a nossa verdade. Cada um tem seu papel relacionado a seus atributos e predicados. Ninguém é igual a ninguém, e todos têm a devida importância. No evento de ontem, se você ficou preocupado em ser igual à Sabrina ou a mim, perdeu seu tempo. **Prenda-se ao que tem para oferecer de único e não ao que você gostaria de ter, só porque o outro tem. Procure se reconhecer e se fortalecer.** A inveja está no sangue do ser humano, mas podemos controlá-la com nossa maneira de administrá-la. Se você não a administra, se torna refém dela. Quando você trabalha com a ideia de que ninguém é melhor do que ninguém e que não conseguirá oferecer mais do que tem, reafirmo, você bloqueia pensamentos invejosos. Talvez se espelhar nas pessoas para se tornar melhor a cada dia pode ser um modo de administrar seu pensamento invejoso. Mas quando se incomoda com o outro, se torna escravo – esclareceu Martin.

– Entendi. Mas me conte uma coisa: Sabrina, pelo que sei, não usa drogas. Ou usa? – quis saber o outro, curioso.

O aventureiro tinha uma expressão neutra no semblante. – Não sei da vida pessoal dela, mas me parece que não – respondeu sereno.

– Você não bebe e não utiliza drogas, correto? Como consegue se soltar tanto, dançar, esbanjar carisma e ainda ter um desempenho exemplar em cima do palco? – perguntou Bruce, inclinando-se em direção ao amigo.

– Vamos lá. De onde você acha que vem a insegurança, o medo e a baixa autoestima? – Blumer agora olhava fixamente nos olhos do jovem.

– Hum. Deixe-me ver: da vergonha, da timidez... Pode ser? – arriscou Bruce.

– Sim! Mas elas, por sua vez, de onde vêm? Vamos cavar mais fundo! Qual a nascente do problema? **Lembre-se de que as mudanças efetivas partem de soluções que surgem quando nos debruçamos sobre as raízes dos problemas** – Martin o provocou.

– O que você quer dizer? – questionou o rapaz, realmente confuso.

– Se tenho vergonha e timidez é porque me preocupo com o que vão pensar, com o que vão achar de mim. Tenho a preocupação em agradar os outros. Eis aí o ponto-chave: o que você quer dizer chama-se expectativa. **Ter expectativa em relação ao que vem das pessoas acaba por bloquear o ser humano.** A necessidade de arrancar aplausos e de agradar, bem como a de ser aprovado, faz com que você seja inseguro. Você não consegue ser mais do que é e, quando tenta ser, coloca máscaras, como eu disse antes. Essa persona mascarada não será você. **Ofereça o que você tem de genuíno, sem expectativas de aprovação. Ou você se realiza ou tenta agradar.** É como se estivesse preocupado em conhecer os frutos sem antes plantar as sementes, entende? Semeie espontaneidade, verdade, tudo o que existe na sua essência, e poderá assistir a belos frutos nascerem diante de si – explicou o aventureiro.

Bruce deu um longo suspiro. – Nossa! Era exatamente o que eu precisava ouvir. De fato, estou muito preocupado com o que pensam sobre mim – analisou o jovem.

Martin assentiu e deu prosseguimento à explicação. – Preocupe-se em ser melhor a cada dia. Mas melhor que você mesmo e não melhor que os outros. Use sua arte para emocionar o público. Busque a cada dia sua identidade, fortalecendo sua originalidade. Invista nas suas percepções quando estiver se apresentando. Dance, movimente-se, mas não com a intenção de arrancar aplausos. Priorize a possibilidade de influenciar, inspirar a plateia e vencer seus entraves, a vergonha e a timidez... De se soltar de verdade... Seja intenso em cima do palco sem precisar de recursos externos. Ofereça muitos sorrisos e carisma para evidenciar o riso no rosto do público. Não saia de você, permaneça aí dentro, perto de suas emoções e de seus sentimentos artísticos. Subimos ao palco para nos doar, para servirmos às pessoas. Contemple cada momento com positividade, cantando como se estivesse em estúdio, penetrando na essência da canção, interpretando cada sílaba e ocupando o coração dos espectadores à sua frente. **Transmita o máximo de energia que conseguir, entregue-se como se fosse o último show de sua carreira. Aventure-se pelos palcos e descobrirá um mundo que não necessita de recursos ilusórios e enganadores.**

Bruce ouvia a tudo atentamente. – Puxa, Martin, precisava gravar o que você está dizendo... Quem sabe isso não poderá virar um livro? – brincou o jovem cantor, encantado com as palavras do aventureiro.

Blumer sorriu e se lembrou de um primeiro motivo que trouxe insatisfação ao amigo. – Quem sabe no futuro? Bem, mas vamos lá: você inicialmente se referia a um assunto que acabou não me contando. Quer dividi-lo comigo agora?

O rapaz coçou a cabeça, depois foi até a porta, a abriu e verificou se não havia ninguém no corredor que pudesse ouvir a conversa dos dois. Depois que se certificou de que estavam realmente a sós, pediu ao amigo: – Hum, Martin, vou falar... Mas, por favor, não divida isso com ninguém. Conto com sua discrição. – O mais velho meneou a cabeça positivamente, então Bruce prosseguiu: – Acho que já comentei com você que no passado tive outras mulheres, não? – O aventureiro assentiu novamente, então ele continuou seu relato: – Pois é... Acho que sou fraco nessa questão, pois gosto muito das mulheres, sinto necessidade de tê-las a meus pés. Ontem eu não resisti, mesmo depois de ter voltado para Marina: acabei ficando de novo com uma fã das antigas. Isso me destruiu! Tive momentos de prazer, foi maravilhoso, fizemos amor, batemos papo, mas quando fui dormir, sinceramente, parecia que eu estava entrando no inferno. Eu me senti um fraco. Na verdade me senti novamente sem nenhuma autoestima. Nem queria me olhar no espelho, sabe como é? – perguntou abatido.

O aventureiro abriu um sorriso. – Sim, já vivi coisas parecidas. É realmente muito trabalhoso controlar determinados instintos, sobretudo os relacionados ao sexo e à paixão. Você diz que teve inúmeras experiências nesse âmbito, não foi? – perguntou. Bruce concordou. – O que acontece é que quando praticamos algo com frequência, criamos registros em nossa memória que jamais serão apagados e, quando nos deparamos com alguma situação que nos remete a esses registros, ficamos presos a eles. São as escravidões emocionais advindas de nosso histórico mental. Vivências e episódios que preencheram nossa memória estarão sempre presentes quando permitirmos, como já lhe expliquei. **Você não deve se culpar pelo que aconteceu ontem. A culpa é um fardo muito pesado. Entretanto, por outro lado, deve decidir se quer continuar refém de seus instintos ou dominá-los.** Você mencionou a autoestima. O que ela significa para você? Só pense, não precisa me responder. Já viu pessoas que buscam a autoestima na malhação, em carros, bens materiais, roupas e até em mulheres? Já teve amigos galanteadores, daqueles que batem no peito e dizem "já peguei esta, já peguei aquela"? Eles atribuem seu valor a essas questões, mas quando colocam a cabeça no travesseiro, caem na real e se sentem o que são na prática: gente iludida. Vivem uma persona, que no fundo carrega um tremendo tédio. Será que isso é bom? Este é o amor-próprio que você quer ter? **Autoestima é consciência bem nutrida, e a consciência bem nutrida por sua vez vem através das escolhas, das consequências e da manutenção da honra, como também já mencionei anteriormente.** Lembre-se: todas as suas escolhas lhe trarão consequências. Elas conversarão diretamente com sua consciência, e o papo é sério. Você tem inúmeros recursos para gerenciar seus pensamentos com relação a Marina e para bloquear seus instintos, mas um deles, e talvez o principal, é de se colocar no lugar dela. Já a imaginou levantando durante a madrugada para cuidar de Isadora enquanto você se deitava com outra mulher? Se você estivesse lá no lugar dela, como se sentiria? Colocar-se no lugar dos outros tem a ver com ética, amigo.

Bruce abaixou a cabeça, apreensivo e atordoado. Não sabia o que dizer.

Martin viu que ele estava sinceramente arrependido. – Como eu disse, não se prenda a culpas. No entanto, não seja passivo diante de seus impulsos e emoções, Bruce. Assuma o volante da sua vida ou será passageiro e expectador em sua existência – o orientou o aventureiro.

– Compreendo. Obrigado por suas palavras. Parece-me que tudo o que conversamos está muito relacionado ao meu emocional, ao passado que ainda me escraviza e em alguns momentos se torna mais forte do que eu – reconheceu o jovem, um pouco mais animado.

– Lembre-se de que você carregará para sempre dentro de sua memória as experiências vividas. Experiências que geraram emoções e sensações, que se tornarão presentes se você continuar escravo e refém delas. Portanto, aprenda a controlá-las e dominá-las – Martin o instruiu.

– Muito bem. Acho que realmente entendi. Autoestima é consciência, dominar minhas emoções e não ser refém delas, além de controlar meus impulsos e instintos. Espere um minuto que vou anotar – pediu Bruce, abrindo o bloco de notas de seu celular. "Bloquear expectativas", escreveu, e foi registrando tudo o que se lembrava da conversa.

– Tudo bem – disse Blumer –, agora tenho de ir. Continue anotando, mas não se esqueça de reler todos os dias. Nossa memória não é tão eficaz. Nos veremos em breve. É sempre um prazer te encontrar, meu amigo. – Assim se despediu o aventureiro, deixando o jovem com as anotações que lhe seriam úteis em um momento de necessidade.

CAPÍTULO 26

Ponto neutro – Trabalhando o autocontrole

Passados alguns meses, Bruce continuava viajando com a nova turnê e trabalhando seu álbum mais recente. As plateias enchiam os estádios em que ele se apresentava, oportunidades nas quais ele treinava o aprendizado que vinha tendo com Martin. Uma noite, logo depois de se apresentar em Florianópolis e ir para a cama de madrugada, desligou o celular para ter um sono repousante. Este era um novo hábito que lhe permitia descansar com qualidade e repor as energias adequadamente.

Pela manhã, despertou com B.O. batendo ansioso à sua porta: – Nossa, já estou te chamando há um tempão, pensei que você não fosse acordar. Eu insisti porque sua esposa está no telefone querendo falar urgentemente com você! – explicou-se o segurança pela abordagem desesperada.

Mal Bruce pegou o telefone e já recebeu a notícia: – Acabei de sair da consulta com a médica e ela quer fazer o parto ainda hoje. Terá de ser uma cesariana, pois ela acredita ser mais seguro no momento. Nosso filho Arthur está chegando! – disse Marina animada, porém um pouco apreensiva por Bruce não estar em casa.

O rapaz deu um pulo de alegria. – Nossa, que notícia maravilhosa! Ganhei o dia! Estava "virado", mas acabei de "desvirar"! – exclamou Vilanova com bom humor, em pleno corredor do hotel. Colocou o aparelho de lado e, dirigindo-se ao segurança, disse: – B.O., por favor, ligue para o comandante e prepare o avião. – O homem saiu correndo para atender ao pedido do chefe, enquanto ele voltava a falar com a esposa, já retornando para o quarto. – Marina, por favor, me espere. Enrole um pouquinho, diga que está com dor, sei lá... Mas me espere. Estarei aí em algumas horas, quero acompanhar a chegada do Arthur a seu lado – pediu eufórico, enquanto juntava seus pertences na correria para deixar a cidade quanto antes.

– Mas você está virado! – constatou a garota. – Tem show hoje à noite em Porto Alegre. Será que precisa mesmo vir? Não vai te atrapalhar? – perguntou ela, preocupada.

– Vai me atrapalhar se eu não for – respondeu Bruce exultante e apressado. Esfregando a barriga carinhosamente, Marina desligou o telefone feliz da vida, surpreendida com seu novo marido, que se mostrava bem mais sensível, maduro e consciente.

Horas depois, Bruce chegou à maternidade e se encontrou com Ermínio, Cleusa, Isadora, Fred e os pais de Marina, Augusto e Marta, que estavam à sua espera. Foi rapidamente encaminhado à sala de preparo pré-parto, onde se encontrou com a esposa aguardando para ser anestesiada. O clima era um pouco apreensivo, mas o jovem apertou forte as mãos dela e tentou descontraí-la contando sobre a turnê, o público que vinha lotando os shows e cantando com ele as canções, mas principalmente reforçando sua felicidade com a chegada de Arthur.

– Você está me dando um dos maiores presentes da vida! Não imagina o que estou sentindo. É como se estivesse voltando no tempo, mas de maneira bem diferente. Tudo parece se repetir, não é? – perguntou emocionado à garota.

– É, Bruce, também estou muito feliz e realizada em dar um irmãozinho para a Isadora. Nosso filho é a comprovação de que acertamos em voltar a ficar juntos. É o que sinto – disse Marina com o suor a lhe empapar a testa, nervosa e plena ao mesmo tempo. O rapaz lhe deu um beijo. – Sim, eu também, meu amor! – E só teve tempo de dizer isso antes de a médica chamar a parturiente para ser anestesiada e pedir ao papai:

– Por favor, aguarde alguns minutos e o chamaremos quando estiver na hora.

Minutos depois, foi chamado à sala de parto, onde Marina deu à luz Arthur. Bruce não se continha de emoção, registrando o nascimento do início ao fim. Ele foi o primeiro a pegar o bebê no colo e o abraçou chorando muito, como se resgatasse algo precioso, possivelmente um passado amargo que agora se transformava num presente de glórias e realizações. Depois do banho e da realização dos procedimentos de rotina nos recém-nascidos, o cantor levou o filho à sala onde todos aguardavam ansiosos para vê-lo. Lágrimas surgiram nos olhos dos avós que seguraram o bebê com carinho e felicidade. A família comemorou com entusiasmo a chegada do pequeno menino. Assim que a festa familiar acabou, Bruce se despediu de todos para voltar ao trabalho, não sem pesar por ter de deixá-lo, ainda tão frágil. A mãe passou mais dois dias no hospital, onde recebeu a visita de amigos e parentes, e em seguida foi liberada.

De volta às turnês, o jovem ídolo se deparou com situações em que teve de usar seus novos recursos baseados em coeficiente emocional, com excelentes resultados. Ele havia se tornado um estudioso e pesquisador sobre o assunto nos últimos meses.

Numa noite de show em Porto Alegre, com casa cheia, ele fez uma apresentação acima da média. Todos cantavam em coro suas canções. O assédio de belas mulheres em cima dele era estarrecedor. Ele saiu do local e se dirigiu rapidamente ao hotel. Quando chegou à recepção, deparou-se com vários fãs. Acenou para a multidão, cumprimentou algumas pessoas e rapidamente subiu até seu quarto. Então, novamente, escutou baterem à porta. Observou pelo olho mágico e notou que era Pâmela. Sentiu um impulso lhe subir à cabeça, seus instintos sexuais à flor da pele, pois já era de madrugada e ninguém mais estava ali para comprometê-lo. Diferentemente das outras vezes, no entanto, o rapaz parou e pensou, refletindo sobre suas conversas com Martin. Analisou a situação e buscou dentro de si o recurso ideal para suportar a tentação, algo absolutamente normal na vida de artistas e celebridades. Resolveu ignorar a antiga amante. Tomou uma ducha fria e se deitou na cama quando o telefone tocou. Ele não atendeu. Então foi a vez do celular tocar infinitamente e receber várias mensagens. O jovem estava sendo bombardeado pelo som das notificações que chegavam. Dessa vez ele estava mais forte e seguro, consciente da sua tenacidade, mais conectado consigo mesmo. Fingiu estar dormindo. Desligou o aparelho e pegou um livro para ler, desconectando-se daquela frequência perturbadora.

No outro dia cedo, orgulhoso da sua postura na noite anterior, mas ciente de que teria de resolver a situação de uma vez por todas, Bruce resolveu dar fim àquela questão. Apanhou o *smartphone* e enviou uma mensagem que dizia: "Pâmela, respeito muito você, mas estou em outro momento de minha vida. Portanto, não desconsiderando o que vivemos, gostaria que não acontecesse mais o que algumas vezes aconteceu neste mesmo hotel. Estou em paz com Marina e com minha família. Por favor, preciso que não haja mais encontros entre nós. Conto com a sua compreensão. Você será sempre bem-vinda em meus shows, mas peço que respeite minha vida privada. Um beijo, Bruce". Pôr um término àquela relação faria com que o jovem cantor conseguisse viver uma vida cada vez mais equilibrada com Marina, Isadora e Arthur, sem interferências externas. Ele nitidamente conseguia lidar melhor com suas escravidões emocionais e a dependência do álcool e das drogas. Aos poucos foi se libertando e fortalecendo sua gerência sobre atributos e predicados relacionados ao seu lado artístico. As mudanças eram bem perceptíveis para o público e as pessoas à sua volta.

Também já dominando melhor a arte do kung fu, certa manhã encontrou-se com o aventureiro e o mestre para treinar.

– Vamos lá! Hoje teremos um treino mais intenso – afirmou o mestre. – Martin, vamos ensinar ao Bruce a filosofia do ponto neutro.

– Ponto neutro? Do que vocês estão falando? – questionou o jovem, bastante intrigado.

– É a capacidade de isolar suas sensações para não tomar choques diante dos curtos circuitos que a vida lhe propõe – explicou o velho chinês. – É ter autocontrole. Nos combates na China, nossos mestres nos ensinaram que deveríamos nos desapegar do nosso corpo durante os combates. Não importava o que acontecesse com ele, deveríamos continuar unicamente com foco nas estratégias de luta – ensinou. Bruce fez uma cara de quem não entendia do que ele estava falando, então o velho prosseguiu: – Você vai tomar alguns socos e chutes, mas se comportará como se não estivesse acontecendo nada. Vai se concentrar na respiração e na mente. Não se desprenda do foco. Não o associe aos golpes. Procure ficar neutro, isolado.

O rapaz se virou para o aventureiro. – Isso vai ser duro, hein, Martin? – questionou, apreensivo.

Blumer o tranquilizou na medida do possível. – Não se preocupe, porque a vida sempre será mais dura do que alguns socos e chutes – disse ele sorrindo.

– É, já sei disso – respondeu o jovem, ainda temeroso.

– Ótimo! Posição de base. Concentre-se em sua respiração. Coloque suas mãos à frente do corpo manipulando sua energia. Esvazie sua mente e, quando estiver cem por cento conectado, tente não se importar e não se intimidar com os golpes. Controle-se – orientou o mestre, com a voz serena, porém determinada.

Vilanova se concentrava, inspirava, expirava e focava. De repente, foi surpreendido por alguns socos na barriga e nas costas. Martin e o mestre se encarregavam de golpeá-lo, primeiro de forma mais suave, depois aumentando a intensidade e a força.

– Conserve-se, Bruce! Concentre-se! Lembre-se: não importa o que acontece a seu corpo. Continue aí dentro com você – orientava-o o velho chinês. – Aguente firme! Isso, muito bem! Esqueça os golpes. Prenda-se à respiração novamente, esvazie a mente. Ótimo! Isso mesmo!

Bruce já levava algumas pancadas fortes, mas manteve a concentração na respiração e não perdeu o foco.

Quando terminaram o treino e os três relaxaram, o chinês continuou com suas explicações. – Isso é *chikung*, a filosofia de manipulação energética e de exercícios respiratórios em artes marciais – detalhou o mestre. – Ela te ensina a ser neutro ao que lhe acontece, permanecer com você em sua mente; manter-se concentrado, independentemente do que aconteça à sua volta – contou, enquanto o suor escorria da testa do jovem aprendiz diante dele.

Martin complementou a explicação: – **Leve isso para seu cotidiano, para a vida. Treine esse atributo diariamente em você para fortalecer e potencializar seu autocontrole, sua capacidade de ser neutro. Esse é o ponto neutro. Não temos controle sobre tudo o que acontece e, diante daquilo que não está em nossas mãos, é importante sermos neutros, termos autocontrole se quisermos ter equilíbrio**. – Bruce se mostrava agradecido pelos novos ensinamentos.

O tempo passou e o jovem cantor seguia com sua nova turnê do álbum *No colo dos anjos*. Alguns imprevistos começaram a acontecer. Em uma das apresentações, sua equipe se descuidou do telão de LED durante o espetáculo e o equipamento apagou no meio, deixando-o extremamente irritado. Ele saiu do palco furioso e chegou ao camarim chamando o produtor técnico aos gritos:

– Você não está cansado de saber que tem de testar o telão antes do show? Já não cansou de ouvir isso da minha boca? Recebe um cachê alto para me deixar passar por uma vergonha dessas na frente da plateia? – vociferou para o homem.

– Mas chefe... – o produtor tentava se explicar.

– Não quero saber, não estou perguntando nada – explodiu Bruce.

Naquela noite, de maneira impetuosa e grosseira, ele deixou o camarim com sua equipe e correu para o hotel. No show seguinte, o clima já não era tão amistoso e o astro percebeu seus colaboradores mais tensos.

Semanas depois, mais um imprevisto o tirou do sério: um dos músicos se atrasou para o espetáculo e não conseguiu chegar a tempo. Novamente, diante da tensão pré-show, o cantor estourou com sua equipe. Fez a apresentação muito nervoso, com sua banda incompleta. Era o tecladista Pablo que não havia aparecido. No final, foi ao camarim dos músicos e passou-lhe um sermão:

– Você não percebe que prejudicou o espetáculo com sua irresponsabilidade, Pablo? – O músico tentou se justificar, mas não conseguiu. – Eu não quero saber o que aconteceu. Eu te pago para subir ao palco! Não me importa o restante. Você fez com que o show não acontecesse! Faltaram solos, *pads* e acompanhamentos importantes em praticamente todas as canções. Um absurdo irreparável.

Assim, Bruce se mostrava explosivo diante dos imprevistos. Tinha dificuldade de se controlar. Voltou a repetir hábitos do passado e não sabia como lidar com equilíbrio no foco da tensão.

Mais adiante, em outro espetáculo, quinze minutos antes de subir ao palco diante de uma plateia de quinze mil pessoas, a luz local foi embora. O clima era tenso. A produção do evento ligou o gerador, que pifou na segunda canção, deixando o palco novamente sem som e sem eletricidade. O jovem saiu irritadíssimo e o público começou a vaiar em coro. Todos tentavam desesperadamente buscar outro gerador. Mais duas horas e meia se passaram e metade da plateia já havia ido embora. Os que ficaram vaiavam cada vez mais alto, até que o produtor local foi ao camarim do artista se explicar, e ele teve outro rompante. O contratante então se mostrou arrogante e, diante dos imprevistos, bastante impaciente e intolerante com os insultos e as agressões verbais por parte de Vilanova. Quando os ânimos atingiram um pico de nervosismo, ele apontou o dedo para o rosto de Bruce, que deu um tapa na mão do profissional. As consequências não foram nada positivas. No dia seguinte, o estado de Goiás inteiro lia nos jornais: "Bruce Vilanova agride contratante em show após imprevistos com gerador". Para piorar a situação, os comentários dos internautas aumentavam a revolta com o escândalo no ambiente virtual. "Não pode ser! Isso é um absurdo! Tá achando que é Deus só porque é famoso?", lia o artista dois dias depois em algumas redes sociais e sites de música.

– Ele colocou o dedo na minha cara; dei apenas um tapinha de nada – Bruce se justificou, sentado à mesa de Marcelo, numa reunião de emergência solicitada pela Fênix. O diálogo acontecia no mesmo momento em que Martin chegava ao escritório para resolver um assunto relacionado à sua carreira. Ao ver o amigo reunido com seu empresário na sala envidraçada, resolveu interrompê-los para dar um alô. Flávia, a diretora de marketing, perguntou a Vilanova se o astro poderia se juntar a eles na conversa. O jovem não se importou e Martin disse que seria um prazer se ele pudesse ajudar em algo. Depois que Marcelo afirmou que tinham tido um problema em Goiás, Bruce disse a todos:

– O que aconteceu foi o seguinte: há dois dias, no show em Goiânia, houve uma situação com o contratante. Veja bem, pessoal, eu não o agredi. Apenas fiquei muito nervoso e me defendi.

Marcelo tentou chamar seu representado à razão: – Seu disco está indo muito bem, deve estar entre os cinco mais vendidos do país. Sua carreira voltou a ser sólida. Sua música saiu do décimo para o quarto lugar em todas as rádios do país. O público já percebe suas mudanças, mas diante deste último episódio devo dizer que alguns comportamentos que você vem tendo não combinam com este novo Bruce. Você está melhor em vários aspectos, mas, me desculpe a sinceridade, tem se mostrado infantil em algumas ocasiões. E é esta a questão. Sabemos que não deve ter agredido o contratante, porém temos notícias de que esse seu nervosismo e descontrole vem acontecendo com frequência diante de imprevistos e outras situações, que sabemos que não são nada agradáveis. Suas reações não têm sido positivas e têm gerado comentários por parte de toda a equipe. O acontecimento com o gerador acabou na demissão do seu produtor técnico, que já trabalhava conosco há muitos anos. Ele disse ter sido humilhado por você na frente dos outros. Você acha que corrige alguém dessa maneira? Acha que melhora as coisas dessa forma? Pense! Já se colocou no lugar de seus colegas? Liderança não se constrói com imposições. Você já tem inteligência suficiente para construí-la expondo suas ideias e conduzindo a conversa com sabedoria e respeito a seus colegas.

Bruce se deu conta de que até as pessoas da Fênix conheciam as filosofias e reflexões que Martin ensinava. Sentiu-se envergonhado.

Marcelo continuou: – Teve também o episódio com seu ex-tecladista, que pediu as contas exatamente pelo mesmo motivo. Agora é um contratante. Amanhã será quem? Compreendo que algumas situações nos pegam de surpresa, mas e aí? Podemos piorar ou não as coisas dependendo da maneira como reagimos. No seu caso, com seus impulsos raivosos você tem piorado a situação. A solução não está nessa forma como você tem reagido.

O jovem se pronunciou. – É... Me desculpem, amigos. Devo admitir que realmente tenho ficado nervoso em alguns momentos. Na verdade, sempre fiquei, tenho pavio curto. Alguns da família me chamam de sangue quente, dizem que não levo desaforo para casa, mas acho que é meu jeito mesmo – disse com um ar de conformação.

Martin fez uma careta de rejeição. – É seu jeito, Bruce? Você é mesmo assim ou está assim? – questionou o aventureiro.

Bruce ficou sem palavras. Lembrou-se de algumas conversas que tinha tido com o amigo e da melhora que tivera tempos antes. Percebeu então que as teorias na prática estão um pouco mais distantes e difíceis de serem dominadas. Seu rosto ficou corado de vergonha.

– Não, não. É verdade: eu estou assim, mas posso deixar de estar – justificou-se, abaixando a cabeça. Depois de reconhecer suas falhas, o rapaz se desculpou com todos e se dispôs a mudar seu comportamento. Martin apenas escutava e observava com atenção a conversa, sem se manifestar.

– O.k., esperamos que você de fato possa fortalecer suas mudanças novamente, pois se voltar a perder as estribeiras com a equipe ou com os contratantes, os prejuízos serão grandes – disse Marcelo num tom severo. – A reunião está encerrada, meus caros – finalizou.

Apesar da fase ruim na carreira, nem tudo era pesadelo para Vilanova naquele momento. Nos momentos de descanso, Bruce passava em casa para se encontrar com a família. Arthur estava com quase um ano e já ensaiava falar "papai". Sempre que conseguia um tempinho, Bruce brincava um pouco com os filhos no chão da sala. Ele se colocava no lugar das crianças e praticava os ensinamentos adquiridos com relação à criação deles. Agora sabia que, embora estivesse distante, a qualidade podia e devia compensar a ausência de quantidade. Quando estava em casa procurava intensificar seus momentos com a família. Bruce era outro pai. Rolava no chão, virava cambalhotas, perguntava dos medos e dos sonhos dos filhos e contava os seus próprios. Existia o diálogo que nutria a relação com todos. Ao fim daquele dia, à noite o ídolo foi jantar com Marina, Martin e Laura.

– Bruce, que bom revê-lo! Vejo que está bem melhor. Sua carreira parece ir de vento em popa. Martin tem me contado sobre isso. Fico muito feliz por você, é nítida sua evolução – elogiou-o Laura, sob a luz da vela que tremulava na mesa do restaurante.

– Nem tudo são flores, Laura. Estava conversando há pouco com Marina. Martin já sabe do ocorrido. O fato é que hoje fui chamado no escritório e tomei um "rala" – contou ele, entre divertido e envergonhado. – Mas eles têm razão. Você viu o que saiu na mídia? Disseram que agredi um contratante – concluiu chateado.

– Sim, eu vi e infelizmente todos ficaram sabendo. A polêmica foi mesmo enorme – comentou a esposa do aventureiro.

– Pois é, mas não foi verdade, eu não o agredi. No entanto, sei que não devo esperar nada de alguns meios de comunicação e muito menos dos outros. Está em minhas mãos agir corretamente. Algumas situações me pegam de surpresa e muitas vezes não sei como lidar com elas. Tenho consciência de que preciso ser diferente, mas vou ter de encontrar o jeito certo para corrigir essas questões. – De forma sincera o rapaz reconhecia seus erros.

O jantar foi servido e eles comeram animadamente. Assim que terminaram o delicioso pernil de cordeiro ao molho de hortelã, enquanto as mulheres seguiram para o toalete para retocar a maquiagem, Martin chamou o amigo de canto para falarem sobre o episódio de Goiás.

– Bruce, não tenho muito a dizer sobre essas questões, mas o importante é que já está ciente de que deve mudar. **Você só não pode se esquecer de que as verdadeiras mudanças começam na teoria, mas se concretizam na prática. Caso contrário, serão apenas parte de um discurso, e não mudanças efetivas, lembra-se?** Esses rompantes de raiva vinham acontecendo com certa frequência – alertou o aventureiro.

O jovem se sentia perdido, então disse: – Sim, mas como acha que devo reagir? Nesses casos, todos eles erraram. Em tudo o que aconteceu eu estava na minha razão, embora eu saiba que isso não justifique meu comportamento.

– Lembra-se do que conversamos outro dia no treino de kung fu sobre uma ferramenta chamada ponto neutro? – questionou Blumer.

– Sim, mas o que o ponto neutro tem a ver com isso? – perguntou Bruce franzindo o cenho.

– Tem tudo a ver. **Autocontrole é a palavra, eis a cereja do bolo. Você não consegue controlar tudo à sua volta, muito menos as pessoas. Portanto, está em suas mãos o poder de amplificar ou solucionar os problemas. Você se torna refém das situações e de suas emoções negativas quando perde o autocontrole. Mesmo sabendo que não deve perdê-lo, essa é uma das mais difíceis missões, sob o ângulo do controle das emoções.** É como se fosse dominado. Leve o conceito do ponto neutro para a vida, para seu cotidiano, como disse o mestre. Parece que você não entendeu a utilidade do conceito, como usá-lo de forma prática – esclareceu o mais velho. Então, prosseguiu: – A consciência do que somos não exige respostas diante das falhas de terceiros, comentários irônicos, agressões ou insultos. Por outro lado, Bruce, **a comunicação é tudo quando diz respeito a relacionar-se. A forma como reajo ou exponho minhas ideias vai ditar o rumo da conversa, independentemente do que eu diga. O conteúdo passa a ser segundo plano, entende?**

Bruce tomou o resto de vinho que tinha em sua taça. – Agora começo a perceber... Não vai adiantar ficar nervoso – reconheceu.

– Exatamente! Em algumas ocasiões, quando não depende tanto de você modificar os acontecimentos, até aqueles relacionados a outras pessoas, é saudável dar risada. É melhor que as dê agora, porque lá na frente, quando olhar para traz, certamente vai fazê-lo. Se não puder controlar, contornar e modificar os fatos, dê risada deles, seja leve. Em algumas situações obviamente será necessário orientar seus colaboradores, mas quando você se exalta, cobra soluções de forma grosseira, impõe regras ou reprime quem errou, está ampliando os problemas e não os resolvendo. Isso demonstra que você se tornou refém de suas emoções novamente. Faltou o autocontrole. Pense nisso, meu amigo – concluiu Martin, enquanto as mulheres retornavam e se colocavam de volta em seus assentos. Os quatro pediram a sobremesa, conversaram um pouco mais sobre outros assuntos e se despediram. Bruce foi para casa, conversando e refletindo com Marina sobre quanto se tornara amigo e respeitava Martin Blumer.

– Não sei o que seria da minha vida se não fosse o Martin nos últimos tempos. Ele parece um pai para mim. Realmente, é mais um anjo em minha vida. Em todas as vezes que nos encontramos saio com novos aprendizados. Não sei o que ele é na verdade, mas parece se aventurar por várias estradas e caminhos diferentes. Tem um grande leque de conhecimentos e experiências. Espero um dia ser como ele – comentou o rapaz, dirigindo.

– Eu me orgulho de você e percebo que está no caminho certo – Marina o elogiou com um sorriso.

Depois daquele papo no escritório e do jantar com Blumer, o rapaz seguiu em sua turnê a todo vapor. Num dos shows, Bruce chegou ao evento às duas da tarde para entrar no palco às três. Era um festival e havia outros artistas se apresentando. Ele teria mais um espetáculo em outra cidade à noite e não poderia se atrasar muito. O tempo passava, a tensão aumentava e nada de o chamarem ao palco. Já eram três e meia quando um político, responsável pela festividade, entrou no camarim. – Olha só a nossa estrela! Mais alguns minutos e o chamamos. Posso aproveitar para tirar uma foto nesse meio-tempo? – perguntou animado.

Apesar de ansioso, Bruce concordou. Ele tirou a foto gentilmente, agradeceu a autoridade e pediu educadamente que o chamassem ao palco assim que possível, pois ainda teria um compromisso mais tarde em outra cidade. O homem respondeu com ironia e desdém:

– Artista tem de aprender a ser humilde. Você hoje está por cima, mas já esteve lá embaixo e, se não tiver humildade, cairá de novo. Aqui ninguém é mais importante do que ninguém. Espere mais alguns minutos e o chamaremos para se apresentar.

O sangue do jovem subiu à cabeça e ele pensou em responder à altura, mas sabia que isso poderia ser um imenso problema mais tarde, no show em Belo Horizonte, então respirou fundo e resolveu se acalmar.

Em seguida, Marquinhos e B.O. entraram na sala extremamente nervosos e preocupados.

– Bruce, o cara não nos atende. Já tentamos de todas as formas agilizar o show, mas não há o que fazer. Ou compramos uma briga enorme ou esperamos – disse Marquinhos, acreditando que tomaria uma bronca monumental do chefe.

O jovem astro pensou antes de reagir. Respirou fundo novamente. Lembrou-se das novas ferramentas e recursos, concentrou-se em sua energia e ponderou: – Amigos, quando não temos o que fazer o ideal é darmos risada. Lá na frente vamos olhar para trás e fazer o mesmo, certo? Então é melhor fazermos isso agora. Relaxem. Não vamos perder tempo sofrendo por aquilo que não sabemos o desfecho. Isso não vai resolver.

Os dois se olharam e se espantaram com a sábia reação do cantor. Com mais alguns minutos de atraso, Bruce finalmente foi chamado ao palco. Ele reduziu um pouco o tempo de sua apresentação, e compensou essa redução em cima do palco com carisma e segurança. Com capacidade para pensar e decidir, fez com que tudo corresse bem.

Ao chegar ao aeroporto, deparou-se com mais um imprevisto. O piloto abordou o jovem dizendo que uma pane havia acontecido e que ele tentaria encontrar uma solução. Assim que tivesse notícias o avisaria, prometeu. O astro sabia que uma multidão de vinte mil pessoas o aguardava em Belo Horizonte. O show estava estourado e ele já chegaria atrasado em decorrência de tudo o que havia acontecido. B.O. exclamou sem esperanças: – Agora a casa caiu!

Marquinhos levou a mão à cabeça desesperado, e buscou uma alternativa. – Posso tentar outro avião. Vou ligar – afirmou, já passando a mão no celular.

Bruce o interrompeu. – Calma, pessoal, vamos pensar: se arrumarmos outra aeronave agora e o nosso avião ficar pronto, vamos ter de pagar as duas despesas. Portanto, não precisamos fechar negócio ainda. Por favor, B.O., veja as possibilidades que temos. Deixe-as em aberto para decidirmos o que faremos mais tarde – orientou ao segurança, tentando manter a tranquilidade. Então, voltou à cabine do comandante Lucio e perguntou: – De zero a cem, qual a chance de decolarmos em trinta minutos, no máximo? – Antes de o homem responder, ele continuou. – Espere aí, vamos ver se estou bom de chute. Temos oitenta por cento? Ah, nem tanto, né? Setenta? Vamos ser otimistas – brincou o artista.

O comandante, extremamente tenso e assustado, perguntou: – Como você consegue brincar numa situação dessas? A coisa aqui está pegando fogo!

Vilanova manteve o espírito brincalhão e disse: – Não estou vendo. Onde está o fogo? Em sua mente?

O homem se justificou como pôde. – Não, não, é modo de falar. Mas as coisas não parecem se acertar – afirmou o comandante, temendo a ira do patrão.

O cantor tentou relaxá-lo. – Vamos lá, a primeira coisa é: relaxar e respirar, tranquilizar-se. Não vai adiantar ficar nervoso nem sofrer por antecipação. Não será a sua reação diante do acontecido que vai mudar o resultado, mas pode sim ajudar a solucionar se você conseguir manter a calma e a tranquilidade diante de tudo. Sei que é sério, mas procure pensar tranquilamente, refletir e encontrar a melhor solução – falou num tom conciliador.

O comandante agradeceu a postura compreensiva do rapaz e continuou a trabalhar para sanar o problema. Bruce voltou à sua poltrona. Contou mais algumas piadas e tentou mudar o astral do ambiente, colocando leveza na conversa. Alguns minutos depois, o comandante Lucio abriu a porta da cabine e anunciou, aliviado: – Pronto, resolvido! Deu certo, vamos decolar! – Gritos de alegria e aplausos ecoaram na aeronave, que voou para Belo Horizonte.

Quando Vilanova finalmente chegou ao local do show na capital mineira, por estar muito atrasado, o clima desabou novamente, a plateia já o vaiava, inclemente. O contratante estava furioso e agrediu verbalmente o jovem no camarim. O ambiente era muito tenso. Mais uma vez, dispondo de toda a sua paciência e serenidade, o cantor se desculpou, explicando o ocorrido:

– Amigo, por favor, peço que se coloque em meu lugar. Fiz o que esteva a meu alcance. O que posso fazer agora é compensar com um espetáculo mais longo em cima do palco. Tenho o privilégio de estar com vocês esta noite e vou honrar nosso compromisso, mesmo diante do imprevisto.

O contratante não tinha saída. Ficou sem resposta e concordou, procurando se acalmar. No entanto, apelou para as garantias jurídicas das quais dispunha. – Bruce, temos um contrato em que há cláusulas referentes a seus deveres. Um deles é cumprir com o horário de início da apresentação. Como não está sendo cumprido, vamos arcar com uma multa cujo valor será descontado no cachê do show. Infelizmente, não teremos como abrir mão dela – alegou de forma direta.

O rapaz novamente viu a irritação se aproximando dele, com as colocações do contratante, mas já diligente com relação às suas emoções, refletiu sobre a situação de vários ângulos. Depois de respirar fundo, finalmente se pronunciou, primeiro elogiando o homem à sua frente:

– Amigo, vocês realmente representam uma parceria importante para mim. Tanto pelas pessoas que são quanto pelos profissionais. Que estrutura de camarim, atenção de primeira, bem como palco e som, pelo que minha equipe me disse; tudo acima da média. Gostaria de parabenizá-lo, antes de mais nada. Compreendo suas colocações, mas esta não é uma questão com a qual devo me comprometer agora. Resolveremos isso com o escritório depois do show que, no momento, é o que há de mais importante pra gente. Meu compromisso com você agora é subir ao palco, mesmo atrasado, e fazer o melhor espetáculo da minha carreira, e peço seu voto de confiança.

Ao homem só restou a alternativa de concordar.

Para completar o cenário ruim da noite, quando o artista já se aprontava para subir ao palco, ocorreu um problema no equipamento de som que levaria, no mínimo, mais quarenta minutos para ser resolvido. Aí, sim, as vaias começaram a entrar como flechas no camarim. A equipe ficava cada vez mais tensa e o contratante entrou, voltando a pressionar o pessoal técnico, mas Bruce procurou acalmar a todos, como se estivesse neutro e intocável. Ele conseguiu até brincar em meio à situação. B.O. e Marquinhos disseram estar espantados com sua postura diante dos acontecimentos.

– Patrão, é impressionante como você mudou. Como consegue se manter equilibrado diante de tudo isso? Até eu que sou mais calmo estou transtornado, meus nervos estão à flor da pele! Hoje foi um problema atrás do outro e você está aqui, como se nada estivesse acontecendo. Não deve ser fácil estar na sua pele, não é? – disse Marquinhos.

O rapaz olhou bem para o produtor, rindo, e disse com humildade: – As pessoas dizem que para cantar tem de ter dom. Eu já acho que o dom para cantar é só um detalhe. A vocação principal é para ser artista. Esta sim deve ser primordial, mas confesso que sem as crises pelas quais passei e sem Martin na minha vida eu ainda estaria em outra frequência. Por isso, jamais devemos menosprezar estradas esburacadas com obstáculos e dificuldades pelas quais passamos durante a vida, porque através delas chegaremos a outras estradas mais conservadas. É o que posso lhes dizer depois de ter passado por tanta coisa. Certamente, se fosse em outros tempos, eu já teria explodido, e, nesse caso, dificilmente encontraria soluções. **No fim das contas, percebemos que perdemos muito tempo nos desestabilizando emocionalmente.**

Os dois se entreolharam, orgulhosos. Marquinhos foi quem conseguiu expressar sua admiração, dizendo: – Este é o nosso patrão! Eu queria ser assim, B.O.!

– Pare de sonhar! Você nunca vai ser. Nunca vai passar disso aí – desdenhou B.O., rindo alto. Os três caíram na gargalhada.

Após derradeiros minutos, que pareciam ser uma eternidade, finalmente Bruce foi chamado. Juntou todo o ânimo de que dispunha e, com muita maestria, deu início ao show.

Assim que pisou no tablado, a primeira coisa que fez foi sentar-se no chão, à frente do palco, inesperadamente, e pedir para a banda parar. As vaias eram altíssimas, mas com o ato que surpreendera a todos, foram diminuindo. Olhando fixamente para a plateia, ele se concentrou e falou alto no microfone:

– Bem, amigos, sentei aqui para me colocar junto de vocês, ficar mais perto, tenho uma história para contar a vocês. Certamente se estivesse aí na plateia eu também estaria nervoso com o ocorrido. No entanto, assim como me coloco no lugar de vocês, gostaria que se colocassem no meu. Vocês são uma plateia incrível. Já estive aqui muitas vezes, mas durante o dia de cada um acontecem coisas que não estão em nossas mãos serem resolvidas ou não; elas nos pegam de surpresa.

Queria dizer que algum tempo atrás passei por uma situação que o Brasil inteiro acompanhou. Ali, sim, tive minha parcela de responsabilidade. Eu me recuperei e tenho o privilégio de estar neste palco com vocês e agradeço imensamente por estarem comigo.

Ele já começava a arrancar alguns aplausos.

– Hoje infelizmente não pude fazer nada diante do que me aconteceu. A aeronave deu problema, e é uma máquina. Meu comandante e minha equipe conseguiram resolver o problema, mas mesmo assim não pudemos cumprir com o horário. – Em meio ao silêncio, mais algumas vaias surgiram. Ele retomou: – Devo-lhes então um pedido de desculpas e sei que devem estar cansados de esperar, mas gostaria que me dessem a oportunidade de compensar e fazer a noite valer a pena mesmo com atraso. Farei um show bem maior do que o habitual, com mais disposição e o máximo de energia. Sejam bem-vindos e muito obrigado pela compreensão.

A multidão irrompeu em aplausos.

Bruce se levantou e pegou o violão: – Gostaria de começar o show de forma diferente hoje, relembrando meus tempos de barzinho. Cheguem aqui na frente do palco, aproximem-se. – Vários atenderam ao seu pedido e se espremeram em frente ao palco. Segurando faixas que declaravam seu amor ao ídolo, muitos começaram a entrar em sintonia com o jovem. – O que vocês querem ouvir? Nesta noite vocês fazem o repertório. Estou aqui para ouvir vocês! – disse ele, com os presentes indo ao delírio.

A plateia pediu "No colo dos anjos" e "Amor infinito". Ele aproveitou a deixa e disse que oferecia aquela canção para Marina, seu amor eterno, que o assistia pela internet naquela noite. Com carisma e humor, Bruce deu sequência ao repertório interpretando canções só com voz e violão, fazendo o clima ficar bem mais leve. Os integrantes da banda se entreolharam, impressionados e orgulhosos diante da maturidade, da segurança e do equilíbrio do artista.

Aos poucos, a banda foi entrando levemente e se inserindo na energia que já era das melhores. Quando o espetáculo acabou, cantor e equipe foram ovacionados. Ecoavam palmas, assobios e gritos da plateia. Quando as luzes do local se acenderam e a multidão começava a retornar para suas casas, no camarim tudo era festa. Bruce foi gloriosamente carregado por sua trupe, que reconhecia a evolução e o amadurecimento do cantor.

CAPÍTULO 27

Descendo do palco

Além das apresentações individuais de Vilanova, o trio Martin, Sabrina e Bruce continuou a fazer show em conjunto até a chegada do fim do ano, quando Blumer decidiu tirar alguns dias de férias e o trio resolveu que retornaria aos palcos no ano seguinte. As notícias que o jovem ídolo recebia sobre sua carreira eram excelentes. O álbum *No colo dos anjos* se tornara o mais vendido do último ano, e a faixa-título, a mais tocada. Ele havia acabado de entrar com sua segunda música de trabalho, "Um sonho de nós dois", que também já começava a ser um sucesso.

Bruce passara a ocupar novamente o primeiro lugar na lista de compositores que mais arrecadavam dinheiro com direitos autorais. Estava no topo outra vez. Na tarde em que retornou de seu merecido descanso, foi direto ao escritório para uma reunião com Fred e sua equipe.

– Olá, pessoal! Como estão todos? Eu estou renovado depois de descansar alguns dias com Marina, Isadora e Arthur – comentou, sentando na cadeira de sua sala.

O gaúcho o recebeu calorosamente. – Para onde tu foste, Bruce? – perguntou.

– Lembra que estávamos negociando uma fazenda no fim do ano? Surpresa! Acabou dando tudo certo. Passei vinte dias literalmente no meio do mato com minha família – contou o cantor animado.

– Que ótimo, guri! Esta é uma excelente escolha, investir em momentos como esses. Mas lembre-se, investimentos requerem cautela e tu podes falar bem sobre isso – alertou Fred, um tanto pé no chão.

– Sim, estou mais consciente e seguro. Não comprei quase nada, ainda. A fazenda está praticamente como era, mas tem o que precisa para ser especial: a simplicidade – o ídolo ressaltou esta última palavra com um brilho nos olhos.

– Que bom ouvir isso! Tenho também ótimas notícias: a maior marca de roupas do país quer te contratar como garoto-propaganda! Estamos praticamente fechados, basta só assinar o contrato. Eles querem te conhecer ainda nesta semana. Existem também propostas de outras marcas, mas vamos analisar com calma quais são as melhores opções. Já estamos no azul com as finanças, só que acho que ainda é cedo para outros investimentos. Certamente, dentro de mais alguns meses estaremos com um caixa em aplicações e aí sim poderemos partir para novos negócios – explicou Fred, olhando o caderno onde anotava os temas a serem tratados com o chefe. Bruce sorriu satisfeito.

De sua mesa, ao mesmo tempo em que fechava contas apertando as teclas de sua calculadora financeira, Shirley observava o papo dos dois com um ar de alívio, satisfeita com o desempenho da nova gestão da empresa. O cantor havia acertado na escolha do novo administrador. Além de um amigo, tinha ganhado um excelente parceiro para os negócios.

O gaúcho então se lembrou de outra novidade importante.

– Bruce, tu estás sabendo? Marcelo te avisou? – perguntou, curioso.

– Sabendo do quê? – questionou o outro.

– Tu vás ser homenageado no próximo mês, em uma premiação nacional, com transmissão ao vivo para todo o país. Ter o álbum mais vendido do ano passado e ter sido o número um em arrecadações de direitos autorais no país com a música "No colo dos anjos" sendo a mais tocada nas rádios o colocaram como o convidado mais especial da noite. Além disso, eles querem que você se apresente – contou Fred.

Bruce deu um salto na cadeira. – Não sabia! Que bom! Gostaria de convidar o Martin – comunicou o artista, já pensando que seria bom ter a companhia do amigo na homenagem. Ele era parte fundamental do processo.

O gaúcho o tranquilizou: – Ele já está convidado, bem como todos da Fênix, da Astral Music e do nosso escritório.

Com os novos recursos e ferramentas de seus estudos e do treinamento pelo que passara, ele mudou sua forma de liderar os profissionais com quem trabalhava. Antes dos ensinamentos que Martin lhe ministrara, ele não nutria um relacionamento saudável com seus colaboradores: a relação deles era algo bastante superficial e distante. Como estava sempre sob o efeito de álcool ou drogas, frequentemente perdia as estribeiras, fazendo com que a maioria não o respeitasse, apenas o tolerasse ou temesse. Com o amadurecimento, adquiriu mais respeito, e todos gostavam de trabalhar com ele. O ambiente se tornara realmente pacífico e acolhedor.

Num dia de descanso da corrida agenda de divulgação do novo *hit*, Bruce arrumou um momento para trocar ideias com seu amigo aventureiro sobre tudo o que vinha ocorrendo em sua vida. Na sala de seu apartamento, de frente para o mar, Vilanova falava sobre as mudanças no astral de sua equipe.

– É, Martin, **hoje entendo que um líder não conquista sua liderança comprando-a e muito menos com imposições: isso não é algo negociável. Vejo que há muitos líderes que imprimem um sentido de troca, como se fosse uma moeda. Usam sua posição de líder para reprimir, dominar, criticar e pressionar os outros à sua volta** – falou, enquanto tomava um refrescante suco de laranja.

Blumer ergueu um pouco o chapéu e encarou seu amigo. – Sim, Bruce, e no cenário de repressão constroem-se robôs, profissionais autômatos que apenas repetem ideias e obedecem automaticamente, mas não criam, não conquistam a autonomia, têm seus sonhos e a própria felicidade profissional destruídos. Nesse caso, a criatividade é sempre anulada pela pressão. **Um verdadeiro líder expõe suas ideias enquanto um falso líder as impõe** – afirmou categórico.

– Pois é! Penso que um líder, para ter uma liderança inteligente, precisa saber motivar os que estão a seu redor. Durante muito tempo diminuí as pessoas com repressão e reclamações. Agindo assim, eu os tornava impotentes, inseguros, sem autoconfiança. Certamente, quem mais saía perdendo era eu, pois com o tempo nosso campo de relacionamento deixava de ser leve e saudável. As consequências não são boas nesse cenário, e mais cedo ou mais tarde a casa cai. Hoje procuro elogiar, promover as qualidades, orientar quando é preciso, mas fazendo-o sempre com carinho, generosidade e respeito. Tento ser altruísta com minha equipe no meu dia a dia, nos ensaios, no escritório e por onde passo – explicou Bruce, comendo pedaços de queijo e salame que estavam expostos numa tábua de frios à disposição deles.

Blumer também se serviu dos petiscos e colocou um pouco de suco em seu copo. – Tudo que falou é sensacional. Eu me sinto orgulhoso de você. Você deu um salto sem precedentes quanto à sua criatividade e à sua maturidade. Um líder inteligente sabe respirar e pensar antes de tomar decisões que podem parecer precipitadas, principalmente durante os momentos de tensão. Um líder inteligente não julga, mas sabe reconhecer que todos falham. Ele é compreensivo e muitas vezes até indulgente; ou seja, sabe pedir perdão quando necessário. **Quando promovemos o profissional, o ser humano que existe por trás de tudo, exaltando suas virtudes e qualidades, incentivamos diretamente a autoconfiança, a autoestima e a segurança. Se criarmos esse ambiente dentro de uma empresa, os resultados serão excelentes. Caso contrário, promovendo sempre falhas, derrotas, dificuldades, estamos investindo numa equipe com insegurança e baixa autoestima** – concluiu.

– Concordo! Sinto que quando nos sentimos seguros e autoconfiantes, criamos artifícios para construir algo de novo, para correr riscos.

A ousadia é sempre uma grande virtude, como você me disse. Eu tento encorajar meus colegas a tomar atitudes, a serem autônomos e criativos. Hoje tento não me colocar como alguém que está acima de ninguém. Eu me sinto cada vez mais um aprendiz e quero incentivar meus colegas dessa forma. É impressionante como a sociedade precisa ter essa consciência; ter pensamentos mais altruístas, mais humanistas – opinou Bruce.

Na avenida que ficava diante da varanda envidraçada do apartamento do jovem, um motorista fechou outro. De onde estavam, no alto, os dois amigos conseguiram ouvir ao longe os gritos dos dois homens discutindo. Martin deu uma breve olhada neles, depois prosseguiu sua explicação.

– Temos muitos falsos líderes. Estes, sim, são mestres em discursar, mas são analfabetos em gerar ação. Por isso é importante colocarmos em prática os ensinamentos. A virtude mestra, a mais nobre e a base de todas não se adquire, não se pode comprar, porque vida não se vende, está em ter um bom coração. Vejo que você a possui – concluiu, olhando para o jovem com admiração. Em seguida, os dois se despedem e cada um segue seu rumo.

Bruce ainda se dedicava à turnê, que continuava embalada pela presença de grandes multidões que geravam cada vez mais assédio. O número de compromissos se intensificava, e sua agenda era mais e mais requisitada. Passou a ter menos tempo para si mesmo e para a família. O rapaz tentava controlar sua vida, mas tinha a impressão de que estar no topo novamente parecia ser mais difícil do que estar em baixa. Sua mente estava mais uma vez no limite com o estresse gerado pela nova fase.

Certa noite, o artista chegou para um show no Recife. O atendimento ao público começaria em alguns minutos e seu escritório havia orientado B.O. e Marquinhos a atenderem o máximo de pessoas, pois o contratante era muito importante e era necessário atendê-lo bem. Havia duas rádios parceiras promovendo o evento, que também precisavam de atendimento. A rotina de tratar bem os colaboradores e fãs foi fazendo com que Bruce se cansasse aos poucos de tantos compromissos e assédios. Por onde fosse, só escutava elogios e todos inflavam seu ego dizendo quão sensacional, espetacular e fenomenal ele era. Em todos os programas de televisão era evidenciado como o melhor, o número um.

O jovem começou a apresentar algumas atitudes que o mostravam um pouco perdido e, em algumas ocasiões, tomado pelo ego e pela vaidade. Amigos próximos perceberam o fato, bem como os executivos da gravadora e da Fênix, mas todos acreditavam ser normal. Não era fácil lidar com situações como aquelas. Quando se está no auge, o cérebro parece se acostumar com tantos elogios e assédios, sendo constantemente bombardeado com o desejo das pessoas. Isso de certa maneira escravizava Bruce, tornando-o cada vez mais dependente das sensações de glória.

Celebridades e artistas no patamar em que ele estava passam cada vez mais a ter a necessidade de ser o centro das atenções, ser a evidência do poder e ter ânsia por sempre ter razão em tudo. É o famoso paradoxo que explica esse contexto: aquilo que te liberta te escraviza.

Bruce havia se libertado em vários sentidos, até fisicamente estava diferente, mas aos poucos cavava um buraco e se afundava na vaidade e no ego, ainda sem perceber. Tinha, em alguns momentos, especialmente quando se voltava para seu interior, uma leve lucidez e pensava consigo mesmo: parece que estou me perdendo outra vez. Parecia que algo fugia de seu controle. Marina o notou repetindo ações conhecidas do passado. Os dois conversavam com frequência, o que, de certa forma, ainda segurava Bruce com os pés no chão.

Antes do início de um show em Pernambuco, com Martin e Sabrina, as pessoas não paravam de entrar no camarim. Apesar de a organização estar resolvida e conduzida da melhor maneira por ele e sua equipe, aquilo o esgotava. Ao conversar com o aventureiro enquanto faziam o aquecimento vocal para entrar em cena, Bruce desabafou:

– Preciso confessar: não suporto mais atender a tantas pessoas! Estou perdendo a paciência, não aguento mais a pressão. É no hotel, no aeroporto, antes dos shows, depois dos shows, aonde vou parece uma loucura em cima de mim. Na verdade, nuca tive muita paciência com isso. Não estou sabendo lidar com essa coisa louca novamente. Parece que estou perdido de novo neste mundo de estrelismo. Tenho de aceitar para mudar...

Blumer interrompeu sua vocalização, abriu um sorriso tímido e disse: – Você não queria que fosse diferente, né? É natural se sentir assim no meio disso tudo, dessa confusão. Pouquíssimos artistas conseguem pousar o avião e colocar os pés no chão. Os voos da vaidade e do ego são certamente os mais intensos e mais altos, mas o tombo é proporcionalmente maior, e o pouso é raríssimo. Que bom que você está tendo a consciência de colocar limites. Isso é algo que não se vê neste meio.

Bruce continuou seu desabafo. – Martin, sempre fui orientado pelo escritório e por outros empresários a proteger minha imagem, preservá-la. Eu frequentemente me retirava quando começava o assédio, mas não sei, fico perdido com isso, não sei o que fazer. Sempre ouvi que não posso ser comum nem ser fácil, senão vou virar arroz com feijão, comum, entende? Que preciso ser intocável para ser cada vez mais desejado! Mas hoje, depois de tudo o que passamos e dos aprendizados aos quais tive acesso com você, fico em cima do muro sem saber para qual lado ir. Estou confuso – lamentou-se desanimado.

Martin olhou para o jovem com firmeza. – Meu amigo, **nos palcos da vida não existem atores principais. Como já te disse, somos apenas seres humanos. Seja artista em cima do palco, lá faça o seu melhor, mas fora dele comporte-se como um homem qualquer. Por que você não pensa e começa a imaginar que cada abraço, cada foto, cada autógrafo que você dá será uma ação altruísta? Que através disso você estará promovendo a felicidade dessas pessoas? Use isso para arrancar um sorriso em cada esquina, não perca as oportunidades de promover a**

felicidade das pessoas que te cercam, assim você estará descendo do palco. Caso contrário, mesmo no seu dia a dia estará em cima dele. É aí que a confusão em sua mente acontece. Aqui você é apenas mais um cidadão, desde que pense assim e se decida a caminhar dessa forma. Eu te garanto que isso te trará uma paz que você nem imagina. Por trás da blindagem e do escudo criado em celebridades que não conseguem descer do palco existe um sonho enrustido de conseguir voltar a ser uma pessoa comum e trafegar normalmente na sociedade com liberdade. Só que o medo de perder tudo o que foi conquistado, sobretudo a fama e o status, faz com que essa barreira, esse escudo, não seja rompido e, assim, artistas, atores e cantores ficam cada vez mais encarcerados na prisão ilusória que eles mesmos criaram. Por isso arrisco a dizer que a maioria acaba buscando suas fugas em recursos não tão saudáveis. A busca incessante por vivenciar sensações de evidência e de prazer se torna uma luta sem fim. E aí não se medem os limites. Há alguns anos eu resolvi descer do palco e isso me trouxe uma paz sem precedentes. Divido com você essa descoberta e sugiro que tente fazer o mesmo. Desça do palco da fama, do sucesso, da celebridade, e entenderá que essa posição não o coloca acima de ninguém. Se você o fizer, terá a oportunidade de se aventurar em outros palcos.

– Já sei. Os palcos da vida, não é, amigo? – completou o jovem.

Martin prosseguiu: – Isso mesmo, companheiro, descobrirá que quanto mais se pensa em compreender, menos se compreende. Entenderá que o saber é aprender. O conhecimento é a liberdade de escolher e se equilibrar nas consequências de suas escolhas. Quem passa a olhar a humanidade por cima, na verdade, está ou se sente por baixo. – Quando terminou de falar o que pensava, o aventureiro hidratou a garganta com uma garrafa d'água que estava sobre a mesa.

– Entendi, Martin. É interessante seu ponto de vista. Não havia pensado por esse lado – analisou Bruce.

– Meu amigo, hoje tenho a prova concreta de que não somos mais do que ninguém pela posição que ocupamos. Vamos todos para o mesmo lugar. Pense sempre contigo que amanhã mesmo você pode ser pego de surpresa pela vida e estar num túmulo. Então, viver o agora da melhor forma, investindo na alegria das pessoas à sua volta, pode ser a solução para lidar com esses fantasmas aos quais se refere. **Coloque o seu foco em arrancar um sorriso a cada esquina e assim não terá tempo de se incomodar com o assédio das pessoas.** Seus fãs viajam distâncias, passam madrugadas no frio e na chuva, não medem esforços para ter apenas um encontro e receber um abraço. Que tal se colocar no lugar deles? Você consegue entender que um abraço apertado, verdadeiro, pode contribuir para transformar a vida de uma pessoa que o tenha como ídolo? Procure focar nisso. A boa intenção é o primeiro passo para bons resultados na vida. Pense comigo: todo artista sonha com a grande oportunidade de mudar sua vida, conquistar enfim o tão sonhado sucesso. Quando isso acontece, normalmente há uma mudança no padrão de vida, nos bens materiais, nas aparências, e até no comportamento da pessoa que atinge o êxito. Tudo isso faz parte, mas são valores passageiros, você já sabe disso. Nunca se esqueça de que a grande e mais valiosa mudança estará naquilo que você pode oferecer para as pessoas, aproveitando sua exposição social para influenciar positivamente, dar bons exemplos de conduta. Esta é a grande mudança! Motivar as pessoas a seu redor, promover a autoestima, exaltar as qualidades, distribuir elogios sinceros. – Blumer se calou por um instante e olhou para a porta. Uma assistente de produção entrou e lhe disse que faltavam quinze minutos para sua apresentação. Ele fez um sinal de positivo com a mão e ela se retirou. Então continuou o papo com Bruce.

– Antes de entrar em cena, quero te contar um caso. Um dia, uma mulher grávida chegou até mim com uma expressão de tristeza, desconfiança, ela estava muito abalada. Imaginei que certamente havia um trauma por trás daquela situação, mas era algo pior do que imaginava. Ela esperava um bebê e o pai da criança a estava pressionando para que abortasse, usando estratégias de baixo nível para conseguir o objetivo. Vi que a situação era de fato complicada e decidi me dedicar a ajudá-la. Pedi a ela que se esquecesse dos problemas, esvaziasse a mente e se concentrasse no agora, no que eu diria. Elogiei-a o máximo que pude em todos os sentidos, parabenizando-a por ser uma guerreira, uma mãe vencedora que teria capacidade para superar tudo e fazer daquele filho um grande vencedor. Ela, de cara, começou a se emocionar, e percebi que aos poucos se sentia com a autoestima revigorada, mais segura para seguir em frente. Seu estado emocional era de extrema carência e repressão, mas os elogios soaram como alimento para sua alma. Em seguida me agradeceu e disse que era o melhor presente que ela poderia ter ganhado: elogios de um grande ídolo. Muitas vezes, não sabemos o que se passa na vida das pessoas que nos abordam e, quando se trata de um caso como esse, certamente o fã pode estar esperando palavras e um abraço de conforto. Quando você se vê numa situação como a minha hoje, você entende então que não é tão poderoso como pensava e que se trata de ser apenas um detalhe nos palcos da existência – concluiu ele.

Bruce não entendeu o final da história. – Que situação? – perguntou.

– O que eu estava dizendo sobre entender que a vida passa rapidamente e que somos todos iguais neste universo é que vivo uma experiência que mostra exatamente esse cenário. – Martin expôs uma notícia que pegou Bruce de surpresa. – Estou com uma doença grave, por isso fiquei meio sumido.

– Como assim? Que doença grave? – questionou o rapaz, aflito.

Blumer baixou os olhos. – Já há algum tempo fui diagnosticado com cirrose hepática. Infelizmente, essa doença não tem cura e agora está em estado bastante avançado. Os sintomas são agudos – disse o aventureiro, com uma expressão neutra.

– Por quê? Você bebia muito? – Bruce quis saber, já que conhecia gente de sua família que tinha sofrido com o mesmo problema.

– Sim. Em algumas fases complicadas que atravessei em minha vida, passei a usar a bebida como alento para as amarguras e angústias que sentia. Era o momento em que eu entrava em um mundo ilusório e me afastava dos meus fantasmas. Mal sabia eu que estava criando buracos sombrios futuros, que apareceram exatamente agora. É natural, Bruce, que todos nós diante das escuridões procuremos as luzes na superficialidade de produtos alucinógenos. A bebida é o principal porque é lícito. Nesses momentos, parecemos nos enganar. É como se estivéssemos fugindo da realidade para não ter de encará-la. O pior covarde é aquele que se acovarda diante de si mesmo, e isso acontece com frequência, quando não assumimos nosso lixo, nossas mazelas, os medos que todos nós temos, já que somos seres humanos. A coragem é uma grande virtude quando a usamos para nos enfrentarmos, olharmo-nos no espelho. Esse tipo de recurso, que não passa de uma fuga, vem como uma solução ilusória. Nossa felicidade e nosso bem-estar não podem estar amarrados a esses momentos de interferência emocional por parte das substâncias químicas. Hoje até tomo um vinho de vez em quando, entretanto não vinculo meus momentos de alegria à bebida. Ninguém nasce emocionalmente livre ou prisioneiro: ou construímos nossa liberdade, dominando nossas fraquezas, ou nos tornamos prisioneiros diante delas. **Conforme vamos nos tornando dependentes, uma cegueira começa a se apoderar de nossos olhos e passamos a nos defender, enquanto caímos cada vez mais. Quanto mais nos tornamos dependentes e reféns, menos admitimos.** Foi assim que aconteceu comigo. As pessoas à nossa volta nos alertam para o perigo, mas o escudo que criamos não nos deixa escutar ninguém. Se eu pudesse, voltaria atrás e construiria algumas páginas do livro da minha vida de forma diferente, especialmente as relacionadas com o álcool, com mais controle e limite. Escreva você mesmo seus capítulos e suas páginas, Bruce, com plena consciência, sem fugir da realidade, cada um com muito cuidado e com a própria caneta para que não olhe para trás e perceba que não se tornou um simples papel onde histórias são escritas ao acaso – terminou ele.

– Mas você não corre risco de morte, né? – Bruce parecia não querer acreditar no que seu amigo acabara de lhe contar.

Martin agora tinha pressa para entrar logo em cena, mas mesmo assim continuou a responder serenamente às questões do jovem.

– Meu querido, o maior risco que corremos na vida está sempre no agora e está ligado ao desperdício de tempo. Nossa felicidade, como já te disse, não está vinculada ao externo, aos acontecimentos. Não sabemos o dia de amanhã. O futuro e o passado não podem ditar regras no universo do hoje. Há pessoas que correm sérios riscos de morrer e continuam por mais alguns anos neste universo. Há outros que não correm e se vão como folhas ao vento. Os problemas jamais estarão ligados ou serão originados pelas ações ou pelos episódios que acontecem em nossa vida, como já lhe disse antes. Não é bom que fiquemos à mercê do que a vida nos coloca à frente. Não há o que fazer quando ela age, apenas aproveitar ao máximo, repito, o momento presente, o agora. Por isso, estou muito feliz em dividir o palco com você e Sabrina nesta noite, e mais ainda em revê-lo. Dê-me aqui um abraço.

Blumer puxou o jovem para si e o envolveu calorosamente em seus braços. Com os olhos marejados, Bruce retribuiu o abraço. Pela primeira vez sentiu que poderia perder seu melhor amigo a qualquer momento, e aquilo ardeu fundo no peito. Entrou para se apresentar com o coração dolorido. Saber da situação de Martin fez com que se motivasse a cantar com toda a sua alma, com a multidão o acompanhando e fazendo da canção um mantra interminável quando os três uniam suas vozes. Houve outro nível de cumplicidade, principalmente entre os dois homens. Sabrina percebeu que havia algo de diferente e também pôs toda a sua sensibilidade e talento à mercê do espetáculo. Terminada a apresentação, na hora do atendimento após o evento, o rapaz recebeu a todos de maneira diferente, especial. Ele conseguiu ter outros olhos diante do assédio dos fãs. Todos perceberam sua mudança e receptividade, e o elogiaram. Alguns fãs se manifestaram:

– Bruce, você é um anjo enviado por Deus.

– Amamos você.

– Como você é humilde.

– Parabéns por tratar a todos assim.

Disposto a aproveitar o máximo de tempo de que dispunha com o amigo, o jovem cantor combinou de almoçar com Martin e Sabrina no dia seguinte. No entanto, o aventureiro não apareceu. Bruce recebeu uma mensagem do amigo dizendo que ele tinha preferido ficar no quarto, descansando. O jovem comentou com Sabrina que Blumer realmente estava diferente. Apesar da preocupação com o estado de saúde do amigo, não teve como evitar voltar à rotina. Na noite seguinte eles teriam shows em locais distintos e cada um tomou seu rumo. Os ensinamentos dele ficaram em sua mente e aos poucos Vilanova estava conseguindo colocar em prática sua nova visão sobre o mundo das celebridades e a vida. O público percebia a transformação e seus fãs se encantavam. Os contratantes e os radialistas se apaixonavam pelo novo Bruce que, definitivamente, havia decidido descer do palco e se integrar à sociedade.

CAPÍTULO 28

O sentido da vida

A agenda de shows seguiu firme, e Bruce ia intercalando as apresentações com o esporte e suas outras atividades, administrando o crescimento acelerado de sua carreira. Até que chegou o dia em que ele seria homenageado numa premiação transmitida pela televisão, o maior prêmio relacionado à música do país. O rapaz seria o mais premiado daquela noite. Estavam presentes alguns amigos e a família, bem como pessoas de sua gravadora e de seu escritório. Todos os flashes espocavam na direção do jovem cantor, os fãs faziam plantão na porta do estúdio de televisão esperando por uma foto e um autógrafo. Ele voltara a ser o artista principal do cenário musical brasileiro.

Trajando um lindo e decotado vestido vermelho de paetê, Sabrina recebeu sua premiação com lágrimas nos olhos. Martin também foi chamado, mas não subiu ao palco: enviou um representante, que leu ao vivo um discurso sensível e emocionante. Chegada a vez de Bruce, todos o aplaudiam e o parabenizavam. Ele recebeu quatro prêmios: melhor show, disco mais vendido, melhor cantor e música mais tocada. Além do reconhecimento pelo sucesso estrondoso por essas categorias, houve uma homenagem por parte da gravadora por ele ter sido o compositor com maior arrecadação em direitos autorais no ano anterior.

Bruce subiu ao palco muito feliz, recordando-se de ter ido à lona havia bem pouco tempo. Emocionou-se ao ver que tinha conseguido chegar ao topo novamente. Então, com o microfone em punho, reluzente em um blazer azul-marinho e vestindo jeans apertados que mostravam a sua boa forma, deu início a seu discurso.

– Gostaria de agradecer a todos da minha gravadora, do escritório que gerencia a minha carreira, e às pessoas da minha família, que contribuíram efetivamente... – O rapaz teve de interromper suas palavras, diante da gritaria e dos aplausos. Assim que os presentes se acalmaram, ele prosseguiu. – Obrigado, gente, obrigado! Bem, todos sabem pelo que eu passei. Eu poderia comparar o sucesso às folhas que voam com o vento: quando você acha que o dominou e que tem plenitude e segurança para continuar com ele, ele se vai. Por isso, gostaria de dizer que tudo o que está acontecendo hoje é muito importante para mim. Estou muito honrado e feliz. – Novos aplausos e assobios. De frente às câmeras, alguns colegas do cantor faziam um coração com as mãos. – Mas hoje o que dá sentido e dignifica minha carreira é poder fazer a diferença na vida de cada um de vocês com minhas canções. Queria dizer algo: vejo em shows jovens e adolescentes em busca de extravasar com diversões ilusórias, como a bebida e a droga. Sinceramente, esta não é mais a minha; subir ao palco e fazer parte desse contexto já foi. Por isso, afirmo: nunca desistam de vocês mesmos! Jamais falei sobre o episódio das drogas em nenhuma ocasião... – O silêncio se fez absoluto, o público ficou atônito, aguardando o que ele diria a seguir. – Aproveito este momento para fazer isso, e me dirigir especialmente a todos os que se tornaram reféns ou se veem dependentes. No começo do sucesso perdi meu filho Patrick e me vi em meio à escuridão, completamente sem rumo. Tentei tirar a minha própria vida, mas encontrei o caminho das drogas achando que seria a solução fácil para meus problemas. Acabei descobrindo que, ao dar essas remadas, eu estava afundando ainda mais o meu próprio barco, abrindo mão dos meus remos, deixando de remar com minhas próprias forças. Busquei recursos externos, superficiais e ilusórios, e acabei afundando de vez. A maior força que cada um de nós pode ter está dentro de nós mesmos, só é preciso querer encontrá-la. Quando você está em meio ao fogo, se queima sem ver. Não percebe que está cada vez mais perdendo seu corpo. Perde a vontade de seguir em frente. Somente quando saímos do buraco negro, da cegueira emocional, e nos enxergamos do lado de fora da fogueira, temos a capacidade de perceber que estamos escravos e quanto nos machucamos. Saiam da fogueira, mesmo que seja por pouco tempo, e procurem se observar do lado de fora, conectando-se com o seu interior, assim poderão se enxergar com mais clareza e tomar novos rumos. Há sempre um primeiro passo a ser dado para sair das chamas: a aceitação. Para se dominar algo, é necessário aceitar, e a partir daí, buscar ajuda. Ninguém caminha sozinho, amigos, mesmo que se ache capaz. Diante das dificuldades, dos problemas, quaisquer que sejam, há sempre uma chave para a porta da vitória. Eu a descobri com a ajuda de uma pessoa a quem quero dedicar todos os meus prêmios. Se hoje estou aqui foi pela ajuda desse homem. Infelizmente, ele não está aqui. É meu grande amigo Martin Blumer!

Os espectadores, que estavam silenciosos desde que ele começara a falar sobre a polêmica da droga, irromperam em aplausos novamente. Assobios ecoaram no estúdio. Então Bruce finalizou seus agradecimentos com a voz embargada:

– Martin, obrigado por ter segurado na minha mão no momento mais difícil. Seguiremos juntos sempre.

O cantor desceu do palco ladeado por gente que o aplaudia de pé e pegava em sua roupa para abraçá-lo, mas ele foi direto para os braços de Marina para comemorar. Deu um beijo emocionado na esposa e se jogou num abraço coletivo nos pais e nos amigos. O público, enlouquecido, gritava os nomes de Bruce e Martin, reconhecendo o último como o grande talento e o homem admirável que era. Bem longe dali e das câmeras, num quarto à meia-luz, lágrimas molhavam o travesseiro de Martin. Muito debilitado e com uma equipe médica o acompanhando, o aventureiro assistia à homenagem recebida ao lado de Laura, que segurava a sua mão, dando-lhe força e tranquilidade.

Ainda durante o evento, Vilanova cantou as músicas "Valsa dos ventos", que ofereceu ao amigo Martin Blumer, "Amor infinito", "No colo dos anjos" e "Um sonho de nós dois". As últimas ele ofereceu respectivamente para Marina, Isadora e Arthur, que o observavam de um lugar especial na plateia e se sentiam lisonjeados.

Quando terminou a premiação, Bruce atendeu rapidamente a imprensa, pegou seu carro e saiu para um jantar com sua equipe. Assim que chegaram ao restaurante, um local reservado e sofisticado com vistas para a lagoa Rodrigo de Freitas, o jovem ligou para Martin, para ter notícias do amigo. Alguns colegas do escritório e da gravadora observavam, como se já soubessem o que Bruce ouviria do aventureiro. Blumer o atendeu feliz, agradecendo pela homenagem:

– Bruce, você foi muito bem! Estou muito emocionado até agora com a sua apresentação. Você é um campeão. Todos nos orgulhamos de você. Que desempenho sensacional! Parabéns, meu querido! – o felicitou, com a voz fraca, porém límpida.

– Martin, quero te convidar a jantar conosco. Estamos todos juntos, o pessoal do escritório, da gravadora e minha família. Sua presença será muito importante para mim – declarou o cantor, animado.

Não querendo preocupá-lo, o aventureiro lhe disse: – Amanhã cedo tenho compromissos. Gostaria muito de estar com você, bem como ter participado da premiação. Desculpe-me pela minha ausência, amigo, mas preciso resolver algumas questões. Além disso, estou com visitas em casa.

– Não dá para trazê-los com você? É um dia só! Você mesmo me incentivou para que eu acordasse cedo, independentemente da hora que fosse dormir! Deixe de preguiça e venha para cá – insistiu o jovem, desejoso de estar com seu mestre.

– Infelizmente hoje não consigo mesmo estar com você, mas em breve nos encontraremos, meu querido – Martin respondeu em definitivo. Só restou ao rapaz aceitar a vontade do mais velho, e assim se despediram.

Bruce jantou com seus convidados e comemorou a valer. Quando os ponteiros do relógio se aproximavam de uma da manhã, dirigiu-se para casa. Inspirado pelo clima de festa, pegou o violão. Resolveu amenizar a ausência de Blumer compondo uma música em homenagem ao aventureiro, o que aliviou um pouco seu coração. Depois de gravar a canção no telefone, foi para a cama.

Na manhã seguinte, bem cedo, Marina o despertou aos prantos: – Amor, por favor, acorde!

O rapaz deu um pulo ao notar que a esposa chorava, desesperada.

– Lindo, não queria ter de te dar esta notícia, mas o Martin faleceu nesta madrugada. Nosso amigo se foi! – comunicou ela, a voz atropelada pelas lágrimas. Ela o abraçou, tentando confortá-lo. O jovem cantor não conseguia proferir uma palavra e também se rendeu ao choro.

– Não é possível, queria ter dado pelo menos um último abraço! Por que ele não me falou que estava tão mal? O que aconteceu, pelo amor de Deus? Não pode ser verdade! – exclamou ele, ainda sem entender o que se passava.

O resto da manhã foi passado no velório do amigo. Lá a família de Vilanova se encontrou com Laura, Felipe, Luiz e Flora. Todos se cumprimentaram com abraços e beijos de consolo. Helena também estava no local. Ela tentava animar os presentes, lembrando-os do legado que seu amigo havia deixado:

– É uma perda enorme, irreparável. Vamos tentar nos recordar de Martin focando no que ele nos deixou de bom: as qualidades, as músicas, seu humor, seu lado engraçado e até sua enorme sabedoria. Martin parte, mas deixa seu maior tesouro conosco: seu conhecimento, suas lições. Como eu aprendi com esse homem! – Deixando-se levar também pela emoção, deu um abraço forte em Laura.

Com os cabelos grisalhos bem penteados e uma roupa que deixava entrever a força e a altura que ele tinha, no leito que seria sua última morada, Blumer tinha uma expressão serena e satisfeita.

– Os traços do meu marido traduziam para quem o cercava a ampla experiência de vida que ele fez questão de compartilhar. Foi embora cedo, aos 57 anos, mas viveu intensamente cada momento de sua breve existência, aventurando-se por diversos palcos. A versatilidade deste homem marcou cada caminho por ele percorrido. Ele se encantava com os mínimos detalhes, era apaixonado pela vida, pelo ser humano, pelas coisas. Trilhou o caminho que deu sentido à trajetória de muitos outros: o caminho da bondade, do altruísmo, da benevolência, da generosidade e da solidariedade. Esta data fica marcada como o dia em que se foi o nosso amado aventureiro dos palcos – disse Laura, emocionada, dirigindo-se aos amigos e fãs. – Siga em paz, todos nós te amamos.

Assim que terminou, a multidão explodiu num aplauso sincero. Na hora de o caixão baixar à sepultura, Blumer recebeu muitas homenagens, as quais Bruce observava com os olhos molhados, de braços dados com Marina. Elas vinham especialmente do hospital onde Bruce ficara internado em coma, da clínica, da Fênix e da Astral Music. Tais homenagens possuíam um tom diferente, pois várias pessoas estavam com faixas e camisas das respectivas empresas. O jovem cantor olhou ao redor e comentou com a esposa:

– É muita coincidência, né? A clínica onde me recuperei, o hospital onde fiquei internado, a Fênix, que administra minha carreira, bem como a Astral que é a minha gravadora. Todos estão aqui, prestando suas homenagens ao Martin.

Marina não tinha prestado atenção, mas depois do comentário de Bruce, disse, olhando atentamente as camisetas:

– É, realmente... Por que será? Quer que eu pergunte a Laura se existe alguma relação a mais entre eles?

– Não, não. Em outro momento. Agora não é hora para isso. Deve ser porque todos gostam muito dele e o respeitavam. – O jovem mais uma vez perscrutou o semblante daquelas pessoas, seus olhos inchados pelo pranto. Então pediu a palavra:

– Queridos amigos, depois de tudo o que passei ao lado deste homem, não posso sair daqui sem lhe fazer uma homenagem. – O rapaz pegou seu violão e, aproximando-se do corpo do aventureiro, cantou uma nova canção, que ofereceu ao seu grande companheiro de aprendizado, que partia para sempre. – É pra você, meu eterno amigo anjo! Você que me carregou no colo muitas vezes, agora está indo realmente para o colo dos anjos, em paz! – disse, inspirando emocionado para conseguir cantar.

Vou passar um conto à frente.
De um homem tão valente.
Que morria de amores por seres viventes
Por todos os bichos ariscos, por gente.
Ele andava bem melhor.
Com as pernas de um cavalo.
Percorria seus caminhos sem usar atalhos.
A sorte chamava de Deus e trabalho.
Verdadeiro vencedor nos rodeios da vida.
Justiceiro com fervor sem temer a ferida.
Simplesmente encantador com a palavra amiga.
Só um fato afligia aquele gigante.
Era ver as diferenças em seus semelhantes.
Da alma tirava a calma constante.
Contam que nos seus segredos.
Ele guardava o seu medo.
E mostrava sua força sem mover um dedo.
Um olhar de aço trincando lajedos
Verdadeiro vencedor nos rodeios da vida.
Justiceiro com fervor sem temer a ferida.
Simplesmente encantador com a palavra amiga.

Assim que o cantor tocou o último acorde, fez-se um breve silêncio e aplausos fervorosos vieram em seguida. Foi o derradeiro ato antes que o caixão descesse à sua morada final. Flores voavam por sobre a estrutura de madeira, as palmas preenchiam o ambiente. Alguns minutos depois de terminada a cerimônia, Bruce ficou admirando o céu e as folhas que eram varridas pelo vento por entre as campas. Sentiu o toque de uma mão suave em seu ombro. Era Helena, que vinha se despedir dele antes de voltar para casa. Deu-lhe um beijo e um abraço demorado, assim como nas pessoas da família, e todos se foram.

O jovem passou o resto do dia em estado contemplativo, chorando algumas vezes enquanto observava o mar, ou em seu quarto ao lado de Marina, Isadora e Arthur. Com a perda de seu melhor amigo, antes de adormecer, declarou à esposa que tinha sido um golpe muito duro.

– Foi-se embora uma parte de mim! – lamentou-se.

Marina tentou consolá-lo: – Vai ficar tudo bem. Tudo passa. Faz parte da vida.

Na manhã seguinte Bruce despertou cedo, como de costume. As cenas do velório do dia anterior ficaram gravadas em sua mente, então ele tomou o café da manhã, pegou o carro e partiu em direção à clínica onde tinha se reabilitado, para conversar com Helena. Ao chegar, sentou-se à mesa do café onde ela estava. Dona Leila, com a cara abatida e grandes olheiras que lhe pesavam no semblante, serviu a ele o famoso bolo de fubá:

– Bruce, que alegria revê-lo, mesmo em meio à tristeza em que estamos.

– Igualmente, dona Leila, a senhora é sempre muito gentil e acolhedora. Que prazer voltar aqui, mesmo com tantas recordações que me vêm à mente – disse o cantor, fazendo um afago na cozinheira.

Todos à mesa conversavam sobre a partida de Martin e quanto ele era especial. Vilanova aproveitou a deixa e perguntou a Helena: – Ontem no enterro eu estava profundamente emocionado, mas em alguns momentos consegui parar para observar o que acontecia. Quantas pessoas havia ali, não é mesmo?

– Sim, Martin era muito querido – concordou Helena, abraçando com os dedos a xícara de café bem quente.

– Helena, se me permite que eu te pergunte, uma coisa me chamou a atenção: havia homenagens especiais e intensas do pessoal aqui da clínica, do hospital onde fiquei internado, da gravadora e do escritório com o qual tenho contrato. Fiquei pensando se não seria coincidência ter toda essa gente por lá – disse ele, desenvolvendo seu raciocínio. Ela assentiu com a cabeça, mostrando que o escutava. Ele então prosseguiu: – Qual era a ligação de Martin com todas essas pessoas e empresas? Sei que essa clínica sobrevivia principalmente com a ajuda dele. Ele sempre me disse que era voluntário e que ajudava a manter este local. Mas era só isso, mesmo? Queria dizer que estou disposto a contribuir com o que estiver a meu alcance, pois sei que com a partida dele as coisas podem ficar mais difíceis, não é mesmo?

– Bruce, meu querido. Martin não gostava de comentar essas questões e revelar certos fatos, mas agora acho que posso contar a você por se tratar de um grande amigo dele. Ele não era somente um voluntário que nos ajudava, assim como não recebeu homenagens do hospital, da gravadora e do escritório do nada, também. Martin era o dono desta clínica, do hospital, da Fênix e da Astral, assim como de vários outros negócios que nem nós mesmos sabemos quais são. Tudo é administrado por uma *holding* que ele criou, mas que não está mais em seu nome. Ele passou tudo para a esposa e os filhos, mas sempre foi o dono de tudo.

Bruce ficou surpreso. – Mas como assim? Por que ele nunca me contou? Ele era meu amigo, poderia ter confiado em mim. Era ele então quem estava por trás de tudo! Desde o hospital até a minha contratação pela Fênix. Por que fez isso tudo por mim e nunca quis mostrar? Jamais quis posar de benfeitor... – Um turbilhão se passava na cabeça do jovem, que estava profundamente emocionado.

Helena sorriu e pegou na mão do rapaz. – Bruce, Martin contou a história sobre as malas que você adquire durante a vida, suas bagagens? A primeira e a segunda, você se lembra de algo assim? – questionou, buscando os olhos dele.

– Sim, ele me falou disso alguns anos atrás. É muito interessante – falou Bruce num tom afirmativo, mas sem muita certeza de onde a médica queria chegar com aquele papo.

– Pois é, meu jovem, Martin jamais revelava sua primeira mala – contou Helena, comovida. – Num passado distante, ele tinha esse tipo de necessidade, mas com o amadurecimento, foi se desprendendo.

O artista entendeu o que ela queria dizer e respirou profundamente para impedir que o pranto lhe dominasse. Quando foi se despedir de Helena, recebeu uma correspondência.

– Há dois dias fui visitar nosso amigo. Ele já estava bastante debilitado, mas me entregou esta carta para eu dá-la a você – disse ela, estendendo-lhe um envelope.

Ele pegou o papel, ela lhe deu um beijo na face e se afastou. Com o som de seus sapatos desaparecendo no corredor, Bruce se sentou num banco, retirou a folha dobrada de dentro do invólucro. Conseguiu ouvir a voz do amigo dizendo aquelas palavras em seu ouvido. Sentiu o coração se encher de esperança com a mensagem do aventureiro. A carta dizia:

Meu jovem amigo, qual seria o sentido da vida? Conquistar um mundo de bens materiais, patrimônios e se sentar na poltrona do poder, assistindo ela passar? Ter a mesa da família farta todos os dias, possuir bons carros, casas de requinte, a conta no banco transbordando e se dar por satisfeito?

Penso que o sentido da vida vai bem além disso. O plano de Deus para cada um de nós é que possamos trazer sentido à vida dos outros. Se não tivermos sentido para ninguém, a vida será vivida sem significado. Descobri anos atrás quanto poderia fazer a diferença para o próximo, e este foi o caminho que procurei percorrer a partir dali. Descobri que o grande investimento era investir no ser humano.

Apaixone-se pela humanidade, meu jovem. Continue traçando este caminho por mim, por nossa amizade e por você. Você terá a chance de realizar sonhos que jamais imaginou: os sonhos de milhares de pessoas. Não se limite a realizar somente os seus. Você encontrou anjos em sua vida, como você mesmo disse. Procure ser também um anjo para as pessoas à sua volta, Bruce.

Um aventureiro que desce dos palcos da fama para se aventurar pelos palcos da vida jamais dá extrema importância ao poder, pois tem a consciência de que poderá se tornar escravo dele. Valoriza sempre o silêncio para poder ouvir melhor. Não prioriza tanto o discurso, nem a conveniência da atenção. Ele escolhe primeiramente a ação. Fortalece o altruísmo, a benevolência, enfraquecendo o egocentrismo e o individualismo.

Busca incessantemente o conhecimento e foge da necessidade de reconhecimento. Caminha com a coragem e o medo de mãos dadas, descobrindo-se a cada nova esquina, a cada nova experiência. Aprende a rir de si mesmo, diante do que escapou de suas mãos. Sabe se colocar pequeno, cedendo o lugar de grande aos outros à sua volta. Jamais se acovarda diante das curvas da vida, mas segue por elas com cautela e consciência. Respira o simples e a simplicidade, expirando o supérfluo e o passageiro. Foge da artificialidade e ama a espontaneidade. Afasta-se da arrogância, priorizando sempre a humildade.

Seja um aventureiro nos palcos da vida, meu amigo Bruce.
Com carinho,
Martin

Este livro foi impresso
pela gráfica RR Donnelley
em papel norbrite 66,6 g.